上海黄金交易所博士后工作站文库

金融集聚及其宏观经济效应研究

朱 辉 著

中国金融出版社

责任编辑：黄海清
责任校对：潘　洁
责任印制：张也男

图书在版编目（CIP）数据

金融集聚及其宏观经济效应研究/朱辉著. —北京：中国金融出版社，
2020. 9

（上海黄金交易所博士后工作站文库）

ISBN 978 - 7 - 5220 - 0679 - 6

Ⅰ. ①金…　Ⅱ. ①朱…　Ⅲ. ①金融业—宏观经济管理—研究—中国
Ⅳ. ①F832

中国版本图书馆 CIP 数据核字（2020）第 115296 号

金融集聚及其宏观经济效应研究
JINRONG JIJU JIQI HONGGUAN JINGJI XIAOYING YANJIU

出版
发行　　中国金融出版社

社址　　北京市丰台区益泽路 2 号
市场开发部　（010）66024766，63805472，63439533（传真）
网上书店　http://www.chinafph.com
　　　　　　（010）66024766，63372837（传真）
读者服务部　（010）66070833，62568380
邮编　　100071
经销　　新华书店
印刷　　保利达印务有限公司
尺寸　　169 毫米×239 毫米
印张　　17.5
字数　　240 千
版次　　2020 年 9 月第 1 版
印次　　2020 年 9 月第 1 次印刷
定价　　70.00 元
ISBN 978 - 7 - 5220 - 0679 - 6
如出现印装错误本社负责调换　联系电话（010）63263947

总序

自 1978 年改革开放至今，中国经济呈现接近两位数的较高年均增幅，创造了中国发展奇迹。不过近年来，我国经济形势转变明显。虽然 2010 年国内生产总值（GDP）依然保持 10.6% 的增速，但 2011 年以来，我国经济增长速度逐渐下滑，经济下行压力明显。党的十九大作出了"我国经济已由高速增长阶段转向高质量发展阶段"的重要论断。目前，我国经济正处在转变发展方式、优化经济结构、转换增长动力的攻关期。在国内外经济形势错综复杂的关键时刻，我国经济发展正面临百年未有之大变局。

金融作为现代经济的核心，是连接各经济部门的重要纽带。改革开放以来，我国金融业发展取得显著成效。特别是党的十八大以来，我国有序完善金融服务、防范金融风险、保障金融安全、深化金融改革、加强金融开放与合作，金融产品日益丰富，金融服务普惠性增强，金融监管得到加强和改进。伴随着我国金融改革开放进程的不断推进，金融业经营效率逐渐改善，社会经济发展对金融业的需求日益提升，金融业在国民经济中的地位显著增强。然而，随着我国经济转向高质量发展阶段，金融业的市场结构、经营理念、创新能力、服务水平等还不适应经济高质量发展的要求，诸多矛盾和问题仍然突出。

习近平总书记高度重视经济金融工作，多次发表重要讲话谈话，对经济金融工作指示批示。在主持十九届中共中央政治局第十三次集体学习时，习近平总书记指出"经济是肌体，金融是血脉，两者共生共荣"。"血脉"与"肌体"的类比揭示了金融服务实体经济的深刻内涵，"共生共荣"的关系界定彰显两者是互相依存的有机整体，这是对金融在国民经济中重要地位的新论述。目前，我国正处在深化金融供给侧结构性改革的重要时期。党的十九届四中全会提出了"健全具有高度适应性、竞争力、普惠性的现代金融体系"的宏伟目标，这是党中央针对金融业提出的重要治理方针。在此背景下，应当秉持服务实体经济高质量发展的宗旨，扎实推进并做好各项金融工作。

完善要素市场化配置是建设统一开放、竞争有序市场体系的内在要求，是坚持和完善社会主义基本经济制度、加快完善社会主义市场经济体制的重要内容。黄金市场是金融要素市场的重要组成部分。大力推动黄金市场发展，有利于完善我国金融市场体系，深化金融市场功能，这对于增强金融服务实体经济能力也会发挥重要作用。2002 年 10 月，经国务院批准、由中国人民银行组建，上海黄金交易所（以下简称上金所）正式运行。上金所的成立实现了中国黄金生产、消费、流通体制的市场化，开启了中国黄金市场化的历史进程，是中国黄金市场开放的重要标志。

成立 18 年来，上金所顺应中国经济崛起和金融改革开放大势，坚持服务实体经济和金融市场发展的原则，抢抓机遇，克难奋进，推动中国黄金市场实现了从无到有、从小到大、从弱到强的跨越式发展。近年来，上金所先后启动国际板、推出全球首个以人民币计价的黄金基准价格"上海金"，并挂牌"上海银"集中定价合约，努力服务实体经济，积极助力人民币国际化，已逐步成为中国黄金市场的枢纽以及全球重要的黄金、白银、铂金交易中心。目前，上金所主要业务包括：一是交易服务。中国已逐步形成了以上金所集中统一的一级市场为核心，竞争有序的二级市场为主体，多元的衍生品市场为支撑的多层次、全功能黄金市场体系，涵盖竞价、定价、询价、报价、金币、租借、黄金 ETF 等市场板块。二是清算服务。上金所实行"集中、净额、分级"的结算原则，目前主板业务共有指定保证金存管银行 18 家，国际板业务共有指定保证金存管银行 9 家。三是交割储运服务。上金所实物交割便捷，在全国 36 个城市使用 67 家指定仓库，满足了国内包括金融、生产、加工、批发、进出口贸易等在内的各类黄金产业链企业的出入库需求。截至 2019 年底，上金所会员总数达 270 家，交易量已连续 13 年位居全球黄金现货场内交易所之首，对全球黄金市场格局产生深远影响。

百舸争流，千帆竞发。上金所在历史的新征程中提出了建设国际一流的综合性黄金交易所。在未来国际化过程中，上金所作为全国黄金市场的核心枢纽，将继续把握主动，统筹好市场化、国际化两个发展大局，实现黄金市场由商品交易为主向商品交易和金融交易并重转变，由现货交易为主向现货与衍生品双功能为主转变，由国内市场为主向国内市场和国际市场共同发展转变；打造上海金和百姓金"两金"品牌，营造一流的企业文化，构建各类市场主体深度参与、开放水平不断提高、要素有序流动、资源高效配置、具有活力和竞争力的市场体系，实现业务国际化和交易全球化，推动黄金市场创新、开放、共享和平衡健康发展。

为了更好地服务黄金产业及国家的经济金融发展大局，为中国金融市场的改革开放、人民币国际化深入推进和"一带一路"倡议等贡献力量，上金所与复旦大学根据全国博士后管委会《博士后管理工作规定》于 2016 年协商设立上海黄金交易所博士后科研工作站，延揽有志之士对上金所发展中面临的重大问题开展战略性、前瞻性研究，也为中国黄金市场进一步发展培养、储备高级人才。工作站依托复旦大学博士后科研流动站丰富多样的理论研究资源，立足上金所市场实践，为博士后研究人员提供全面了解中国金融市场、深刻理解中国黄金市场以及深入研究黄金市场前沿问题的机会。

　　为了展示和分享在站博士后的科研成果，我们推出《上海黄金交易所博士后工作站文库》丛书，编辑出版上海黄金交易所博士后的学术专著，涉及各金融要素市场如证券、期货、外汇、贵金属以及法律、计算机、信息工程等专业领域。本套丛书涵盖金融市场基础设施建设、金融机构公司治理、金融科技（FinTech）与金融市场发展、金融创新与投资者保护、人民币国际化与中国黄金市场发展、黄金定价机制问题、黄金市场风险管理、黄金市场法制体系建设等重大研究课题，旨在为黄金市场、金融市场的研究者和工作者提供交流平台，以阐发观点、启迪思想、开拓创新，为我国黄金市场、金融市场的建设提供有益的理论借鉴。

　　我们期待丛书的陆续出版能够引起社会各界的广泛关注，对我国黄金市场和金融市场的发展起到推动和促进作用。丛书的编写工作难免存在不足之处，还望海内外同仁同行批评指正，不胜感激之至。

2020 年 9 月

前言

　　改革开放 40 余年，中国经济以接近两位数的年均增幅保持高速增长。不过近几年，我国经济形势发生了较大的转变，"结构性减速"成为经济运行中的新常态。党的十九大作出了"我国经济已由高速增长阶段转向高质量发展阶段"的重要论断。可见，政府层面已经不再明确强调经济增长的"数量"目标，而是更加关注经济高质量发展，并明确提出要提高全要素生产率。与此同时，金融业作为现代经济的核心，其在国民经济中的地位愈加重要。近年来，在全国范围内兴起了区域性金融中心建设的热潮，许多大中城市兴起了"金融中心热"，我国金融业发展在地理空间层面上呈现越来越明显的集聚化特征。而且，2013 年"互联网金融元年"以来，P2P 网络借贷、股权众筹和移动支付等互联网金融业态在蓬勃发展，这使金融集聚的内涵变得更加丰富。

　　习近平总书记在十九届中央政治局第十三次集体学习时强调"深化金融供给侧结构性改革，增强金融服务实体经济能力"，这是中国金融改革的新方向、新命题，是顺应经济高质量发展的重大战略部署。目前，我国正处在深化金融供给侧结构性改革的重要时期，党的十九届四中全会提出了"健全具有高度适应性、竞争力、普惠性的现代金融体系"的宏伟目标。在此背景下，研究金融集聚对区域经济增长的影响效应具有重要的理论和现实意义。本书以理论分析和实证检验相互印证的范式，围绕"金融集聚及其宏观经济效应"主题展开研究。首先，本书对金融集聚相关理论的逻辑演变关系进行了梳理，系统分析了金融集聚影响区域经济增长的理论机制和具体路径，并构建了金融集聚影响全要素生产率（TFP）的理论模型。其次，书中分别通过综合指标体系法和 DEA – Malmquist 指数法对我国 37 个金融中心城市 2007—2016 年的金融集聚度和全要素生产率进行了测算。再次，本书从传统金融和互联网金融的双重视角出发，通过构建动态面板模型和空间计量模型，实证检验了传统金融集聚和互联网金融集聚对区域经济增长的影响效应。最后，书中还实证探讨了传统金融集聚对全要素生产率的影响效应，以及互联网金融集聚对全要素生产率的空间溢出效应。

本书的主要研究结论如下：

（1）金融集聚评价结果显示，金融集聚度受到规模因子和效率因子的共同影响，二者分别是金融集聚在"量"和"质"层面上的直接体现，规模因子得分较高的城市，其效率因子得分不一定高，规模因子得分较低的城市，其效率因子得分也不一定低。我国金融中心城市之间的金融集聚度差异较大，北上深三大国际性金融中心稳居前三位。在区域性金融中心中，广州以及成都、杭州等新一线城市的金融集聚度绝对领先，中西部以及东北地区省会（或首府）城市则相对较低。另外，书中还对金融中心城市的金融辐射能力进行了分析，结论发现仅有 14 个金融中心城市具有相对较强的金融辐射能力，我国华北、华东、中南以及西南各个区域形成了不同的金融辐射格局。

（2）在传统金融集聚对区域经济增长的动态效应检验中，结论发现区域经济增长具有明显的动态惯性特征，其会受到自身前期值的显著影响。全样本来看，传统金融集聚会对区域经济增长带来显著的负向影响，不过子样本组的回归结果存在明显差异。当金融集聚度相对较低时，金融集聚能够对当地的经济增长带来明显的正向促进作用，低水平集聚样本组的金融集聚与区域经济增长之间表现出明显的倒 U 形非线性关系。当引入地理空间因素，通过构建空间杜宾模型（SDM）来实证检验传统金融集聚对区域经济增长的空间溢出效应时，结论发现金融中心城市的经济增长水平存在显著的正向空间自相关特征。全样本来看，传统金融集聚依然会对区域经济增长带来负向影响，不过不显著；邻近城市的经济增长水平表现出明显的正向空间溢出效应，而金融集聚度的正向空间溢出效应不显著。子样本组的回归结果存在明显差异，当金融集聚度相对较低时，有利于促进区域经济增长，二者之间表现出显著的倒 U 形非线性关系，而且低水平集聚样本组的金融集聚度空间滞后项系数表现为与全样本明显不同的负数，这表明低水平金融集聚对区域经济增长存在一定程度的负向空间溢出效应。此外，传统金融集聚对居民消费和固定资产投资的实证结果显示，金融集聚会显著地促进居民消费支出，二者之间表现出正向线性关系，而金融集聚与固定资产投资之间存在的则是显著的倒 U 形非线性关系。金融中心城市的金融集聚现象对居民消费和固定资产投资的不同影响关系，能够传导至经济增长层面，从而使金融集聚会对区域经济增长带来重要影响。

（3）在互联网金融集聚对区域经济增长的影响效应检验中，本书主要通过构建空间杜宾模型实证检验了互联网金融集聚对区域经济增长的空间溢出效应。结论发现，金融中心城市的互联网金融发展整体上表现出较为明显的正向空间自相关特性，集聚现象比较突出。互联网金融集聚和邻近地区的经济增长水平均能够对本地区的经济增长带来显著的正向促进影响。然而，互联网金融集聚却在地理空间层面上表现出明显的负向溢出效应，即金融中心城市的互联网金融发展及其比较明显的集聚化态势在促进自身经济增长的同时，并没有对周边地区的经济增长形成辐射带动作用，反而存在明显的区域负外部性。

（4）在金融集聚对全要素生产率的影响效应检验中，本书基于测算的金融集聚度和全要素生产率数据，实证检验了传统金融集聚对全要素生产率的影响效应，并且基于北京大学互联网金融发展指数数据，实证探讨了互联网金融集聚对全要素生产率的空间溢出效应影响。首先，动态效应影响的检验结果显示，金融中心城市的全要素生产率具有明显的动态惯性特征，其会受到自身前期值的显著影响。传统金融集聚对全要素生产率具有正向促进作用，二者之间表现出明显的倒 U 形非线性关系。从具体的分解项来看，金融集聚主要通过促进技术进步和提高纯技术效率来对全要素生产率产生正向促进作用，不过金融集聚和规模效率变化之间表现出明显的负向影响关系。其次，书中引入地理空间因素，通过构建空间杜宾模型实证检验了传统金融集聚对全要素生产率的空间溢出效应，结论发现金融中心城市的全要素生产率存在显著的正向空间自相关特征。当考虑地理空间因素时，金融中心城市的金融集聚现象会对全要素生产率带来显著的不利影响，这与未考虑地理空间因素的动态面板模型检验结果明显不同。邻近城市的全要素生产率能够对本地区全要素生产率带来显著的正向促进作用，表现出正向空间溢出效应。然而，金融集聚度空间滞后项的系数估计值却为负向不显著，这表明邻近城市的金融集聚会对本地区全要素生产率带来一定程度上的不利影响，表现出一定程度的负向空间溢出效应。综上而言，当考虑地理空间因素时，金融中心城市的金融集聚现象不仅会对本地区全要素生产率带来显著的不利影响，还存在一定程度上的区域负外部性。最后，互联网金融集聚会对本地区全要素生产率产生不利影响，不过其在地理空间层面上能够对全要素生产率带来显著的正向空间溢出效应。

本书的创新之处主要包括以下三点：

一是研究视角创新。互联网金融业态的蓬勃发展使金融集聚内涵更加丰富。因此，根据我国金融业的发展实际，本书从传统金融集聚和互联网金融集聚的双重视角出发，研究其对区域经济增长的影响效应，从而弥补以往大多数学者的研究空缺。

二是研究样本创新。以往学者在研究金融集聚对区域经济增长的影响效应时，基本上都是以省际数据或者全国范围内的地级市数据为研究样本。然而，省际数据的尺度较大，地级市之间的异质性又极其明显，而且均与我国的金融集聚现象以金融中心城市呈现的事实有所不符。因此，本书以我国 37 个金融中心城市为研究样本，这与以往研究明显不同。

三是研究层次创新。以往学者在研究金融集聚的空间外溢效应时，主要集中在经济增长层面。然而，随着目前我国经济形势的转变，政府层面和学术界均更加强调经济高质量发展。因此，本书除了研究金融集聚对区域经济增长的影响效应之外，还进一步探讨了金融集聚对全要素生产率的影响效应。

本书的主要贡献之处在于揭示了我国金融中心城市的金融集聚现象对区域经济增长以及全要素生产率的内在影响，并结合我国的金融集聚现状和经济发展实际，从改善金融资源配置、空间流动以及优化金融集聚的角度为我国区域经济增长和全要素生产率提升问题提出相应的政策建议。

目 录

图
目
录

表目录

第一章
绪　论

第一节　选题背景

改革开放 40 余年，中国经济以 9.4% 的年均增幅保持高速增长，其高增长动力和可持续性与否引起了学术界的广泛关注[①]。不过近几年，我国经济形势发生了较大的转变，"结构性减速"成为经济运行的新常态。从具体统计数据来看，2010 年中国国内生产总值（GDP）依然能够保持 10.6% 的两位数增速，不过 2011 年以来，经济增长走势逐渐下滑，2015—2019 年连续 5 年的GDP 增速未能突破 7%（见图 1.1），经济下行压力明显。党的十九大对我国的经济形势和发展目标重新定调，作出了"我国经济已由高速增长阶段转向高质量发展阶段"的重要论断，明确指出我国经济"正处在转变发展方式、优化经济结构、转换增长动力的攻关期"，并且明确要求"坚持质量第一、效益优先，以供给侧结构性改革为主线，推动经济发展质量变革、效率变革、动力变革，提高全要素生产率"。可见，政府层面已不再明确强调经济增长的"数量"目标，而是更加关注经济高质量发展。

学术界的研究焦点也已经从经济增长的"数量"层面转变为"质量"层

[①]　数据来源：国家统计局。1978—2019 年，中国年度 GDP 同比的平均值为 9.4%。

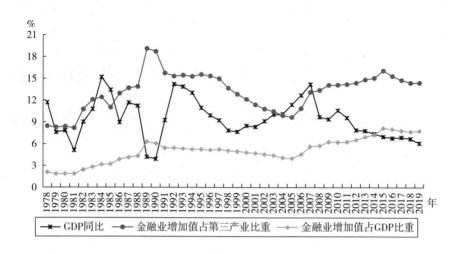

图 1.1　1978—2019 年中国 GDP 增速和金融业增加值占比

（数据来源：国家统计局、Wind 数据库）

面。学者们纷纷指出，我国经济迫切需要实现增长动力转换，要从要素（如资本、劳动力等）投入型增长模式向更多地依靠全要素生产率（TFP）提升的创新驱动型增长模式转变，将 TFP 提升视为推动经济高质量发展的核心，要刻不容缓地重振全要素生产率，这是我国经济增长保持可持续的关键之举（蔡昉，2013[①]；张文魁，2018[②]）。根据新古典经济学的增长核算理论，经济产出中扣除资本、劳动力等要素投入增长后的"余值"，被称为全要素生产率，即"广义技术进步"，从而要素投入和 TFP 提升均能够对经济增长产生推动作用。不过，大量的增长核算方面的文献均认为，要素积累并不能解释经济的长期可持续增长，只有 TFP 提升才是经济长期增长的主要源泉。美国经济学家保罗·克鲁格曼（Krugman，1994）就曾在《亚洲奇迹的神话》（*The Myth of Asia's Miracle*）一文中指出，中国乃至亚洲地区经济高增长的动力来源

① 蔡昉. 中国经济增长如何转向全要素生产率驱动型 [J]. 中国社会科学，2013（1）：56-71，206.

② 张文魁. 高质量发展与生产率重振 [J]. 新经济导刊，2018（8）：75-81.

主要是资本、劳动力等要素的投入，不过这种要素投入型的增长模式难以持续，只有生产效率提升才是经济增长的可持续动力[①]。经济增长的可持续性和高质量发展成为目前学术界中的研究焦点。

金融是现代经济的核心。近年来伴随着我国金融改革的不断深化和金融开放的不断推进，金融业经营效率逐渐改善，社会经济发展对金融业的需求日益提升。国家统计局数据显示，1978 年改革开放之时，全国金融业增加值占GDP 比重仅为 2.08%，金融业增加值占第三产业产值比重仅为 8.45%，随后两个比值均整体呈现波动上升的趋势，2019 年二者已经分别达到 7.78% 和14.43%（见图 1.1）。这表明，金融业在我国国民经济中的地位得到显著提升。目前，随着资源跨区域流动成本逐渐降低，各类金融机构、人才和资本等要素在区域间流动加速，存在着向中心城市日益集聚的倾向，我国金融业在地理空间层面上表现出越来越明显的集聚化特征。而且，各类金融要素汇聚于特定区域之后，通过与当地的人文、社会环境等地域条件的不断协调，逐渐形成相互融合的紧密联系，在促使金融产业成长的同时，带动了整个地区的经济发展。因此，金融集聚在区域经济增长和经济发展过程中扮演着愈加重要的角色。

金融集聚是金融业高度发达的结果，其不仅能够影响本地区的经济发展，还可以通过金融服务网络的延伸等方式对周边地区的经济增长产生影响。因此，金融资源的空间分布是集聚与扩散并存的过程，金融资源在空间维度上的集聚与扩散已经成为当前金融业发展演变的趋势。金融资源集聚、扩散的最终结果是金融中心产生，金融中心形成是金融集聚的演化过程（闫彦明，2006）[②]。国内外经验事实表明，金融集聚发展到一定阶段后往往会以金融中心的形式呈现。就全球范围而言，纽约、伦敦和香港等国际金融中心早已有

---

① Krugman P. The Myth of Asia's Miracle [J]. Foreign Affairs, 1994, 73 (6): 62–78.

② 闫彦明. 金融资源集聚与扩散的机理与模式分析——上海建设国际金融中心的路径选择 [J]. 上海经济研究, 2006 (9): 38–46.

之；着眼中国境内，北京、上海和深圳等金融资源高度集聚的城市正在发挥着日益重要的影响。2019 年 9 月，英国伦敦金融城 Z/Yen 集团与中国（深圳）综合开发研究院（CDI）联合发布的第 26 期全球金融中心指数（GFCI 26）[①]对全球范围内主要金融中心城市的竞争力进行了最新排名。报告显示，上海依然排在全球第五位，北京和深圳均位于全球前十位（见图 1.2），另外广州、青岛、成都、大连、天津、南京和杭州均进入榜单，这表明我国金融中心城市在全球范围内的竞争力和影响力较为显著。

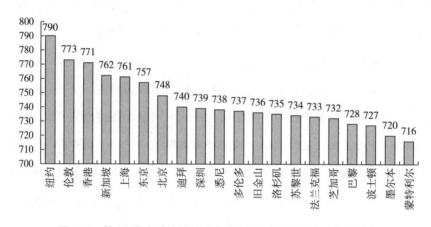

图 1.2　第 26 期全球金融中心指数（GFCI 26）前二十位排名

（资料来源：英国 Z/Yen 集团与中国（深圳）综合开发研究院（CDI）联合发布的
《第 26 期全球金融中心指数（The Global Financial Centers Index 26）》报告）

金融集聚引致金融中心，而金融中心是以城市为表征的（王如玉等，2019）[②]。近年来，在许多大中城市兴起"金融中心热"（陶锋等，2017）[③]。2019 年第十一期中国金融中心指数（CDI·CFCI 11）及往期均显示金融资源

---

① Yeandle M, Wardle M. The Global Financial Centers Index 26 ［R］. Z/Yen Group, September, 2019.

② 王如玉，王志高，梁琦，等. 金融集聚与城市层级 ［J］. 经济研究，2019（11）：165－179.

③ 陶锋，胡军，李诗田，等. 金融地理结构如何影响企业生产率？——兼论金融供给侧结构性改革 ［J］. 经济研究，2017（9）：55－70.

向中心城市集聚的"马太效应"愈加显著。通过梳理各省（自治区、直辖市）的政府文件发现，目前大陆地区已有 37 个城市提出建设（国际性/区域性）金融中心①。相比于北京、上海和深圳的"国际性"提法，各地的区域性金融中心建设则是"遍地开花"，竞争较为激烈。党的十九大明确要求"增强金融服务实体经济能力"，各地对于金融中心建设的重视能够表明地方政府在加强金融支持实体经济的作用。不过，金融资源毕竟有限，如果一地政府盲目地开展金融中心建设而不顾自身的经济基础条件，很可能会引起城市之间的恶性竞争，出现"以邻为壑"的区域负外部性，会严重浪费金融资源，给地区经济的健康发展带来不利影响。目前，这种全国性的金融中心建设热，很容易让人产生关于地方政府对金融集聚"拔苗助长"的担忧（许传华和周文，2014）②。因此，越来越多的学者开展金融集聚对区域经济增长的影响效应研究。不过，以往关于金融集聚影响经济增长的问题研究中，绝大多数学者探讨的是金融集聚对区域经济增长的直接影响。虽有学者论述了金融集聚通过促进技术进步而驱动经济增长的影响机制，但是较少有学者能够从 TFP 的研究视角出发，探讨金融集聚与 TFP 之间的内在关系。目前，在我国经济形势仍在转变的重要时期，经济增长模式由"要素驱动"向"效率驱动"转变成为深化供给侧结构性改革的核心要义。因此，在此背景之下研究金融集聚对区域经济增长的影响关系问题时，除了关注经济增长"数量"层面，更应当把握其对于经济增长"质量"层面的影响效应。

另外，2013 年"互联网金融元年"以来，以 P2P 网络借贷（Peer‑to‑

---

① 本书的研究样本为这 37 个金融中心城市，既包括北京、上海和深圳 3 个国际性金融中心，也包括 34 个提出建设区域性金融中心的城市。具体来看，华北地区包括北京、天津、石家庄、太原和呼和浩特；东北地区包括沈阳、大连、长春和哈尔滨；华东地区包括上海、南京、苏州、杭州、宁波、温州、合肥、福州、厦门、南昌、济南和青岛；中南地区包括郑州、武汉、长沙、广州、深圳、南宁和海口；西南地区包括重庆、成都、昆明和贵阳；西北地区包括西安、兰州、西宁、银川和乌鲁木齐。关于 37 个金融中心城市的具体目标定位、政策文件等基本情况详见附录 1。

② 许传华，周文. 量力而行建设区域金融中心 [N]. 中国社会科学报，2014‑01‑15（A06）.

Peer Lending）、股权众筹（Equity Crowdfunding）和移动支付（Mobile Payment）等为代表的诸多互联网金融业态在我国异军突起，且逐渐发展壮大，日益显现出在地理空间范围内的集聚化态势，使我国的金融业集聚内涵悄然发生了转变。可以说，当前时期的金融集聚内涵更加丰富，既包括银行业、证券业和保险业等传统金融业态的空间集聚，也包括 P2P 网贷、股权众筹和移动支付等新兴互联网金融业态在地理空间层面上的集聚化态势。因此，在此背景下，本书以我国 37 个金融中心城市为研究样本，从传统金融集聚和互联网金融集聚的双重视角出发，来研究探讨金融集聚对区域经济增长的影响效应，并且进一步分析金融集聚对全要素生产率产生的影响效应。

第二节　研究目的和意义

一、研究目的

在当前我国经济"结构性减速"、经济结构转型调整以及各地争建区域性金融中心的背景下，本书主要研究目的是从理论层面上分析金融集聚对区域经济增长的影响机制和理论基础，然后以我国 37 个金融中心城市为研究样本，探讨金融业的空间集聚特征和集聚现状，并结合我国的经济形势转变和金融业态发展实际来实证检验金融中心城市的金融集聚现象对区域经济增长以及全要素生产率的影响效应关系。在理论分析和实证检验的研究基础上，本书希望能够从改善金融资源配置、空间流动以及优化金融集聚的角度为我国的区域经济增长和全要素生产率提升问题提出合理的政策建议。

二、研究意义

（一）现实意义

在中国特色社会主义进入新时代的现实背景下，如何建设现代化经济体系，深化金融供给侧结构性改革，增强金融服务实体经济的能力，是一系列的重大理论命题和实践课题。金融业是现代经济的核心。通过建设功能互补性和多层次性的区域金融中心，并且最大化地发挥金融中心城市在区域经济中的辐射带动作用，对于促进我国经济的高质量发展具有积极意义。本书的研究能够揭示我国金融中心城市的金融集聚现象对区域经济增长以及全要素生产率的内在影响，并结合我国的金融集聚现状和经济发展实际，从改善金融资源配置、空间流动以及优化金融集聚的角度为我国的区域经济增长和全要素生产率提升问题提出合理的政策建议。因此，本书研究具有一定的现实意义。

（二）理论意义

学术界关于金融集聚的问题研究中，主要涉及新经济地理学、金融地理学、区域经济学、产业经济学和制度经济学等众多学科领域中的相关知识，涉及的经典理论主要包括产业集聚理论（包括马歇尔外部性理论、韦伯工业区位理论和波特竞争优势理论等）、新经济地理学理论（NEG 理论）和金融地理学理论等。本书则在这些经典理论的基础上，结合我国金融业集聚现状和金融中心城市的发展实际，以我国 37 个金融中心城市作为研究样本，开展金融集聚对区域经济增长的影响效应研究，并进一步上升到金融集聚影响全要素生产率的研究层次。本书以金融中心城市（包括国际性金融中心和区域性金融中心）作为研究样本，以传统金融集聚和互联网金融集聚作为双重研究视角，可以丰富该领域的研究成果，为学术研究提供一定的参考价值。

第三节　研究思路和内容

一、研究思路

（一）拟解决的关键问题

本书以理论分析和实证检验相互印证的范式，围绕着"金融集聚及其宏观经济效应"主题设计研究思路和框架。拟解决的关键问题包括三个方面：一是构建综合评价指标体系对我国 37 个金融中心城市 2007—2016 年传统金融业态的集聚程度进行测度，并采用 DEA – Malmquist 指数法对各金融中心城市样本期间的全要素生产率及其分解项进行测算。二是从理论层面上分析金融集聚对区域经济增长的影响机制和理论基础，构建金融集聚影响全要素生产率的理论模型，并提出相应的研究假说。三是从传统金融集聚和互联网金融集聚的双重视角出发，通过构建动态面板数据模型和空间计量模型实证检验金融集聚对区域经济增长和全要素生产率的影响效应。

（二）可行性分析

本书在对各金融中心城市的传统金融集聚测度中，如何构建对于不同层级的金融中心城市都适应并且能够合理反映出金融中心城市金融业态发展实际的综合评价指标体系，具有一定的挑战和困难之处。而且，相对于省际层面的数据而言，城市级层面数据获取的难度相对较大，数据源相对偏少。根据数据的可获得性和完整性，书中构建的综合评价指标体系应当具有可操作性。不过，考虑到本书研究样本是我国 37 个金融中心城市，样本城市的类型包括直辖市、省会（或首府）城市、计划单列市以及苏州、温州两个地级市，样本城市指标数据的获取和处理相对容易。另外，关于金融中心城市的互联网金融集聚，本书采用北京大学互联网金融研究中心编制的北京大学互联网金融发展指数来衡量，该指数包括的互联网金融业态比较全面（如互联网支付、互联网投资理财、互联网保险、互联网货币基金、互联网信贷和互联网征信），而且较为权威，能够比较客观地反映各金融中心城市的互联网金融发展和集聚状况，为书中后续的实证检验章节提供数据支撑。

在对于各金融中心城市的金融集聚测度评价、全要素生产率及其分解项测算、金融辐射能力衡量、金融集聚对区域经济增长和全要素生产率的影响效应实证检验中，本书所使用的因子分析法、DEA – Malmquist 指数法、威尔逊模型（Wilson Model）、动态面板数据模型（Dynamic Panel Data Model）和空间杜宾模型（SDM）具有可操作性和可实现性，并且这些模型方法已经在相关研究领域的实证检验中被众多学者所广泛使用。学术界中的相关研究成果对于本书研究工作的开展具有较强的启示和借鉴意义。

二、　研究内容和框架

本书一共包括四部分八章内容，通过理论分析和实证检验相结合，对金融集聚影响区域经济增长和全要素生产率的效应进行系统性研究。第一部分是本书的研究起点，包括第一、第二章，主要叙述本书的选题背景和研究目的、意义与内容，并且通过综述国内外的相关研究成果把握该领域的研究进展以及存在的不足之处。第二部分是理论基础和影响机制分析、研究假说提出以及核心数据的测算，包括第三、第四章，主要作为后文的实证检验章节的铺垫。第三部分包括第五、第六和第七共三章，这是本书的实证检验部分，主要从传统金融集聚和互联网金融集聚的双重视角出发，通过构建动态面板数据模型和空间杜宾模型来实证检验金融集聚对区域经济增长的影响效应，并且还实证探讨了金融集聚对全要素生产率的影响效应。第四部分是本书的研究结论、政策建议与研究展望，包括第八章。

本书各章节的主要内容安排如下：

第一章是绪论。本章首先阐述了本书的选题背景，在我国经济"结构性减速"和各地争建区域性金融中心的背景下，研究金融集聚对区域经济增长和全要素生产率的影响效应具有重要的现实意义和迫切性。其次阐述了本书的研究思路和主要内容。最后阐述了本书研究可能存在的创新点。

第二章是文献综述。本章首先针对金融集聚自身的研究进展（包括内涵界定、形成动因、测度评价和影响因素）以及与金融集聚相伴而生的金融扩散现象的相关研究进行综述。其次，重点综述了当前学术界对于金融集聚影响区域经济增长的主要研究成果（包括机制研究和实证分析），以及金融集聚影响全要素生产率的相关研究。最后，针对该研究领域中已有研究成果存在的不足之处进行述评，并在此基础上给出本书研究的主要切入点。

第三章是金融集聚对区域经济增长的影响机制和理论基础。本章首先梳理了金融集聚的相关理论基础，包括产业集聚理论（如马歇尔外部性理论、韦伯工业区位理论和波特竞争优势理论）、新经济地理学理论和金融地理学理论等，归纳分析了金融集聚相关理论之间的逻辑演变关系。其次，本章从传统金融集聚和互联网金融集聚的双重视角重点分析金融集聚影响区域经济增长的理论机制和具体路径。最后，本章构建了金融集聚影响全要素生产率的理论模型。此外，本章在理论分析的基础上提出了相应的研究假说。

第四章是金融集聚综合评价和全要素生产率测算。本章首先对我国的金融业集聚现状进行分析，包括"集聚"和"辐射"两个层面，从而希望能够对我国金融业的集聚状况和当前的金融辐射格局具有初步的认知。其次，以我国37个金融中心城市作为研究样本，来对各金融中心城市2007—2016年的金融集聚度和全要素生产率进行测算。其中，本章的金融集聚测度评价主要指的是传统金融业态的集聚程度评价。关于互联网金融业态集聚，书中采用北京大学互联网金融发展指数进行衡量，为后续实证章节提供数据支撑。

第五章是传统金融集聚对区域经济增长的影响效应检验。在前文理论分析和研究假说的基础上，本章主要通过构建动态面板数据模型和空间杜宾模型实证检验传统金融集聚对区域经济增长的动态效应影响和空间溢出效应，并且实证检验了传统金融集聚对消费（主要指居民消费）和投资（主要指固定资产投资）所产生的具体影响关系。

第六章是互联网金融集聚对区域经济增长的影响效应检验。在前文理论分析和研究假说的基础上，本章借助北京大学互联网金融发展指数数据来探讨互联网金融在地理空间层面上的集聚特征，并通过构建空间杜宾模型实证检验互联网金融集聚对区域经济增长的空间溢出效应影响。

第七章是金融集聚对全要素生产率的影响效应检验。在实证检验了金融集聚对区域经济增长的影响效应之后，本章主要在前文理论模型的基础上，通过构建动态面板数据模型和空间杜宾模型，并基于第四章中对于金融集聚度和全要素生产率的测算数据，进一步实证检验传统金融集聚对全要素生产率的影响效应。而且，基于北京大学互联网金融发展指数数据，本章还实证探讨了互联网金融集聚对全要素生产率的空间溢出效应影响。

第八章是结论、建议与展望。本章主要是对前文研究结论的总结，并从改善金融资源配置、优化金融集聚的角度为我国的区域经济增长和全要素生产率提升问题提出政策建议。最后对本书可进一步开展的研究工作进行了展望。

本书研究框架和技术路线如图 1.3 所示。

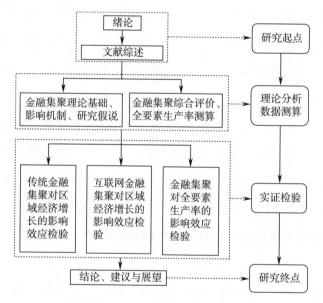

图 1.3　研究框架和技术路线

（资料来源：作者绘制）

第四节　研究创新

本书可能存在的创新之处包括以下三点：

一是根据我国金融业的发展实际，本书从传统金融集聚和互联网金融集聚的双重视角进行研究。这主要是由于 2013 年"互联网金融元年"以来，以

P2P网络借贷、股权众筹和移动支付等为主的各类新兴互联网金融业态在我国蓬勃发展,互联网金融业态在地理空间层面上呈现越来越明显的集聚化态势。而当前学术界还鲜有学者探讨我国互联网金融业态的空间集聚问题。因此,在蓬勃发展的互联网金融业态使金融集聚内涵变得更加丰富的现实背景下,本书除了探讨传统金融集聚对区域经济增长的影响效应之外,还从互联网金融集聚的视角出发,研究了互联网金融日益显现的集聚化态势对区域经济增长的影响效应。

二是现有关于金融集聚和区域经济增长的研究成果较多,但是鲜有文献实证检验金融集聚影响区域经济增长的非线性特征。根据要素拥挤理论和威廉姆森(Jeffery G. Williamson)倒U形假说,金融集聚对区域经济增长的影响关系应当是集聚效应和拥挤效应共同作用的结果,即当金融集聚水平较低或者适度时,集聚效应占据主导,金融集聚能够对区域经济增长带来正向促进作用,而当金融集聚过度时,越来越明显的拥挤效应将会使金融集聚对区域经济增长带来抑制作用。所以,金融集聚对区域经济增长的影响并非是简单的线性关系,而是可能会呈现比较明显的倒U形非线性关系。因此,本书在具体的计量模型构建中引入金融集聚变量的二次项,来实证检验金融集聚对区域经济增长可能存在的倒U形非线性关系,希望本书研究工作能够进一步丰富该领域的研究成果。

三是目前我国的经济形势发生了较大的转变,经济结构不断转型调整,"结构性减速"已经成为近年来的经济新常态。从而,党的十九大作出了"我国经济已由高速增长阶段转向高质量发展阶段"的重要论断,并且明确提出要"推动经济发展质量变革、效率变革、动力变革,提高全要素生产率"。可以说,无论是政府层面还是学术界,已经不再明确强调经济增长的"数量"目标,而是更加关注经济高质量发展。因此,在此现实经济背景下,再来研究金融集聚对区域经济增长的影响效应问题时,本书进一步探讨了金融集聚对全要素生产率的影响效应。而且,虽然以往很多学者都对于金融集聚影响区域经济增长问题进行了理论和实证层面的研究探讨，但是学者们大多基于中国省际层面数据或者全国范围内的地级市数据，这与我国的金融集聚现象以金融中心城市呈现的事实有所不符。因此，本书以当前我国的 37 个金融中心城市作为研究样本，这与以往研究明显不同。综上而言，本书选题和研究视角具有一定的创新性。

第二章
文献综述

本章的文献综述主要针对金融集聚自身的研究进展（包括内涵界定、形成动因、测度评价和影响因素），以及与金融集聚相伴而生的金融扩散现象的相关研究，综述了国内外关于全要素生产率的定义内涵和测算方法。然后，重点综述了目前学术界对金融集聚影响区域经济增长的主要研究成果（包括机制研究和实证分析），以及金融集聚影响全要素生产率的相关研究。最后，针对已有研究成果中存在的不足之处进行述评，并在此基础上给出本书研究的切入点。

第一节　关于金融集聚的研究综述

总结国内外已有文献发现，目前关于金融集聚的相关研究成果可以大致概括为以下两个层面：一是在定性层面关于金融集聚内涵、动因和形成机理的理论分析；二是在定量层面关于金融集聚的测度、影响因素和集聚效应（包括增长效应和溢出效应）等问题的实证研究。本节将对金融集聚自身的研究进展进行综述，梳理关于金融辐射能力衡量和金融扩散现象的相关研究成果。

一、 金融集聚内涵和形成动因

（一）金融集聚内涵

"集聚"（Agglomeration）的概念源于"产业集聚"（Industrial Agglomeration）一词，由阿尔弗雷德·马歇尔（Alfred Marshall）率先提出，主要是指在某个特定区域内某一产业较高程度地集中，产业资本要素不断汇集的过程。不过，早期的产业集聚问题研究主要集中在制造业等产业领域。金融服务业作为一类特殊性的产业，金融集聚现象的兴起自然而然地引起了学术界的广泛关注和研究探讨。然而，关于"金融集聚"（Financial Agglomeration）的概念和内涵，学术界尚未达成统一的界定。而且，金融集聚虽然属于产业集聚的范畴，但是金融服务业作为一类特殊性产业，其自身所具备的特有属性（包括高流动性、经济的核心与主导等）使其集聚内涵与一般性的产业集聚存在着本质区别，主要表现在集聚程度、内容、速度、动因和影响范围等方面（黄解宇和杨再斌，2006）。

国外的理论研究中大多数是关于产业集聚内涵的分析。马歇尔（Marshall，1890）在其经典著作《经济学原理》（*Principles of Economics*）中首次提出产业集聚的概念，并且基于外部规模经济的理论思想将其内涵界定为在某个特定区域内某一产业较高程度地集中，产业资本要素不断汇集的过程。随后，众多的理论流派都围绕着产业集聚现象进行了研究探讨。例如，工业区位理论的代表性人物阿尔弗雷德·韦伯（Weber，1909）在其著作《工业区位论》（*Theory of the Location of Industries*）中，从微观工业企业的区位选择视角对产业集聚现象进行研究，他将"聚集经济"（Agglomeration Economy）的概念定义为成本的节约，产业集聚是工业企业为了追求集聚的利益而自发实现的。迈克尔·波特（Porter，1990）在其专著《国家竞争优势》（*The Competitive Advantage of Nations*）中，从企业竞争优势的视角对产业集聚问题进行研究，他提出了"产业集群"（Industrial Cluster）概念，并利用著名的"钻石模型"（Diamond

Model）对产业集聚和产业集群现象进行分析。新经济地理学派的代表性人物保罗·克鲁格曼（Krugman，1991）在迪克西特—斯蒂格利茨（Dixit–Stiglitz）垄断竞争模型的基础上，基于规模收益递增的思想，构建了描述产业集聚的"中心—外围"（Core–Periphery）模型，并认为产业集聚是企业的规模报酬递增、运输成本（或贸易成本）降低以及需求因素（即制造业份额）的共同作用。不过，无论是早期的以马歇尔为代表的新古典经济学派，还是发展到后来的以克鲁格曼为代表的新经济地理学派，他们关于产业集聚的研究焦点主要集中在制造业等产业领域。随着地理区位因素被引入主流经济学的研究范畴以及金融地理学流派的逐渐兴起，Porteous（1995，1999）、Leyshon and Thrift（1997）和 Gehrig（1998，2000）等众多金融地理学家开始关注金融集聚现象，并对金融集聚问题逐渐展开研究，其研究视角主要是从金融信息流和信息腹地理论着手，认为是金融信息的流动和信息腹地的变化造就了金融集聚现象和金融中心的兴衰。

国内来看，赵晓斌等（2002）对金融集聚问题的研究较早，认为金融信息和金融中心互为依存，信息流和"不对称信息"是金融中心发展的决定因素，不过并没有对金融集聚的内涵进行详细讨论和明确说明。随后，黄解宇和杨再斌作为我国大陆地区对金融集聚现象进行系统性研究的较早学者，对金融集聚现象的研究关注始于 2003 年所承担的关于上海建设国际金融中心的研究课题①，并在 2006 年出版的经典专著《金融集聚论：金融中心形成的理论与实践解析》中分别从动态和静态两个维度对金融集聚进行了内涵界定。从动态角度而言，他们将金融集聚理解为一种变化过程，即金融资源与地域条件通过协调、配合促进金融产业的发展和成长，从而形成一定地理空间范围内金融地域密集系统的过程；从静态角度来看，他们将金融集聚理解为一种结果或者

---

① 上海市金融服务办的研究课题，课题名称为"上海建设国际金融中心量化评价指标体系研究"。

状态，即金融资源通过空间整合后所达到的在一定地理空间范围内金融产品、人才、制度、机构、法规、政策和文化等一系列因素相互促进、影响并且有机结合的状态。不过，黄解宇和杨再斌（2006）指出，只有从动态的过程层面进行界定，才能更准确地揭示金融集聚内涵的本质。另外，也有学者将金融集聚界定为一种特殊性的产业空间结构，即金融监管部门、金融中介机构和跨国金融企业等总部功能性机构向特定的地理区域集中，并与其他国际机构和跨国公司进行密切的合作联系（梁颖和罗霄，2006）。连建辉等（2005）和滕春强（2006）则将金融服务业所呈现的空间集聚化现象视为"金融企业集群"（Financial Enterprises Cluster），并将其界定为生产与交易金融产品（尤其是复合性金融产品）的中间网络组织，从而将金融集聚界定为一种产业组织形式。

概括而言，学术界关于金融集聚的内涵界定尚未统一。既可以从动态角度将金融集聚界定为集聚的"过程"，也可以从静态角度将其视为集聚的最终"结果"或"状态"，而且还可以将其理解为一种产业空间结构或者产业组织形式。

（二）金融集聚的形成动因

世界范围内而言，金融集聚的结果往往是国际金融中心的形成和发展，因而一些国外学者关于金融集聚形成动因的分析出现在金融中心的相关研究中。以美国经济史学家格拉斯（Gras，1922）为例，其所提出的都市发展阶段论认为，金融业处于城市四个发展阶段（依次是商业、工业、运输业和金融业）中的最高阶段，而且与其他产业相比，金融服务业具有更高的集中度。作为金融业空间集聚的典型标志，金融中心与城市经济发展相伴而生。因此，金融集聚现象兴起和金融中心形成具有一定的历史依据。美国金融学家金德尔伯格（Kindleberger，1974）以集聚理论为基础对金融中心的成因进行分析，他认为是规模经济使银行等金融机构选择特定的区位进行集中，并认为金融资源跨地区配置效率和支付效率的提高是金融中心主要的集聚效应。另外，韩国经济学家帕克（Park，1989）也将规模经济理论用于国际金融中心的成因分析。随后，金融地理学理论主要从信息流动的视角进行分析。其中，Thrift（1994）最早采用该理论对金融集聚成因形成解释，他认为大多数信息本质上都是非标准化的，在传播的过程中会产生距离耗损，且存在歧义性和边际成本递增的特性，要想对非标准化信息进行充分的理解和认知，必须接近信息源，因此正是非标准化信息的大量存在催生了金融集聚。Porteous（1995，1999）的观点也具有代表性，他从"信息外在性"和"路径依赖"视角分析金融中心的形成和发展原因，并从"信息不对称"和"信息腹地"视角解释金融中心的兴衰变迁。Palmberg（2012）也强调了信息流对金融集聚形成的重要作用，他认为当信息流动或面对面交流能够促进产业协调时，会使金融产业在地理空间上集中，获取更多的集聚效益。此外，Pandit 等（2001）在对英国金融业的集群研究中从供求方面探讨了金融集聚的成因：一方面，金融集聚区可以带来较高的声誉，降低信息不对称导致的逆向选择和道德风险问题；另一方面，金融集聚区的高素质专业人才可以提供比较完善的金融服务。而且，Pandit 和 Cook（2003）进一步分析了金融集聚的益处，认为能够在供给方面获得专业投入和知识溢出以及在需求方面取得聚集声誉和靠近复杂的客户群体是金融集聚的重要收益。

国内来看，赵晓斌等人的研究进一步丰富了 Porteous（1995，1999）的相关理论观点，其认为金融信息和金融中心是唇齿相依的关系，信息流和"不对称信息"是金融中心发展的决定因素（赵晓斌等，2002），并将决定金融中心兴衰的力量概括为五个主要方面："信息溢出""不对称信息""信息腹地""路径依赖"和"国际依附性"（赵晓斌和王坦，2006）。另外，Zhao（2003）和 Zhao 等（2004，2005）以中国的金融中心为分析对象，认为"不对称信息"是决定金融中心形成和发展的决定因素，并在对跨国公司总部区位调查分析的基础上认为，北京基于自身信息流的优势最有条件发展成为我国最大的金融中心城市。黄解宇和杨再斌（2006）则指出，作为产业集聚的伴随物，金融集聚随着产业集聚的形成而形成并且得到逐步发展。而且，金融业自身所具备的高流动性等特有属性也在一定程度上加速了金融集聚的形成。黄解宇（2011）在对金融集聚的内在动因进一步分析时认为，金融业作为现代经济的核心与主导，其空间外在性、不对称信息和默示信息、规模经济（包括内部规模经济和外部规模经济）等都会促使金融集聚的形成。此外，梁颖（2006）分析了金融产业集聚的宏观动因，认为是金融产业的特性奠定了集聚的可能性，金融企业的"客户追随"（Customer Following）导致金融集聚的产生，集聚效应促进金融集聚，国际金融中心支撑金融集聚，城市功能扩张影响金融产业集聚的演化和转移。王丹和叶蜀君（2012）则从宏观、中观和微观三个层面分析了金融产业集聚产生的深层次动因，认为宏观因素包括外部规模经济、资源共享和知识溢出，中观因素包括产业集聚、金融业的高度流动性和自我强化功能，微观因素包括交易费用和企业创新。车欣薇等（2012）构建了一个金融集聚动因的理论模型——两区域理论模型，研究认为机会成本、规模效益、金融服务业在经济中的份额占比和金融信息量是金融集聚的决定因素，而且产业集聚对于金融集聚现象的形成也会在一定程度上产生促进带动作用。此外，还有学者从预期理论着手，通过构建金融集聚 DSGE 模型，研究了国际金融中心建设和金融集聚的内在关系，认为"消息冲击"会影响预期，国际金融中心能否如期建设将显著影响金融集聚的规模和速度（王宇等，2015）。

综上所述，虽然金融集聚的形成动因众多，但概括来看，规模经济理论和信息流理论的解释最具有代表性。规模经济理论认为，金融集聚是为了获取因集聚而产生的规模经济所带来的收益。信息流理论则强调非标准化信息在金融集聚形成中的重要性，认为大量非标准化信息的存在是金融集聚形成的直接动因。

二、 金融集聚测度和影响因素

（一）金融集聚测度

关于金融集聚的问题研究，不同学者在进行相应的实证分析过程中都会涉及对于金融集聚的定量测度。概括来看，测度方法主要包括两类：一是单一指标法，二是综合指标体系法。其中，单一指标法包括空间基尼系数（Spatial Gini Coefficient）、区位熵指数（Location Entropy Index）、赫芬达尔—赫希曼指数（Herfindahl - Hirschman Index，HHI）和行业集中度（Concentration Ratio）等，综合指标体系法则是通过构建金融集聚的综合指标评价体系对金融集聚进行量化测度。通过研读该领域内的大量实证文献发现，单一指标法中的区位熵指数和综合指标体系法是目前学术界中最为常用的两种测度方法。

一是区位熵指数法。关于金融集聚问题的实证研究中，大多数学者对于金融集聚的传统度量方法均是计算区位熵指数，该方法由哈盖特（P. Haggett）首先提出并最早运用于区位分析中。区位熵指数，即"比率的比率"，指的是某指标在某地区范围内的比重与该指标在更大范围内比重的比值。在产业集聚的测度问题研究中，区位熵指数的计算既可以采用某产业的产值，也可以采用某产业的就业人数或者从事某产业的企业个数。那么在金融业集聚的测度研究中，金融业区位熵的计算既可以采用金融业增加值，如闫彦明（2010）、孙维峰和黄解宇（2012）、李标等（2016）等学者，也可以采用金融业就业人数，如任英华等（2010）、余泳泽等（2013）、张浩然和魏琳（2015）、于斌斌（2017）等学者。另外，在具体的金融业分行业集聚研究中，丁艺等（2010）、孙晶和李涵硕（2012）、邓向荣和刘文强（2013）等学者分别采用银行业储蓄存款余额、A股发行总股本和保费收入计算银行业、证券业和保险业的区位熵指数。

二是综合指标体系法。考虑到单一指标法的衡量结果较为片面化、简单化，而通过构建综合指标体系进行金融集聚的定量测度逐渐成为学术界的研究趋势，从而越来越多的学者在具体的实证研究中采用综合指标体系法来对金融集聚进行测度评价。例如，黄解宇和杨再斌（2006）选取了金融机构存贷款余额、居民储蓄余额、保费收入、金融机构现金支出、金融机构数和金融从业人员数等指标，通过层次分析法（AHP）赋权并计算得到长三角15个城市的金融集聚力指数。丁艺等（2009）从金融总体规模、银行业、证券业和保险业四个维度选取 23 个指标，通过主成分分析法得到我国 31 个省（自治区、直辖市）金融集聚的综合主成分值。类似地，黄永兴等（2011）认为金融集聚包括金融机构集聚、金融规模集聚和金融市场集聚，选取了金融业增加值、金融机构从业人员数、存款余额、贷款余额等 7 项具体化指标，通过主成分分析法计算得到长三角 16 个地级市金融集聚的主成分值。另外，茹乐峰等（2014）从金融背景、金融规模、金融密度和金融深度四个维度构建了金融集聚水平测度的综合指标体系，并采用因子分析法将金融集聚因子降维成规模因子、质量因子和活跃程度因子，对全国 286 个地级城市的金融集聚水平进行了测度和空间分布格局探讨。何宜庆等（2017）从银行业、证券业、保险业和金融密度四个方面构建了金融集聚的测度指标体系，并运用熵值赋权法得到了我国 31 个省（自治区、直辖市）2005—2013 年金融集聚的综合测度指数。张同功和孙一君（2018）则以我国 15 个副省级城市作为研究样本，构建了包含金融从业人数、金融业产值、金融机构存贷款余额、城乡居民储蓄余额和保费收入的指标体系，并对副省级城市的金融集聚水平进行了定量评估。

总体来看，学术界关于金融集聚测度的常用方法包括区位熵指数和综合指标体系法。其中，学者们在综合指标体系法中所采用的统计处理方法不一，主要包括因子分析法、主成分分析法、熵值赋权法以及层次分析法等。

（二）金融集聚的影响因素

学术界关于金融集聚的影响因素研究与金融集聚的动因和形成机理等问题是一脉相承的，金融集聚的动因和形成机理较为复杂，其影响因素众多。国外学者中，Krugman（1991）指出技术溢出的外部效应是伦敦金融业空间集聚现象的重要影响因素，并且与制造业等产业集聚相比较而言，金融业的集聚程度更高，金融集聚现象更加明显。Leyshon（1995）在分析金融机构的空间集聚问题时指出，银行业各分支机构的溢出效应、居民的金融素养和收入层次、整体的金融文化等都是影响金融机构空间集聚的重要因素。另外，Gehrig

（1998）则认为可以把金融集聚的影响因素归纳为离心力和向心力两个不同的方向，离心力因素主要包括企业垄断、市场进入限制和政府直接干预等，而向心力因素则主要包括市场流动性、信息溢出效应以及规模经济效应等。

国内学者中，赵晓斌等（2004，2005）认为信息流和不对称信息是决定金融中心形成和发展的重要影响因素。潘英丽（2003）则探讨了影响金融机构空间集聚的四大因素：地区成本优势、人力资源开发、电信基础设施和监管环境，并且围绕着这四大影响因素提出了地方政府在促进（国内/国际）金融中心形成和发展过程中应当采取的政策措施。张志元和季伟杰（2009）则通过空间计量模型实证研究得出，省域金融产业集聚程度的显著性影响因素有经济发展水平、工业化水平、人力资本水平和技术创新水平。任英华等（2010）则专门构建了金融集聚影响因素的空间计量模型，实证研究得出区域创新、经济基础、对外开放和人力资本对省域金融集聚现象都具有显著性的促进作用，但对外开放对金融集聚的促进作用随时间而减弱。黄永兴等（2011）则实证探讨了长三角城市群金融集聚的影响因素，认为经济基础、基础设施、人文底蕴、地理区位以及政府支持都会成为金融集聚的影响因素。李正辉和蒋赞（2012）则利用联合面板数据模型实证研究得出，信息不对称、规模经济和政府政策都对金融集聚具有显著性的影响，其中政府政策的影响效应相对较弱，表明我国金融集聚程度的提高正在逐渐转变为依靠市场力量来驱动。另外，信息化时代会孕育出影响金融集聚的一些新因素，如李羚和成春林（2016）引入了互联网发展变量，通过空间计量模型实证研究后发现，互联网发展、经济总量、产业结构水平、政府干预、地区开放程度以及科技发展水平都是金融集聚的主要影响因素。

总结已有文献发现，金融集聚的影响因素众多，国内外学者都进行了相应的研究探讨，既有理论分析，也包括实证检验，所得结论不一。概括而言，金融集聚的影响因素包括经济基础、科技创新、政策干预和相应的集聚效应等。

三、 互联网金融集聚相关研究

上述分析表明，当前通过构建多维度的综合指标体系对特定地区范围内的金融集聚进行测度评价，已经逐渐被众多学者所接受。然而，无论是单一指标法还是综合指标体系法，目前关于金融集聚的问题研究主要集中在包括银行业、证券业和保险业等传统金融领域，这些测度方法也主要是针对传统金融业集聚的量化测度。谢平和邹传伟（2012）首次提出"互联网金融"（Internet Finance，ITFIN）的概念以来，P2P网络借贷、股权众筹和移动支付等众多的互联网金融新兴业态在我国异军突起，并且正在逐渐发展壮大，日益呈现出在一定地理区域范围内集聚的态势。然而，当前关于互联网金融业态空间集聚的问题研究较为罕见，对于互联网金融集聚的定量测度更是寥寥无几。其中，最具代表性和权威性的研究成果当属北京大学互联网金融研究中心[①]编制的北京大学互联网金融发展指数。郭峰等（2017）基于该指数数据，以我国的335个地级市作为研究样本，对我国的互联网金融空间集聚效应进行了空间计量模型的实证检验和讨论，结论表明我国的互联网金融发展并不是超越地理的，也呈现一定的地理依赖性和正向空间溢出效应，而且空间集聚性和空间异质性都有所体现。随后，周斌等（2017）在该指数数据的基础上实证探讨了互联网金融对于经济增长的影响关系。张李义和涂奔（2017）则利用该指数数据，从消费金融功能的研究视角出发，探讨了互联网金融对于我国城乡居民消费行为以及消费结构的差异化影响。另外，程翔等（2018）基于空间视角，重点研究了中国P2P网络借贷行业的发展情况，其采用区位熵指数、集聚指数和全局莫兰指数（Global Moran's I）来对中国省域P2P网贷平台的空间集聚性和空间自相关性进行分析，结论发现中国的P2P网贷行业具有空间集聚程度较高而区

---

① 北京大学互联网金融研究中心（Institute of Internet Finance，Peking University）于2015年10月成立，已于2017年3月更名为北京大学数字金融研究中心（Institute of Digital Finance，Peking University）。

域辐射性不强的特征。

目前这种以数据为基础的致力于研究互联网金融空间集聚特征的文献之所以寥寥无几，主要原因可归结为以下两点：一是互联网金融的发展年限相对较短，囿于数据的可获得性，对于互联网金融新兴业态的空间集聚进行量化测度的难度相对较大；二是学术界关于互联网金融发展的空间特征呈现两种不同的假说，既有观点认为互联网金融能够凭借低成本、便捷性的优势突破传统地理空间上的局限，不存在明显的空间集聚特征；也有观点认为互联网金融作为一种新兴金融业态，并未改变金融的本质属性，仍然要遵循金融业发展的基本规律，即仍然会表现出较强的空间集聚特征。因此，学术界关于互联网金融的发展是否形成了空间集聚特征尚未形成定论，那么关于"互联网金融集聚"的概念、内涵和测度等问题便自然而然地尚未有深入的研究讨论。

四、 金融扩散和金融辐射能力

相较于金融集聚而言，目前学术界对于金融扩散或者金融辐射现象的相关研究较少。不过，金融扩散与金融集聚现象相伴而生，二者一脉相承。因此，从某种程度上而言，金融资源在地理空间维度上的分布呈现集聚与扩散并存的态势，国内外学者对此均进行了相应的研究。

（一）金融扩散的理论研究

金融集聚作为金融资源的动态集聚过程和静态集聚结果，其一方面能够通过外部规模经济、产业结构升级和技术进步等集聚效应促进本地区的经济发展，另一方面还能够通过金融服务网络的延伸扩散、向周围地区的投资增加和专业化分工等途径影响周边地区的经济运行效率和经济增长。因此，金融资源的空间分布是金融集聚与扩散并存的过程（王修华和黄明，2009），金融资源在空间维度上的集聚与辐射已经成为金融业发展演变的趋势。金融集聚的扩散范围和对周边地区金融辐射能力的衡量是反映一个金融中心城市金融市场深度和广度的重要参考指标，如何优化金融资源配置，提高金融扩散效率和增强金融中心的辐射能力，也逐渐引起了国内外学者们的研究关注（钱明辉和胡日东，2014）。

目前，虽然学术界关于金融扩散现象的相关研究较少。不过，金融扩散和金融辐射现象的存在已经得到了学者们的论证。从国外学者来看，新经济地理学家保罗·克鲁格曼（Krugman，1991）在"中心—外围"（Core – Periphery）模型中揭示聚集经济的内在运行机制时认为，经济活动的空间集聚与扩散是由于向心力和离心力的此消彼长造成的，在向心力的作用下经济活动趋向于集聚，随着集聚规模的扩大，离心力累积增大，当离心力大于向心力时，经济活动便开始趋向于扩散。Audretsch and Feldman（1996）发现金融集聚能够在一定程度上带来知识溢出，并且有利于核心区域内技术创新能力的加强，但是地理空间距离因素会对科学技术向周边区域的扩散效应产生一定的约束。另外，Baldwin et al.（2001）最早提出了"本地溢出"（Local Spillover，LS）模型，分析了资本的跨区域流动对区域经济的影响，发现金融集聚既存在着对本地经济的增长效应，也会对周边区域的经济增长产生辐射效应。随后，我国学者刘红（2008）在 LS 模型的框架下研究发现，金融资源的活动包括集聚和扩散两种方向，金融集聚效应可以细分为对核心地区的增长效应和对周边地区的辐射效应，其中辐射效应包括金融资源集中的"福利补偿效应"和金融资源扩散的"涓流效应"。胡国晖和郑萌（2014）则基于原有 LS 模型构建了一个符合金融资源流动特点的新模型，研究发现是规模经济效应和信息溢出效应促使着金融资源集聚，市场拥挤效应导致金融资源扩散，这三种效应的共同作用影响着金融资源集聚和扩散的演化进程。另外，刘军等（2007）在对金融集聚影响实体经济的机制研究中也指出，金融集聚通过集聚过程、扩散过程和金融功能等机制对实体经济产生重要影响。其中，金融扩散通过"涓流效应"和"极化效应"促进经济活动。王修华和黄明（2009）则从金融地理学的研究视角分析了金融资源的空间分布规律，指出金融资源的空间分布是一个金融集聚与扩散并存的过程，并将金融集聚划分为初步形成、快速集聚、稳定发展和扩散转移四个主要阶段。

关于金融扩散（Financial Diffusion）的定义内涵，目前学术界并没有明确的统一界定。概括已有研究，学者们主要将金融扩散界定为一种"过程""现象"或者"状态"等。例如，闫彦明（2006）在探讨上海建设国际金融中心的路径选择时，分析了金融资源集聚以及扩散的模式和机理，并将金融扩散界定为一种和金融集聚相反的动态过程，即各种金融资源要素在地域条件、市场条件、政府导向、金融创新和企业战略等众多影响因素的共同作用下所呈现出的密集程度逐渐降低并向周边地区、市场和机构不断扩散的过程。而且，其指出金融扩散往往与集聚过程同时进行，正是各类金融资源要素不断集聚和扩散导致国际金融中心的兴衰和演替。胡国晖和郑萌（2014）则在分析金融集聚向金融扩散的演化机理问题中将金融扩散界定为一种现象状态，即当金融资源要素在核心地区的集聚程度达到某一阈值之后，相对较高的资源密度会引发金融资源要素从高密度集聚区向低密度边缘区反向流动的现象。另外，王修华和黄明（2009）在分析金融资源的空间分布规律问题时指出，金融扩散主要是金融集聚区通过向周边地区设立分支机构等方式带动外围地区的发展，金融资源空间分布是集聚和扩散并存的过程，不过金融扩散现象通常出现在金融集聚过程中的最后阶段。

综上所述，目前学术界关于金融扩散的研究相对较少。作为金融资源不断集聚之后逐渐显现出来的现象，金融扩散并未作为一个独立的研究对象引起学者们的广泛关注和深入探讨，而是基本上作为金融集聚的附属过程和阶段予以研究。可以说，金融集聚与金融扩散问题一脉相承，二者相伴而生。

（二）金融辐射能力的衡量

金融资源集聚、扩散的最终结果是金融中心的产生（闫彦明，2006），如何优化金融资源配置、提高金融中心辐射能力，已经成为国内外学者研究的焦点。目前，学术界在进行金融集聚及其扩散效应的问题研究中，众多学者进行了金融辐射能力和辐射效应的研究探讨。其中，在关于金融辐射能力的实证研究中，最常采用的研究方法是构建综合指标体系进行金融竞争力的定量评估，然后采用经济地理学中的威尔逊最大熵模型（Wilson Maximum Entropy Model）进行辐射域和辐射半径的测算。

威尔逊最大熵模型，简称威尔逊模型（Wilson Model），由著名地理学家 A. G. Wilson 于 1967 年提出，他认为不同区域之间存在空间相互作用，这种相互作用大小受到空间距离、区域规模和资源连通性三个因素的共同影响。该模型原理由牛顿万有引力定律演化而来，其将地理因素考虑其中，研究了地理空间范围内研究对象的活动所产生的空间相互作用，为金融辐射能力和辐射效应的问题研究提供了强有力的工具。由于该模型基本不受空间限制，所以被广泛地应用于城市、区域等地理范围内的相关问题研究中。不过，该模型中关于衰减因子的计算相对复杂，从而给其在相关问题的应用研究中带来了较大的困难之处。于是，国内学者王铮等（2002）在研究城市间人口迁移问题时对威尔逊模型进行了简化，针对衰减因子给出了较为简化的计算方法，被随后的众多学者所采用。

国内学者中，较早地运用威尔逊模型来研究金融辐射能力问题的是唐吉平等（2005）、陈浩和姚星垣（2005），他们率先将该模型应用于长三角城市的金融辐射能力研究中，度量了长三角地区 15 个城市接轨上海金融辐射的能力以及测算了各自的金融辐射半径，并指出影响金融辐射能力强弱的两个关键因素：一是城市地理位置，二是金融阻力。随后，闫彦明（2010）在区域经济一体化背景下，采用威尔逊模型研究了长三角地区核心城市的金融辐射效应问题，结论发现以上海为代表的金融中心城市基于金融辐射效应有力地推动了长三角地区的区域经济一体化进程。任英华和李彬（2013）则运用威尔逊模型考察了珠三角经济圈城市的金融集聚辐射域问题，结果表明广州和深圳的金融辐射半径最大，辐射区域最广。张晓燕（2014）则运用威尔逊模型计算了北京和天津的金融辐射半径并绘制出辐射区域图，结果发现两个城市的金融辐射范围基本上覆盖了整个环渤海经济圈。另外，陈莹和李心丹（2013）将威尔逊模型和断裂点模型进行结合，来度量南京的金融辐射力，他们通过两种模型的结合分析力求达到更为准确的实证结果。同样地，利用威尔逊模型来测算金融辐射半径，并作为量化金融辐射能力的学者还有黎平海和王雪（2009）等。不过，钱明辉和胡日东（2014）指出了威尔逊模型的不足，认为该模型仅能用于考察金融辐射能力的作用范围，而无法用于分析区域间金融业的溢出渠道，他们将金融业的空间区位差（即某地区金融业区位熵和相邻地区金融业区位熵的差）作为衡量金融辐射能力的替代指标，并论述了空间区位差与该地区的金融辐射能力成正相关的关系。

从现有研究文献来看，作为金融资源不断集聚之后所呈现出来的现象，金融扩散和辐射主要是作为金融集聚的附属阶段，逐渐引起学者们的研究关注和探讨。在金融辐射能力的衡量研究中，学者们主要进行金融竞争力的定量评估，然后采用威尔逊模型进行金融辐射域和金融辐射半径的测算。

第二节　关于全要素生产率的研究综述

全要素生产率是宏观经济学经济增长研究领域的重要概念，其被内生增长理论视为长期经济增长的主要源泉，在经济增长源泉的问题研究中具有重要的应用价值。本节主要将全要素生产率的内涵界定和相关的基本理论进行综述，然后介绍国内外学者关于全要素生产率测算方法的主要研究进展。

一、内涵界定和相关理论

（一）国外研究综述

经济增长质量的核心是效率问题，其中生产率为人们所熟知。生产率（Productivity），顾名思义是产出与投入的比率，主要用来度量单位要素投入的产出效率，其在衡量经济生产过程中的要素投入转化为经济产出的问题研究中具有广泛的运用。一般情况下，生产率被划分为单要素生产率（Single Factor

Productivity，SFP）和全要素生产率（Total Factor Productivity，TFP）。其中，单要素生产率也被称为"偏要素生产率"（Partial Factor Productivity，PFP），根据特定生产要素（如劳动力、资本等）的投入将经济总产出的贡献划分为劳动生产率和资本生产率等。由于劳动和资本等单一要素生产率的计算相对容易，所以早期的生产率问题研究主要集中于探讨单要素生产率。然而，仅考虑单一要素投入的 SFP 无法对生产率作出全面化、准确化评价的弊端使其应用受限。第二次世界大战后，随着生产理论的进一步发展以及生产率问题研究的逐渐深化，生产率问题的研究重点逐渐从单要素生产率（SFP）转移到全要素生产率（TFP）。

国外学者中，研究全要素生产率的代表性人物主要有索罗（R. M. Solow）、丹尼森（E. F. Denison）、乔根森（D. W. Jorgenson）和肯德里克（J. Kendrick）等。其中，对于全要素生产率内涵的集中化探讨，较早地出现于新古典经济学中的增长核算理论。Solow（1957）在《技术变化和总量生产函数》（*Technical Progres and Aggregate Production Function*）论文中将全要素生产率界定为"索罗余值"（即"索罗残差"），即经济产出中扣除资本、劳动力要素投入增长后的余值部分，也被称为"广义技术进步"。他对 1909—1949 年美国经济的增长核算问题进行研究发现，技术进步对于美国经济增长的贡献率达到 87. 50%，而资本和劳动力要素投入的贡献率之和仅为 12. 50%，从而认为 20 世纪上半期的美国经济增长主要由 TFP 提升所致。不过，早在"索罗余值"的概念提出之前，美国经济学家肯德里克就曾在 20 世纪 50 年代初期的国民收入核算研究中对全要素生产率问题进行了探讨。他指出，总产出与单一要素（如劳动力或资本）投入之间的量比只能被称为"局部生产率"，为了反映全部生产效率，应当考察总产出量与全部要素投入量之比，为此他将总产出量与全部要素投入量的比值称为"全要素生产率"。可以看出，肯德里克的全部要素生产率概念与"索罗余值"的内涵存在着较大的差异。

目前，学术界中主要将索罗视为全要素生产率研究的鼻祖，"索罗余值"

的提出具有极其重要的影响力。后来，美国学者丹尼森和乔根森也对全要素生产率研究（尤其是 TFP 测算方面）作出了重要贡献。Denison（1962）对美国经济增长因素进行了重点分析，他将影响经济增长的因素分为要素投入量和要素生产率两大类，并将要素生产率界定为单位投入的产出，其影响因素包括资源配置状况、规模经济和知识进展。而且，他认为索罗余值法存在低估要素生产率的问题，这主要是由对劳动力和资本要素的同质性假设造成的。于是，丹尼森对劳动、资本投入要素进行了细致的划分，他将资本划分为存货、住宅建筑和土地、非住宅土地、非住宅建筑和设备四大类，并在劳动力投入要素中考虑了性别、年龄、工作时间和受教育程度等因素的影响。因此，其基于不同质投入要素研究了 1929—1948 年美国的经济增长问题，结论认为 TFP 提升对该时期美国经济的贡献率为 54.90%。此外，乔根森等人将超越对数（Translog）生产函数形式引入生产率的度量研究中，相对于 C-D 生产函数形式而言是重要创新（Christensen et al.，1973）。同样地，Jorgenson and Griliches（1967）也对美国经济的全要素生产率进行了测算。他们认为，索罗和丹尼森对美国 TFP 的测算结果均明显偏高，这主要是由于计量误差项的存在低估了投入要素对于经济增长的真正贡献，为了提高测算结果的准确度，他们将资本投入、劳动投入以及总量产出进行了相比丹尼森而言更加细致的划分，研究得出 1948—1979 年 TFP 提升对美国经济的贡献率仅为 23.60%，明显低于索罗与丹尼森的测算结果。后来，《OECD 生产率测算手册》（*Measuring Productivity - OECD Manual*）中的生产率核算方法借鉴了乔根森等人的研究思路。

索罗、丹尼森和乔根森等人在研究全要素生产率问题时，其前提假设是生产在技术上充分有效，产出增长率与要素投入增长率的差值部分便归结为技术进步的结果。然而，现实情况并非如此。后来逐渐有学者采用允许技术无效性的生产前沿理论对 TFP 进行测算分析，并采用随机前沿分析（SFA）、数据包络分析（DEA）和曼奎斯特指数（Malmquist Index）等新方法对全要素生产率的来源和分解问题进行研究探讨。例如，Farrell（1957）指出并不是所有的生产者都处于生产前沿边界上，其按照技术进步和技术效率两分法对 TFP 进行分解，并基于确定性前沿模型测度技术效率。随后，Aigner et al.（1977）和 Meeusen and Broeck（1977）在确定性前沿模型基础上引入随机误差项，构造了随机前沿模型；Charnes et al.（1978，1981）提出了数据包络分析方法；Caves et al.（1982）在 Malmquist 指数的研究基础上，提出 Malmquist 生产率指数，并作为测算全要素生产率的工具。发展至今，SFA 和 DEA 已经成为 TFP 测算的主要方法。另外，Coelli（1996）指出，在采用 Malmquist 指数方法时，TFP 的变化来源可以分解为技术进步变化和技术效率变化（包括规模效率变化和纯技术效率变化）。Kumbhakar and Lovell（2000）认为剔除了劳动和资本要素投入后，TFP 来源包括技术进步、规模经济、资源配置和产业结构调整等因素，可以将 TFP 变化分解为技术进步率、技术效率改善、规模效率变化和要素配置效率变化。

（二）国内研究综述

国内学者对于全要素生产率问题的研究起步略晚，大致开始于 20 世纪 90 年代。在美国学者保罗·克鲁格曼（Krugman，1994）的《亚洲奇迹的神话》一文发表后，他提出的"东亚无奇迹"观点引起了当时学术界的极大争论，其对于东亚增长奇迹的质疑以及 1997 年亚洲金融危机的爆发，促使了国内学者对全要素生产率以及经济增长可持续性问题的反思和研究热潮。

在关于全要素生产率的内涵研究方面，不同学者在具体的问题研究中对 TFP 内涵的认知略有差异，不过基本采纳 Solow（1957）对全要素生产率的"索罗余值"界定。郑玉歆（1998，1999）指出，全要素生产率是个内涵模糊的概念，传统的"索罗余值"甚至可以被称为"无知的度量"，由于 TFP 的度量不仅包含所有未被识别的引起经济增长的因素，还包括概念上的差异和度量误差，所以 TFP 概念的模糊性是引起其测算结果存在差异的主要原因之一。随后，郭庆旺和贾俊雪（2005）指出，学术界对于 TFP 的内涵界定着实存在着差异，其借鉴"索罗余值"的思想内涵将 TFP 界定为资本和劳动等各要素投入之外的技术进步以及能力实现等导致的产出增加，是将要素投入贡献剔除后所得到的残差部分。随后，刘光岭和卢宁（2008）也认为，TFP 是扣除了资本和劳动要素投入的贡献后，其他所有能够促进经济增长的因素贡献总和，并指出 TFP 变化既不完全代表技术进步（技术进步分为资本节约型、劳动节约型和中性技术进步，中性技术进步表现为 TFP 提升），也不完全代表技术效率，而可以被分解为技术效率改善、技术进步率、规模效率提升以及资源生产效率的变化。

另外，关于全要素生产率的测算研究方面，根据研究对象的不同，可以将目前我国学者对全要素生产率的测算研究成果归纳为两大类别：一是对于中国整体或者省际（自治区、直辖市）区域层面的全要素生产率研究，包括区域全要素生产率测算、经济增长源泉及经济增长的可持续性等相关问题探讨，如叶裕民（2002）、张军和施少华（2003）、郭庆旺和贾俊雪（2005）、赵志耘和杨朝峰（2011）等；二是对于具体行业（如制造业、服务业等）或者生产部门（如国有企业、工业企业等）的全要素生产率测算研究，探讨特定行业或者生产部门的技术进步问题，如涂正革和肖耿（2005）、鲁晓东和连玉君（2012）、范剑勇等（2014）等。其中，在 TFP 的具体测算方法运用上，目前国内学者们主要借鉴国外学术界中发展较为成熟的"索罗余值"法、随机前沿分析法、DEA – Malmquist 指数法和 Olley – Pakes、Levinsohn – Petrin 等方法。

二、 全要素生产率的测算方法

总结 TFP 测算的众多经典文献发现，目前学术界中对于全要素生产率的测算方法可以划分为参数法、非参数法和半参数方法三种类型。其中，参数方法主要包括"索罗余值"法、随机前沿分析法等，非参数方法主要包括 DEA – Malmquist 指数法等；不过，鉴于传统的参数和非参数方法主要用于宏观区域层面的全要素生产率研究，并不适用于微观企业层面的全要素生产率测算，从而 TFP 测算的半参数方法得以提出并逐渐发展演变，主要包括 OP 法（Olley and Pakes，1996）、LP 法（Levinsohn and Petrin，2003）等。

（一）参数法

1. 索罗余值法。在新古典经济学的增长核算方程中，Solow（1957）将全要素生产率（TFP）界定为"索罗余值"，即产出增长率扣除劳动力和资本要素增长贡献之后的剩余部分。索罗余值法在测算全要素生产率时假设经济体系中仅存在两种要素投入（即资本和劳动力），将扣除了这两种要素投入导致的产出增加部分全部归结为技术进步的贡献。另外，索罗余值法还基于完全竞争市场、规模报酬不变、希克斯中性技术进步以及柯布道格拉斯的生产函数（C－D 生产函数）形式等一系列前提假设。然而，在现实的经济生产过程中，上述前提假设过于严格，基本无法满足，使索罗余值法对于 TFP 的测算结果难免存在偏差。

不过，这并不会撼动索罗余值法在经济增长核算领域的重要地位。索罗余值法开创了经济增长源泉分析和 TFP 测算的研究先河，在学术理论界是极其重大的贡献。因此，目前学术界依然存在大批的学者采用索罗余值法，来进行 TFP 测算研究和经济增长核算方面的问题探讨。例如，张军和施少华（2003）采用索罗余值法的思想对 TFP 和 TFP 提升率进行内涵界定，并测算了 1952—1998 年中国经济的全要素生产率及其增长率，结果显示资本产出弹性和劳动产出弹性分别为 0.609 和 0.391，改革开放前的 TFP 波动很大，不过改革开放后，中国经济的 TFP 提升明显。郭庆旺和贾俊雪（2005）采用索罗余值法对我国 1979—2004 年的全要素生产率进行了测算，并对经济增长源泉进行了简要分析，结论发现该时期的 TFP 提升率及其对经济增长的贡献率均较低，说明我国该时期的经济增长主要依赖要素投入，其中资本产出份额和劳动产出份额的测算结果分别为 0.6921 和 0.3079。赵志耘和杨朝峰（2011）也采用索罗余值法对改革开放以来（1979—2009 年）的中国全要素生产率进行了测算，并对其变动原因进行了定量考察，结果发现资本产出份额和劳动产出份额分别为 0.711 和 0.289，其测算出来的 TFP 提升率与郭庆旺和贾俊雪（2005）测算结果的基本趋势一致，但存在一定的偏差，这可能是由于资本存量的估算方法以及投入要素的数据处理存在差异所致。此外，叶裕民（2002）、徐家杰（2007）、贺晓宇和沈坤荣（2018）等众多学者也都在相应的问题研究中采用索罗余值法对我国（省、自治区、直辖市）不同时期的全要素生产率进行了测算评估。

2. 随机前沿分析法（SFA）。随机前沿分析法的提出基于生产前沿理论的诞生，该理论的雏形是 Farrell（1957）提出的生产前沿模型，他认为在具体的生产过程中存在技术无效率项，为此在研究 TFP 变化和经济增长根源时，应当考虑技术效率和生产前沿面两个部分。不过，Farrell（1957）提出的生产前沿模型没有考虑生产者行为以及生产过程中的随机性因素影响，该模型被称为确定性前沿模型。在此基础上，Aigner et al.（1977）以及 Meeusen and Broeck（1977）考虑了随机扰动因素的影响，提出了随机性前沿模型。

SFA 方法将生产活动不能达到生产可能性边界的主要原因归结于技术无效率和随机误差项的影响，其允许技术无效率项的存在，并考虑随机误差项的影响，能够相对准确地描述生产者行为。然而，作为一种参数方法，SFA 需要预先设定生产函数的具体形式（通常包括 C - D 生产函数和超越对数生产函数两种类型）以及技术无效率项的假设分布，倘若设定不当，或许会得出偏差性的研究结论。不过，这并不妨碍 SFA 方法在全要素生产率测算研究方面的大量运用。例如，张军等（2009）在中国工业增长与结构改革的问题研究中，估算了工业分行业的随机前沿生产函数，结论发现 1978 年以来，中国工业生产率水平不断提高，但 2001 年后 TFP 对于工业增长的贡献呈现下降趋势，这和同期的要素配置效率下降显著相关。刘秉镰等（2010）运用空间计量模型研究了交通基础设施对 TFP 提升率的影响，其采用 SFA 方法对 1997—2007 年中国省际层面的全要素生产率进行了测算，结果发现此时期的 TFP 具有明显的空间相关性，交通基础设施对其具有显著的正向影响。张健华和王鹏（2012）基于分省份资本折旧率的研究视角，重新计算了资本存量，并采用

SFA 方法对 1978—2010 年我国省份层面的 TFP 进行了再估算，所得结果更能反映省份之间的 TFP 差异。此外，涂正革和肖耿（2005）、王艺明等（2016）、王德祥和薛桂芝（2016）等众多学者也均在具体的问题研究中采用 SFA 方法对 TFP 进行了测算评估。

（二）非参数法

数据包络分析（DEA）也属于生产前沿理论中的一种主流方法。不过，与 SFA 方法不同的是，DEA 无须预先设定生产函数形式、无须进行参数估计以及无须对技术无效率项作出分布假设，而是直接从投入产出的角度进行考虑，从而 DEA 属于非参数形式的生产前沿分析方法。DEA 模型的基本思想也是来自 Farrell（1957）提出的生产前沿理论，其主要包括 CCR 模型和 BCC 模型两种形式。CCR 模型由 Charnes et al.（1978）提出，也被称为 CRS 模型，由于其基于规模报酬不变假设，所以只能测算出综合技术效率（STE）。随后，Banker et al.（1984）提出了基于可变规模报酬下的 BCC 模型，也被称为 VRS 模型，由于其能够将技术效率（TE）进一步分解为纯技术效率（PTE）和规模效率（SE），故该模型能够测算出不包含规模效率项的纯技术效率变动情况。

Malmquist 指数由瑞典经济学家 Sten Malmquist（1953）提出，后来由 Caves et al.（1982）应用于生产率的问题研究中，并提出 Malmquist 生产率指数的概念。不过，由于该指数计算复杂、操作困难等原因，该方法最初较少被应用。随后，Fare et al.（1994）基于数据包络分析法的思想，提出了用于距离函数计算的线性规划算法，建立了考察 TFP 提升的 Malmqusit 生产率指数，并将 TFP 变化分解为技术变化和技术效率变化。自此，基于 DEA 思想的 Malmquist 指数法（即 DEA – Malmquist 指数法）在全要素生产率的问题研究中得以广泛运用。例如，郭庆旺等（2005）在对改革开放以来中国省份经济的全要素生产率问题研究中，采用 DEA – Malmquist 指数法测算了中国各省份1979—2003 年的 TFP 提升、技术进步率以及效率变化，结论得出省份之间的经济增长差异主要是由 TFP 提升差异尤其是技术进步率的差异所致。金相郁（2006）利用 Malmquist 生产率指数测算了中国 41 个城市 1990—2003 年的全要素生产率变化情况，研究发现部分城市 TFP 提升的同时，其规模效率却有所下降，为了进一步提升城市的 TFP，应当尤其重视技术进步因素。同样地，章祥荪和贵斌威（2008）采用 Malmquist 指数法测算了改革开放后（1979—2005年）我国的全要素生产率变动情况，并对其进行了分解分析，结论发现改革开放以来我国的 TFP 得到了较大进步，不过 1997 年以后，由于技术效率下降，从而 TFP 提升表现出下降趋势。随后，刘秉镰和李清彬（2009）、王艺明等（2016）等众多学者也采用 DEA – Malmquist 指数法对全要素生产率的相关问题进行了研究。

（三）半参数法

随着企业微观数据可获得性的增强，以及测算方法的不断发展完善，越来越多的学者正逐渐从宏观区域层面的 TFP 研究转向微观企业层面，采用微观企业数据进行 TFP 测算似乎正成为该领域的研究主流。不过，宏观区域层面和微观企业层面的 TFP 测算具有完全不同的理论机理，由于内生性问题的存在，传统的参数以及非参数方法并不完全适用于微观企业全要素生产率的测算（鲁晓东和连玉君，2012）。从而，OP 和 LP 等半参数方法得以提出，并为微观企业层面的 TFP 测算问题提供了强有力的研究工具。

Olley – Pakes（OP）半参法和 Levinsohn – Petrin（LP）半参法见于 Olley and Pakes（1996）、Levinsohn and Petrin（2003）两篇经典的文献。其中，OP 半参法采用企业的当期投资额作为不可观测因素的代理变量，以此来解决同时性偏差和内生性问题，不过其局限性在于并非所有企业的各个年份都有正投资，因此投资额为零的样本在估计过程中会被自动舍弃。与 OP 半参法不同的是，LP 半参法以中间品投入指标作为不可观察因素的代理变量，并提供了代理变量合意度的检验方法，可以有效地减少传统计量估计方法的内生性偏误，不过其缺陷在于操作比较复杂。OP 半参法和 LP 半参法的提出在微观企业层面的 TFP 测算研究中具有较为广泛的运用。例如，鲁晓东和连玉君（2012）利用 1999—2007 年的中国工业企业数据，采用最小二乘法（OLS）、固定效应（FE）、OP 半参法和 LP 半参法四种方法测算了工业企业层面的 TFP，测算结果对比发现，传统计量方法中的内生性问题可以通过采用 OP 半参法和 LP 半参法得到有效解决。范剑勇等（2014）在研究产业集聚与企业全要素生产率的问题中指出，OP 半参法在测算企业 TFP 时会损失 38% 左右的样本量，故其采用 LP 半参法测算了 1998—2007 年通信设备与电子计算机行业的企业全要素生产率。同样地，采用 OP 半参法或 LP 半参法进行微观企业 TFP 测算的学者还包括张杰等（2009）、余淼杰（2010）、宣烨和余泳泽（2017）等。

第三节　金融集聚影响经济增长和全要素生产率的研究综述

空间集聚与经济增长问题是相伴而生的（张艳和刘亮，2007）。不过，经济增长理论和空间经济分析长期以来却沿着两条相互分离的路径进行发展，即经济增长理论中缺乏地理因素和空间分析，而经济地理学模型中又欠缺对于经济增长问题的研究探讨。随着二者的长期分离对于现实世界解释力的愈显苍白，新经济地理学（New Economic Geography）应运而生，并与新经济增长理论相互融合，来分析经济活动中的产业集聚和经济增长之间的影响关系。金融服务业作为一类特殊性的产业，其自身所具有的高流动属性和作为经济核心主导的产业地位，使其与一般的产业集聚相比，具有更加明显的集聚特征和更高程度的集聚水平。因此，金融集聚对于区域经济增长的影响关系也自然而然地引起了学术界的广泛关注和研究重视。概括而言，可以将该领域的研究成果划分为金融集聚影响区域经济增长的机制探讨和实证分析两个主要方面。因此，本节首先梳理国内外学者关于金融集聚影响区域经济增长理论机制的相关研究，然后将目前学术界中关于金融集聚影响区域经济增长的主要实证研究成果进行综述。另外，内生增长理论认为，全要素生产率是长期经济增长的主要源泉。目前，学术界从金融集聚视角对于全要素生产率问题的相关研究探讨较少，大多数学者均是直接研究金融集聚与区域经济增长之间的关系。因此，本节还将对目前学术界已有的关于金融集聚影响全要素生产率的相关研究成果进行综述。

一、 金融集聚影响区域经济增长的机制研究

通过研读国内外相关文献，归纳分析得出金融集聚对于区域经济增长的影响机制众多，主要包括规模经济效应、产业结构升级效应和技术进步效应等。

一是规模经济效应。"规模经济"（Economies of Scale）的概念最早由马歇尔（Marshall，1890）提出。美国金融学家金德尔伯格（Kindleberger，1974）认为是规模经济使银行业等金融机构集聚于特定的地理区位，金融集聚区的集聚效应可以对个人（或企业）的储蓄投资行为进行跨时结算和跨地区资金交付、转移，从而可以提高跨地区支付效率和金融资源跨地区配置效率。Park and Essayyad（1989）则将规模经济理论运用于国际银行业发展和国际金融中心的成因分析中，认为是大量金融机构的地理邻近，使彼此之间可以通过基础设施共享、业务交流与合作、信息快捷流动等手段降低运营成本，从而提高经济绩效。Authur（1994）则通过构建路径依赖（Path Dependence）模型分析认为，特定区域内的区位优势一旦形成，递增的规模收益将有利于区域空间范围内"锁定"（Lock - in）效应的形成，会扩大集聚区的辐射效应和吸引力。我国学者刘军等（2007）则指出，大批金融机构在集聚区集中化发展的同时，会促进相关辅助性中介服务业（如会计、律师等）的发展，使金融机构的整体服务质量得以提高。

二是产业结构升级效应。产业结构转型升级不仅可以提高经济增长率，还可以提高经济增长质量（黄解宇等，2015），所以金融集聚对产业结构升级的影响得到了众多学者的研究关注。例如，石沛和蒲勇健（2011）利用莫兰指

数（Moran's I）和地理加权回归（GWR）模型研究了金融集聚和产业结构的空间关联机制，认为产业结构调整在空间上可以带动金融集聚发展，而且金融集聚也可以促进产业结构调整。杨义武和方大春（2013）基于长三角 16 个城市 2003—2011 年的面板数据探讨了金融集聚和产业结构变迁的互动关系，发现金融集聚、产业结构合理化和高级化之间存在着长期稳定的均衡关系。另外，邓向荣和刘文强（2013）通过空间滞后模型（SLM）和空间误差模型（SEM）实证研究得出金融集聚对于我国东、中、西部产业结构升级的促进作用都很明显，其中银行业对于产业结构升级的贡献最大，得出同样研究结论的还有孙晶和李涵硕（2012）。于斌斌（2017）也进一步指出金融集聚对区域经济增长的影响主要是通过促进产业结构升级实现的，而且还能够通过金融服务网络的延伸影响周边地区的产业结构变迁。不过，金融集聚对产业结构升级的影响效应和空间溢出效应受到产业发展阶段和城市规模的限制。

三是技术进步效应。新古典增长理论将技术进步假定为外生因素，未能对经济的长期增长形成解释。内生增长理论则将技术进步内生化，并将其视为长期经济增长的主要源泉。因此，如果金融集聚能够对技术进步产生重要影响，那么其对经济增长的影响将是深远的（黄解宇等，2015）。学术界众多学者进行了相应的研究探讨，如翟艳和苏建军（2011）研究了金融集聚对各地区研发投入的影响，发现二者之间存在长期均衡关系。孙维峰和黄解宇（2015）研究了金融集聚对制造业上市公司研发能力（R&D）投资的影响，发现地区金融集聚程度与企业的 R&D 投资强度显著正相关。随后，李胜旗和邓细林（2017）、黎杰生和胡颖（2017）、王仁祥和白旻（2017）等学者均实证分析了金融集聚与技术创新的影响关系。另外，王丹和叶蜀君（2015）分析了金融集聚对经济增长的知识溢出机制，认为金融集聚有利于区域内知识溢出效应的发挥，能够通过集聚网络知识的创新效应和技术进步效应等提升中心区域内的经济发展水平。

同样地，国内学者刘军等（2007）集中探讨了金融集聚对实体经济的影响机制，认为金融集聚是通过集聚效应、扩散效应和金融功能促进实体经济增长，其中金融集聚效应通过规模经济效益、网络效益、创新效益、技术进步效益和自我强化效益来影响经济增长。黄解宇等（2015）则深入研究了金融集聚影响区域经济发展的中观、微观机制，认为影响机制主要包括市场一体化、企业研发支出和企业融资成本等。林江鹏和黄永明（2008）则集中探讨了金融集聚促进区域经济发展的一般机理，认为二者之间的影响机理主要包括聚集效应、规模经济效应、信息外溢效应、知识学习效应和网络效应。另外，刘红（2008）在金融集聚影响区域经济增长的机制研究中，重点归纳了三大影响机制，分别为金融功能机制、产业调整机制和知识溢出机制。丁艺（2010）则将金融集聚促进区域经济增长的途径概括为外部规模经济效应、金融扩散效应、金融外溢效应、提高金融资源使用效率和促进技术进步。任淑霞（2011）则认为金融集聚对于经济增长的作用从成本和效益两个方面表现出来，并将影响机制概括为规模经济与范围经济效应、金融网络效应、金融知识与技术溢出效应、金融创新效应和自我强化效应。

二、 金融集聚影响区域经济增长的实证研究

（一）国外研究综述

关于金融集聚影响区域经济增长的实证研究文献相对较多。不过，早期关于金融集聚现象的研究关注较少，大多数学者起初主要是围绕着产业集聚和经济增长关系或者是金融发展和经济增长关系的研究探讨。例如，Baldwin and Forslid（2000）在"中心—外围"（C－P）模型基础上引入 Romer－Grossman－Helpman 内生增长模型，研究了集聚与长期增长之间的关系。随后，Fujita and Thisse（2002，2003）将 Romer－Grossman－Helpman 内生增长模型和"中心—外围"（C－P）模型结合，构建了一个包含聚集因素的三部门增长模型，探讨了集聚和经济增长之间的关系。在金融发展和经济增长关系的研究领域比较具有代表性的早期文献包括 Goldsmith（1969），其在 35 个国家和地区

1860—1963 年面板数据的基础上，通过构建金融发展的衡量指标（金融相关比率，FIR），研究得出金融发展和经济增长往往同时发生的结论。随后，King and Levine（1993）在 Goldsmith（1969）的研究基础上进行了拓展，他们在 80 个国家和地区的研究样本基础上，对金融发展的刻画度量更加全面细致，并且控制了其他因素对经济增长的影响，实证研究得出各国金融发展与经济增长二者之间着实存在正相关关系的结论。另外，Patrick（1966）研究了发展中国家的金融发展和经济增长之间的关系问题，结论认为二者之间的关系取决于一国经济所处的发展阶段，并且可以被划分为两种模式：在经济发展的初期阶段，金融发展领先于实体经济发展，金融发展对于经济增长起到一定的引导作用，这被称为"供给引导"（Supply - Leading）模式；而在经济发展的成熟阶段，金融发展源于实体经济的需求，经济需求领先于金融发展，这被称为"需求跟随"（Demand - Following）模式。随后，探讨金融发展和经济增长关系的相关学者还包括 Levine（1997，1998）、Leyshon and Thrift（1997）和 Greenwood et al.（2013）等。

从地理空间视角来看，金融产业集聚是金融发展过程中必然会发生的现象，国内外越来越多的学者逐渐对于金融集聚和经济增长之间的关系产生了研究兴趣，并且进行了大量的实证探讨。较早地从地理空间视角来关注金融集聚与经济增长之间关系并进行实证研究的国外学者有 Bernard and Jones（1996），他们通过对美国各个州和区域之间空间相关系数的计算，研究认为各区域之间既存在着空间相关性，也存在着地区之间的溢出效应。Gehrig（1998，2000）则在市场摩擦理论的基础上，通过实证研究证实了金融集聚与扩散趋势同时存在的现象，而且正是这种集聚与扩散现象的共存影响着区域经济的发展差异。Baldwin et al.（2001）则通过构建"本地溢出"（LS）模型，研究发现金融集聚会对于本地区的经济增长带来促进作用，与此同时也会对于周边区域的经济增长产生溢出效应。另外，Martin and Ottaviano（2001）认为经济活动的增长和地域集聚是个相互强化的过程，集聚通过降低创新成本来对经济增长发挥促进作用的同时，经济增长也会吸引大多数创新因素和生产活动向核心地区进行集聚。

（二）国内研究综述

从国内来看，起初学者们也主要是以聚集经济或产业集聚为着眼点，来实证检验其对于经济增长产生的影响关系，代表性的研究成果主要有张艳和刘亮（2007）、章元和刘修岩（2008）等。不过近年来，国内学者也逐渐关于金融集聚影响经济增长问题展开了较多的实证研究。例如，李林等（2011）的研究较早，其采用2009年的我国省际截面数据，通过建立 SLM、SEM 和 SDM 实证检验了金融集聚对于区域经济增长的空间溢出效应，结论发现省际层面金融集聚存在着显著的空间相关性，但是空间辐射能力较为有限，主要原因是金融集聚的辐射效应受到我国行政体制的制约，因此应当继续加强区域间的金融合作，推动区域金融中心的形成。随后，同样采用空间计量模型来研究金融集聚影响区域经济增长的学者众多，主要包括周凯和刘帅（2013）、李红和王彦晓（2014）、黄德春和徐慎晖（2016）等。此外，还有学者通过采用两阶段最小二乘法（2SLS）（苏建军等，2015）、格兰杰因果关系检验（周天芸等，2014）、Panel Data 计量模型（丁艺等，2010）等其他方法来实证探讨金融集聚对区域经济增长的影响关系。

不过，李红和王彦晓（2014）指出了国内学者现有研究的两点不足：一是在金融集聚的空间溢出效应问题研究中，大多数学者均采用我国的省际面板数据；二是在空间权重矩阵设置时，部分学者仅采用基于地理邻接关系的0－1权重矩阵，未能考虑到在地理空间层面上相近但不相邻地区的溢出效应，可能会低估我国金融集聚的空间溢出效应。因此，李红和王彦晓（2014）基于1995—2011年我国286个地级市层面的面板数据，采用各城市经纬度数据构建了基于信息技术水平的空间权重矩阵，并采用空间杜宾模型实证研究了金融集聚对于城市经济增长的空间溢出效应影响，结论认为金融人力资本、金融产出密度和金融集聚规模不仅可以促进城市经济增长，而且还存在着显著的空间溢出效应，人才、机构和资本的日益集中没有产生拥挤效应。另外，张浩然（2014）同样认识到基于省际层面数据研究的不足，其基于中国 2003—2011 年 263 个地级市的面板数据，运用空间杜宾模型研究了金融集聚对于本地区和邻近城市经济绩效的影响，结论认为城市金融集聚不仅提高了本地区的全要素生产率，而且在城市之间也存在显著的空间外溢效应，但金融集聚的空间溢出范围有限，仅在 110 公里或 120 公里以内显著，这意味着同一城市群中相距较远的核心城市（如上海与南京、重庆与成都等）能够同时扮演区域性金融中心的角色。

目前，虽然学术界关于金融集聚和区域经济增长之间的关系进行了较多的研究探讨，但是较少有学者关注二者之间的非线性特征。然而，由于金融集聚对于区域经济增长的影响可能因集聚程度或者经济体量的差异而表现出非线性关系，探讨二者之间的非线性特征便逐渐成为新的研究热点。例如，纪玉俊和周素娟（2015）基于 1992—2011 年的我国省域面板数据，通过门槛回归模型实证研究了金融业集聚与区域经济增长之间的门槛效应，结论发现二者之间存在的是"水平 S"形关系（即"下降—上升—下降"趋势），而非简单的线性关系。张浩然和魏琳（2015）基于 2003—2012 年中国 263 个地级市的面板数据，利用门槛面板模型和工具变量法研究发现，金融集聚效益呈现先升后降的倒 U 形变化趋势，经济总量跨越门槛值的城市，其金融集聚对于经济绩效的促进效应更明显。类似的研究成果还有李子叶等（2015），他们从异质门槛效应的视角研究了生产性服务业集聚对经济增长方式转变的影响，结果呈现的是显著的 U 形正向非线性关系，并且存在显著的空间异质门槛效应。另外，豆建民和刘叶（2016）基于我国 285 个地级市的面板数据，研究了生产性服务业和制造业的协同集聚对经济增长的影响，结论发现协同集聚对城市经济增长存在着双重门槛效应。徐晔和宋晓薇（2016）则运用门槛面板模型研究发现，金融集聚对全要素生产率的影响在不同发展水平的地区中表现出较大的差异性，并提出在金融集聚推动全要素生产率提升的过程中，应当重点关注如何将各地区配套经济条件调整到最优阈值范围以内。

三、 金融集聚对全要素生产率的影响研究

根据经济增长核算理论，劳动、物质资本等生产要素的积累并不能解释绝大部分的长期经济增长，全要素生产率的提升才是驱动长期经济增长的主要因素，并被视为长期经济增长的主要源泉。但是，已有的大多数研究均是探讨金融集聚和区域经济增长之间的直接影响关系，较少有学者能够从全要素生产率的研究视角出发，探讨金融集聚和 TFP 提升之间的内在关系，进而分析金融集聚通过 TFP 提升的传导机制来驱动长期经济增长。

起初，虽有学者论述了金融集聚通过促进技术进步来驱动经济增长的影响机制，但是从全要素生产率的研究视角出发，直接探讨金融集聚与 TFP 提升内在关系的学者较少。根据经济增长核算理论，全要素生产率的传统定义是被界定为经济产出中不能由要素投入解释的"余值"部分，其来源包括技术进步、效率提升和专业化等，从而也将其称为"广义技术进步"（Solow，1957）。因此，作为增长核算方程中的余值，TFP 的变化会受到众多因素的综合影响。金融服务业作为现代经济的核心，其对经济增长最为显著的贡献便是源于其对 TFP 的较大影响（Beck et al.，2000），金融集聚作为当前金融业发展的主要空间特征，被越来越多的学者视为推动 TFP 提升的重要影响因素之一（张浩然，2014；李标等，2016；徐晔和宋晓薇，2016）。更有学者认为研究金融集聚对于经济增长的影响，其核心问题就是要把握金融集聚与 TFP 提升之间的关系（洪功祥等，2014）。具体来看，李标等（2016）认为金融集聚是促进 TFP 提升的重要因素，其使用 1998—2013 年中国省际层面的面板数据，以传统 Solow 增长模型为基础，将金融集聚和创新投入因素内生化，研究了创新驱动下金融集聚与区域经济增长之间的实证关系，结论认为金融集聚能够显著地驱动经济增长，但金融集聚对 R&D 的支持具有"延迟效应"。洪功祥等（2014）运用动态面板模型的 SYS – GMM 估计方法，实证研究了金融集聚对全要素生产率

影响的区域异质性，结论发现银行业集聚、证券业集聚和保险业集聚对中国东、中、西部的 TFP 提升具有明显的异质性，只有证券业集聚能够对不同地区的 TFP 提升均产生显著的积极影响。另外，徐晔和宋晓薇（2016）分别采用地理加权回归模型和面板门槛模型研究了金融集聚对 TFP 提升的空间外溢效应和门槛效应，结果发现二者之间存在显著的双重门槛效应，各地区的金融集聚和 TFP 提升之间呈现近似的倒 U 形关系，而且随着地区经济发展水平的不同，金融集聚对 TFP 提升的影响程度表现出较大的差异性。张浩然（2014，2015）则用 TFP 的测算结果代表城市经济绩效，实证研究了金融集聚和城市经济绩效之间的内在关系。

虽然，已有的关于金融集聚空间溢出效应研究基本上集中在对于区域经济增长层面，但金融集聚能否对经济效率提升带来显著影响已经引起了学者们的研究关注和重视（余泳泽等，2013）。从已有文献来看，国内外学者对于金融集聚和 TFP 提升的影响关系研究源于金融集聚和经济增长的问题研究，即随着金融集聚和经济增长问题研究的不断深入，探讨金融集聚和 TFP 提升之间的内在影响关系已经逐渐成为新的研究方向和研究焦点。

第四节　文献述评

本章对金融集聚自身的研究进展、金融辐射能力的衡量、全要素生产率的内涵和测算、金融集聚对区域经济增长和全要素生产率的影响关系等相关研究成果均进行了综述。通过对该领域国内外已有文献的仔细研读，本书发现学术界已经对金融集聚和区域经济增长之间的影响关系进行了卓有成效的研究，不过针对金融集聚和全要素生产率之间影响关系的相关研究较少。已有研究成果对于本书具有较强的启示和借鉴意义，不过依然存在以下几点不足。

第一，以往学者大多探讨金融集聚对区域经济增长的直接影响，很少有学者能够上升到全要素生产率的研究层次。而且，以往很多学者在实证探讨金融集聚对区域经济增长的影响关系问题时，采用中国省际面板数据来研究金融集聚问题，数据尺度较大，这与我国的金融集聚现象以金融中心城市呈现的事实不符。另外，虽有学者（李红和王彦晓，2014；张浩然，2014）认识到省际层面数据可能带来实证结果的研究偏差，但这些学者普遍使用的是全国200多个地级市的城市级数据作为研究样本。由于这些众多地级市之间的城市规模、经济发展水平和金融集聚程度的差异较大，异质性极其明显，所以这些研究只能从整体层面上探讨金融集聚和区域经济增长之间的影响关系。第二，大多数学者在金融集聚的定量评估中采用的方法过于简单，很多学者仅采用区位熵指数等单一指标法，即使存在部分学者通过构建综合评价指标体系来度量金融集聚，但也仅停留在传统金融业态。目前，我国的互联网金融（如P2P网络借贷、股权众筹和移动支付等）新兴业态正在发展壮大，而现有关于金融集聚测度的指标体系却基本上没有涵盖新兴互联网金融业态。第三，金融集聚对于区域经济增长和全要素生产率的影响关系可能因集聚程度或者经济体量的差异表现出一定的非线性特征，而当前学术界中较少有学者研究探讨金融集聚和区域经济增长之间可能存在的非线性关系。那么，已有研究成果中存在的这些不足之处正好可以成为本书研究的切入点和将要深入探讨的核心内容。

目前，我国各地方政府已经普遍认识到金融集聚对于地方经济的促进带动作用，国内主要中心城市也纷纷提出了构建区域金融中心的发展目标和战略构想。在此背景下，本书以我国37个金融中心城市作为研究样本，从传统金融集聚和互联网金融集聚的双重视角出发，探讨金融集聚对区域经济增长和全要素生产率的影响效应关系。本书的主要贡献之处在于揭示我国金融中心城市的金融集聚现象对区域经济增长以及全要素生产率的内在影响，并从改善金融资源配置、空间流动以及优化金融集聚的角度为我国的区域经济增长和全要素生产率提升问题提出合理的政策建议。

第三章
金融集聚对区域经济增长的影响机制和理论基础

本章写作的逻辑思路：首先，梳理金融集聚的相关理论基础，包括产业集聚理论（如马歇尔外部性理论、韦伯工业区位理论和波特竞争优势理论）、新经济地理学理论和金融地理学理论，分析金融集聚相关理论的逻辑演变关系。其次，本章从传统金融集聚和互联网金融集聚的双重视角出发，重点分析金融集聚影响区域经济增长的理论机制和具体路径。最后，在借鉴相关学者的研究成果基础上，本章构建了金融集聚影响全要素生产率的理论模型。本章在理论分析的基础上提出了相应的研究假说，为后文的实证章节作出理论铺垫。①

第一节　金融集聚相关理论基础

金融集聚属于产业集聚的范畴，故金融集聚理论可以追溯至产业集聚的相关理论研究。学术界关于产业集聚的系统性研究始于 19 世纪末期，新古典经济学派的代表性人物阿尔弗雷德·马歇尔（Alfred Marshall）早在 1890 年便开始关注产业集聚现象，并率先提出了"产业集聚"（Industrial Agglomeration）

---

① 本章中的"金融集聚"表述，凡未特指"互联网金融集聚"，均表示传统金融业态的集聚内涵。

和"外部规模经济"（External Economy of Scale）等概念。随后，众多的理论流派都围绕产业集聚问题展开了研究。例如，阿尔弗雷德·韦伯（Alfred Weber）的工业区位论、迈克尔·波特（Michael E. Porter）的钻石模型与企业竞争优势理论等。可以说，产业集聚理论经过不断的发展演变，逐渐形成了较为完整的理论体系。不过，早期新古典经济学派的观点基本上均建立在规模报酬不变和完全竞争市场的严格假定之上，集聚理论与经济增长理论长期沿着两条相互分离的路径进行发展，地理空间因素迟迟未能被纳入主流经济学的分析框架之中。随着新经济地理学（New Economic Geography）于 20 世纪 90 年代的兴起，新经济地理学派开始接受规模报酬递增和不完全竞争市场的假设，并将地理区位因素引入主流经济学研究的一般均衡分析框架之中，例如其代表性人物保罗·克鲁格曼（Paul Krugman, 1991）在迪克西特—斯蒂格利茨（Dixit - Stiglitz, 1977）垄断竞争模型的基础上，构建了描述产业集聚的"中心—外围"（Core - Periphery）模型，为空间分析和集聚理论纳入主流经济学的研究范畴作出了重要贡献。

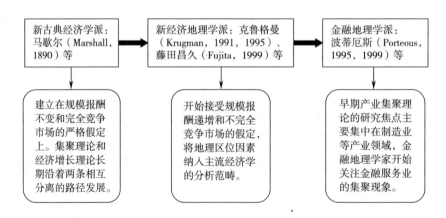

图 3.1　金融集聚相关理论的逻辑演变关系

（资料来源：作者绘制）

不过，无论是早期的以马歇尔（Alfred Marshall）为代表的新古典经济学派，还是后来的以克鲁格曼（Paul Krugman）和藤田昌久（Fujita Masahisa）

为代表的新经济地理学派，他们关于产业集聚问题的研究焦点均主要集中在制造业等产业领域，针对金融业集聚问题的研究探讨相对较少。后来，随着金融地理学（Geography of Finance）和金融地理学流派的逐渐兴起，众多金融地理学家才纷纷开始关注金融集聚现象，并对金融集聚问题不断地展开研究。而且，金融服务业在地理空间维度上愈发明显的集聚化态势也为金融集聚问题的研究开展提供了坚定的现实条件。本节主要是针对金融集聚的相关理论基础进行系统的梳理，并归纳分析相关理论之间的逻辑演变关系（见图3.1），为后文研究作出理论铺垫。

一、产业集聚理论

理论学术界起初主要是围绕着产业集聚问题展开研究，产业集聚现象的形成与发展被不同学者解释为外部规模经济、产业区位优势、技术创新与竞争优势等众多因素的综合影响。可见，产业集聚理论经过不断的发展演变得以逐步完善，已经形成了较为完整的理论体系。本部分将主要分析马歇尔外部性理论、韦伯工业区位理论和波特竞争优势理论，并归纳分析理论之间的逻辑演变关系。

（一）马歇尔外部性理论

关于产业集聚问题的最早研究可以追溯至古典经济学派，其代表性人物亚当·斯密（Adam Smith）和大卫·李嘉图（David Ricardo）分别从企业分工协作和比较优势的角度探讨产业集聚问题。他们认为具有分工协作的众多企业为了某项产品的合作生产而在地理空间上集聚成一个特定的群体，并且比较优势理论可以用于解释生产特定产品的区位选择问题。

不过，系统性地研究产业集聚问题并阐述产业集聚内涵的是新古典经济学派的代表性人物阿尔弗雷德·马歇尔。他在1890年出版的经典著作《经济学原理》（*Principles of Economics*）中对英国工业生产在地理空间层面上的集聚化现象进行了研究，并提出了"产业区"（Industrial District）、"产业集聚"（Industrial Agglomeration）和"外部规模经济"（External Economy of Scale）等重要的概念。他认为规模经济存在内部和外部的区分。其中，内部规模经济指的是企业自身生产能力提升所能够带来的单位生产成本下降，这种规模经济存在于单个企业内部；而外部规模经济则来自企业之间的分工协作、劳动力要素和基础设施共享等，使整个行业的单位生产成本下降，这种规模经济外在于企业而存在于整个行业内部。马歇尔在古典经济学的分析框架下，以规模报酬不变和完全竞争市场为假设前提，基于外部规模经济的理论思想将产业集聚的内涵界定为在某特定区域内某一产业较高程度地集中，产业资本要素不断汇集的过程，并且认为产业集聚区形成的最根本原因在于获取外部规模经济效益，即产业以获取外部规模经济效益为目的而选择在特定的地理区域集聚。

另外，马歇尔（Marshall，1890）还分析了产业集聚现象产生和不断发展的三个基本经济动因：一是知识和专业技术外溢，即产业集聚能够带来溢出效应，可以使企业从知识和专业技术溢出中获得利益，提高生产效率和竞争能力；二是专业化投入共享，即产业集聚能够得到无法贸易化的特殊投入品，并且可以促使专业化服务质量的提升；三是劳动力"蓄水池"效应，即产业集聚可以提供集中的劳动力市场，有利于劳动力资源的共享。概括而言，知识和专业技术外溢、专业化投入共享和劳动力"蓄水池"效应是马歇尔外部经济的三个主要来源。

（二）韦伯工业区位理论

空间经济理论是产业集聚问题研究的基础，其被视为继产业组织理论、新贸易理论和新增长理论之后报酬递增和不完全竞争革命中的第四波（梁琦，2004）[①]。空间经济分析的历史较为悠久。早在1826年，德国经济学家冯·杜能（Von Thunen）便创立了农业区位理论，开启了区位理论研究的先河（刘

---

① 梁琦. 产业集聚论［M］. 北京：商务印书馆，2004.

修岩，2009）①。他在《孤立国同农业和国民经济的关系》（*Der Isolierte Staat in Beziehung auf Landwirtschaft und Nationalo Ronomie*）中将成本和价格视为生产布局的决定因素，分析了因地价或地租不同所导致的农业分布格局，并提出了著名的杜能圈（即六层农作物圈层）和杜能圈修正模型。随后，德国经济学家阿尔弗雷德·韦伯（Weber，1909）创立的工业区位理论、沃尔特·克里斯塔勒（Christaller，1933）提出的中心地理论以及奥古斯特·勒施（Losch，1939）提出的经济区理论等使空间经济理论得以不断发展完善。

其中，韦伯的工业区位理论影响力较大，他在经典著作《工业区位论》（*Theory of the Location of Industries*）中，从微观工业企业的区位选址视角对产业集聚现象进行了深入研究，系统地分析论述了工业企业的选址决策。他率先提出"聚集经济"（Agglomeration Economy）的概念，将其定义为成本的节约，并且构建了集聚经济函数的解析式来对集聚经济进行推理论证，结论认为当集聚节约增量超过运输成本增量，企业的空间集聚现象就会发生。而且他将运输成本和劳动力工资视为工业区位的决定性因素，产业集聚的有利之处就是成本降低，产业集聚的形成是工业企业为了追求集聚利益所自发实现的。另外，韦伯把工业区位因素划分为区域性因素（Regional Factor）和集聚因素（Agglomeration Factor），其中集聚因素可以被划分为初级集聚和高级集聚两个阶段，初级集聚阶段是企业通过自身规模的扩大而产生集聚优势，高级集聚阶段则是企业之间通过相互联系合作形成一定的组织体系，所以地方工业化能够得以实现。工业企业在某个地理区位的选址与集中是集聚力和分散力共同作用所达到的均衡结果。

（三）波特竞争优势理论

美国战略管理学家迈克尔·波特（Michael E. Porter）认为产业在地理空间层面上的集聚是竞争所致，集聚有利于提升产业的竞争能力。他在经典著作

---

① 刘修岩.产业集聚与经济增长：一个文献综述 [J].产业经济研究，2009（3）：70 – 78.

《国家竞争优势》（*The Competitive Advantage of Nations*）中企图从企业竞争优势的视角对产业集聚问题进行研究，并提出了"产业集群"（Industrial Clusters）的概念和著名的"钻石模型"（Diamond Model）。波特将产业集群定义为产业内的竞争性企业以及与其相互关联的企业、机构在某特定的地理区域内聚集的现象。从而，他将研究重点集中在企业层面，企图从企业的竞争优势角度对产业集聚现象进行理论分析。他将"钻石模型"的整个理论分析框架划分为四个层面：生产要素、需求状况、相关和支持性产业（产业群）以及竞争战略（见图3.2），这四个层面的表现将共同影响产业的竞争力。其中，产业集群可以通过提高生产力、加快创新步伐和鼓励新企业形成等多种方式来影响产业竞争力。

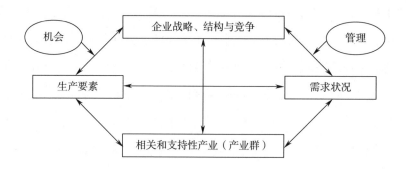

图3.2 波特"钻石模型"的理论框架

（资料来源：作者绘制）

二、 新经济地理学理论

早期以马歇尔为代表的新古典经济学派的相关理论观点基本上建立在规模报酬不变和完全竞争市场的严格假定之上，集聚理论和经济增长理论长期分离。随着新经济地理学于20世纪90年代的兴起，新经济地理学派开始接受规模报酬递增和不完全竞争市场的假设，并且逐渐将地理空间和区位因素引入主流经济学的研究范畴和分析框架中。

虽然早在亚当·斯密时期，规模报酬递增的理论思想就在其经典巨著《国富论》中有所论证。不过，基于劳动分工理论的规模报酬递增思想却始终没有得到经济学界的足够重视，他提出的劳动分工受市场规模限制的观点并没有被广泛认可。直到后来，阿林·杨格（Allyn Young）[1] 对斯密的观点作出了进一步推动和发展，他认为劳动分工与市场规模相互促进、自我演进，劳动分工应当能够得以"动态化"，形成了所谓的斯密—杨格定理（Smith - Young Theorem）。同样地，由于包含规模报酬递增的思想，斯密—杨格定理依然没有被当时众多的主流经济学家所接受，难以融入当时主流经济学的分析框架，反而是建立在规模报酬不变假定基础上的新古典经济理论依旧长期占据着统治地位，其主要原因是规模报酬递增以及不完全竞争在当时难以被模型化。直到1977 年，阿维纳什·迪克西特（Avinash K. Dixit）和约瑟夫·斯蒂格利茨（Joseph E. Stiglitz）两位学者在垄断竞争的框架下运用严谨的数学推理逻辑构建了研究规模报酬递增现象的 Dixit - Stiglitz 垄断竞争模型（D - S 模型），才引起了主流经济学界对报酬递增思想的研究关注，引发了报酬递增思想在产业组织领域中的革命浪潮[2]。而且，该时期的经济增长理论得以进一步发展，保罗·罗默（Paul Romer）关于内生增长理论的开创性文献《报酬递增与长期增长》（*Increasing Returns and Long - Run Growth*）[3] 于1986 年的发表，使经济学界的更多学者开始从规模报酬递增的角度来研究经济增长问题。自此，斯密—杨格定理关于劳动分工和报酬递增的理论思想被正式纳入主流经济学界的研究视野。

①　杨格. 报酬递增与经济进步 [J]. 贾根良，译. 经济社会体制比较，1996 (2)，52 - 57.

②　Dixit A K, Stiglitz J E. Monopolistic Competition and Optimum Product Diversity [J]. The American Economic Review, 1977, 67 (3)：297 - 308.

③　Romer P M. Increasing Returns and Long - Run Growth [J]. Journal of Political Economy, 1986, 94 (5)：1002 - 1037.

随后，保罗·克鲁格曼（Paul Krugman，1991）[1] 在 D－S 垄断竞争模型的基础上，基于不完全竞争市场和规模报酬递增的研究假定，构建了描述产业集聚的"中心—外围"（Core－Periphery）模型（C－P 模型），认为中心与外围模式的形成取决于规模经济、制造业产业集聚和运输成本等，从而把空间区位因素纳入主流经济学的分析框架，标志着新经济地理学的诞生。此后，克鲁格曼针对空间经济分析和产业集聚问题发表了一系列的论文或者专著，例如《发展、地理学与经济理论》（Development, Geography, and Economic Theory）[2]、Krugman and Venables（1995）[3] 等。另外，保罗·克鲁格曼与日本学者藤田昌久（Fujita Masahisa）、英国学者安东尼·J. 维纳布尔斯（Anthony J. Venables）合作撰写的《空间经济学：城市、区域与国际贸易》（The Spatial Economy：Cities, Regions and International Trade）[4][5] 于 1999 年的出版，对"中心—外围"（C－P）模型进行了详细的论述，充分解释了经济活动在地理空间维度上的集聚现象，一举奠定了新经济地理学的理论丰碑。

具体来看，克鲁格曼的"中心—外围"模型揭示了聚集经济的内在运行机制，其基本理论思想是：经济活动在地理空间维度上的集聚或者扩散状态取决于向心力（Centripetal Force）和离心力（Centrifugal Force）的此消彼长，在向心力的作用下经济活动趋向于集聚，随着集聚规模的扩大，离心力累积增大，当离心力大于向心力时，经济活动便开始趋向于扩散。其中，促使经济活

---

① Krugman P. Increasing Returns and Economic Geography [J]. Journal of Political Economy, 1991, 99 (3)：483－499.

② Krugman P. Development, Geography, and Economic Theory [M]. Cambridge, Massachusetts：the MIT Press, 1995.

③ Krugman P, Venables A J. Globalization and the Inequality of Nations [J]. Quarterly Journal of Economics, 1995, 110 (4)：857－880.

④ Fujita M, Krugman P, Venables A J. The Spatial Economy：Cities, Regions and International Trade [M]. Cambridge, Massachusetts：the MIT Press, 1999.

⑤ 藤田昌久，克鲁格曼，维纳布尔斯. 空间经济学：城市、区域与国际贸易 [M]. 梁琦，译. 北京：中国人民大学出版社，2011.

动集聚的向心力包括劳动力市场共享、外部经济效应和市场规模效应等；促使经济活动扩散的离心力则包括生产要素（如土地、劳动力等）的不可流动性、外部非经济性等。"中心—外围"模型假定在经济体系中仅存在两种主要产品（农产品和制造品），具有两个主要区域（区域A、B），只有劳动力一种生产要素（农民和工人），其中农民只能生产农产品，工人只能生产制造品。此外，农产品具有同质性且不存在运输成本，由具有规模报酬不变属性且完全竞争的农业部门进行生产；而制造品之间具有较大的异质性，其由具有规模报酬递增属性且垄断竞争的制造业部门进行生产，并且存在一定比率的运输成本。因此，当高运输成本、弱规模经济效应和低制造品消费份额的情形并存时，不利于产业在地理空间层面上集聚。不过，当运输成本降低至中等水平时，由于规模经济的报酬递增效应存在，制造业将趋向于集聚在特定的核心区进行生产，便可以形成以制造业生产为"中心"（C）、以农业生产为"外围"（P）的"中心—外围"（C-P）经济结构。如果运输成本进一步降低至较低水平，制造业在地理空间层面上是呈现集聚还是扩散趋势，将取决于向心力和离心力的相对大小。

因此，"中心—外围"模型中对制造业集聚进行解释的三个关键变量分别是规模报酬递增、运输成本（或者贸易成本）和制造业消费份额（也即需求因素），产业集聚现象的形成主要依赖企业的规模报酬递增、运输成本降低以及需求因素的共同作用，这三者是维持产业集聚的必要条件。

三、　金融地理学理论

克鲁格曼等人在新经济地理学中的开创性研究为金融地理学派对于金融集聚相关问题的研究探讨提供了借鉴和启示。随着金融地理学学科和金融地理学流派的兴起，戴维·J. 波蒂厄斯（David J. Porteous）、安德鲁·莱申（Andrew Leyshon）和奈杰尔·施瑞福特（Nigel Thrift）等金融地理学家纷纷开始关注金融集聚现象，并基于"信息外部性"（Information Externalities）、"不对称信息"（Asymmetric Information）、"信息腹地"（Information Hinterland）和"路径依赖"（Path – Dependence）等理论思想对金融集聚问题展开研究。而且，随着金融服务业的不断发展，其在地理空间维度上愈发明显的集聚化态势也为金融集聚的问题研究提供了坚定的现实条件。

金融地理学（Geography of Finance）是一门从地理学的视角出发来研究金融领域问题的交叉性学科，其自 19 世纪 80 年代得以迅速发展和应用，现已成为经济地理学中的一个重要分支（李小建，2006）①。目前，学术界兴起了金融地理学的研究热潮，金融地理学家纷纷对金融业的区位选择、金融中心形成和演化的微观基础、信息流在金融中心形成和发展过程中的作用等问题展开研究。概括来讲，金融地理学流派的研究视角主要是从信息的流动和信息腹地理论着手，将金融业视为"高增加值"的信息服务业，并认为是金融信息流和信息腹地的变化造就了金融集聚现象和金融中心的兴衰。可以说，金融地理学学科和金融地理学流派的兴起为金融集聚现象带来了新的解释力。本部分将对金融地理学中关于金融集聚问题的相关理论思想进行梳理，并归纳分析理论思想的逻辑演变关系，对金融集聚的理论基础进行整体性把握。

（一）"地理学终结"论断及地理区位因素的引入

随着信息通信技术（ICTs）的应用和经济全球化进程的不断推进，地理空间距离缩小，传统金融业突破地域空间范围的限制，进行较远距离、较低成本的跨区域交易成为可能（Porteous，1995）②。大部分跨区域的金融活动能够凭借着较低的交易成本快捷、高效地完成（劳拉詹南，2001）③。因此，存在学者质疑地理空间的重要性，认为地理空间作用已经被明显地削弱，便提出了

① 李小建. 金融地理学理论视角及中国金融地理研究 [J]. 经济地理，2006（5）：721 – 725，730.

② Porteous D J. The Geography of Finance：Spatial Dimensions of Intermediary Behavior [M]. Aldershot：Avebury，1995.

③ 劳拉詹南. 金融地理学——金融家的视角 [M]. 孟晓晨等，译. 北京：商务印书馆，2001.

"地理已死"（Death of Geography）的观点，即"地理学终结"（End of Geography）论断（Obrien，1992）[①]。不过，历史经验事实表明，该论断并不成立。金融业的典型事实是大多数金融活动仍在向某些地理区位聚集，越来越多的学者对此观点提出了反驳。例如，Agnes（2000）指出金融业中存在的信息不对称问题是电子银行等交易形式所不能解决的，为了促进交易网络的形成和金融信息的高效流动，近距离或者面对面的交流不可缺失[②]。各类金融机构、人才和信息等金融要素在空间范围内不断集聚的现象，使金融集聚已经发展成为现代金融服务业的基本空间分布特征，金融业的现实发展状况并没有表现出所谓的"地理学终结"，而是集聚现象愈发明显。于是，以戴维·J. 波蒂厄斯（David J. Porteous）、安德鲁·莱申（Andrew Leyshon）和奈杰尔·施瑞福特（Nigel Thrift）为代表的金融地理学家均认为地理区位因素对于金融发展和金融业布局仍然起到重要的影响作用，纷纷将地理区位因素纳入金融学研究的分析框架中，并对金融业集聚现象进行了大量的研究探讨，推翻了"地理学终结"论断。

概括来看，目前的众多金融地理学家主要是从金融信息流动和信息不对称的角度提出与"地理学终结"论断相反的观点。他们将金融业视为一种"高增加值"的信息服务业，强调金融信息流动在集聚过程中的主导作用，并将信息流视为金融中心形成的决定性条件，甚至有学者将金融集聚称为信息流的集聚。其中，Thrift（1994）[③] 和 Porteous（1995）的观点最具有代表性，他们将信息划分为两类，即标准化信息（Standardized Information）和非标准化信息（Non - standardized Information）。其中，标准化信息也被称为"编码信息"

[①]　Obrien R. Global Financial Integration：The End of Geography ［M］. London：The Royal Institute of International Affairs，1992.

[②]　Agnes P. The "End of Geography" in Financial Services? Local Embeddedness and Territorialization in the Interest Rate Swaps Industry ［J］. Economic Geography，2000，76（4）：347 - 366.

[③]　Thrift N. On the Social and Cultural Determinants of International Financial Centres：the Case of the City of London ［M］. In S. Corbridge，N. J. Thrift，&R. L. Martin （Eds. ），Money，Power and Space. Oxford：Blackwell，1994.

（Codified Information），例如企业所在地的经济信息等，其比较容易被理解和接受，可以突破地理空间范围上的限制，能够被媒体和信息技术等途径进行无差异的真实传播，不会出现信息毁损；而非标准化信息也被称为"默示信息"（Tacit Information），例如个人技能经验、公司治理能力和兼并重组信息等，其在传播的过程中会由于本身的标准不明确和难以被理解而出现"距离损耗"（Distance－Decay），或者使传播成本随着地理距离的增加而递增，存在歧义性和边际成本递增的特性。然而，大多数信息本质上都是"非标准化"的，要想充分地理解非标准化信息的内涵和本质，则必须要位于或者十分接近非标准化信息的信息源。那么，即使在信息技术快速发展的时代，由于非标准化信息的大量存在，其所体现出的距离耗损性就会使各类金融机构选址的随意性明显降低，因此金融服务业集聚并不会完全摆脱地理空间上的限制，"地理学终结"的观点从而就不会成立。

（二）金融集聚和金融中心的形成

前文已述，金融地理学派主要是从金融信息流动的视角分析金融集聚问题，并且强调用信息流理论（Information Flow Theory）解释金融中心城市在地理空间上的兴衰演变。金融服务业的空间集聚和金融中心的形成问题一脉相承，金融地理学家们大都将二者结合起来共同讨论。

金融地理学的信息流理论认为，信息流是决定金融中心形成和发展最为关键的因素，金融中心是信息流最为密集的地方，其不仅对信息进行收集和使用，而且还能够成为信息流升级演化的中转站，故而金融业也被称为具有"高增加值"属性的信息服务业，可见信息流与金融中心属于唇齿相依的关系。信息流之所以会促使金融业集聚和金融中心的形成，关键在于信息流自身所具备的特有属性：一是"信息外部性"，即金融服务业在特定地理区域内的集聚能够在信息量倍增中获得利益；二是"信息不对称性"和"非标准化信息"，即大多数信息本质上都是非标准化的默示信息，其含义不明确，难以被理解和被接受，要想对非标准化的默示信息具有足够的认知和理解，应当位于或者十分接近非标准化信息的信息源，那么当众多金融机构、人才和产品等金融要素集中到信息源附近，并且经过初步形成、快速集聚、稳定发展和扩散转移等主要阶段的动态演变，便促使了金融业的空间集聚现象和金融中心的形成（见图3.3、图3.4）。此外，金融地理学理论还借助"信息腹地""路径依赖"和"国际依附性"等核心理论概念来解释金融集聚现象的兴起和金融中心的形成。

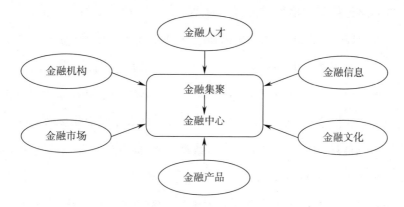

图3.3　金融要素集聚和金融中心形成示意

（资料来源：作者绘制）

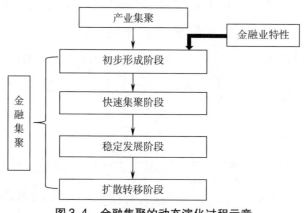

图3.4　金融集聚的动态演化过程示意

（资料来源：作者绘制①）

---

① 黄解宇，杨再斌. 金融聚集论：金融中心形成的理论与实践解析［M］. 北京：中国社会科学出版社，2006：4.

可以说，金融地理学的信息流理论已经发展成为解释金融集聚现象和金融中心形成的主流学派，众多金融地理学家均形成了自己的理论观点和主张。具体来看，Porteous（1995，1999）①从"信息外部性"和"路径依赖"的研究视角分析金融集聚和金融中心的形成和发展原因，并从"信息不对称"和"信息腹地"的研究视角解释金融中心的兴衰变迁。概括而言，其核心思想就是进入或者接近信息腹地能够降低信息不对称性，获取信息溢出的正外部性，并且可以通过路径依赖的累积作用来持续性地推动金融集聚。后来，赵晓斌等人的研究进一步丰富了Porteous（1995，1999）的理论观点。他们以中国的案例来分析信息流在金融业集聚和金融中心形成过程中的重要性，认为众多的金融机构总部之所以集聚在北京，是因为作为首都的北京具有很多政策法规、规章制度等金融信息，而且这些信息大多数都是非标准化的默示信息，可以认为信息流和金融中心是唇齿相依的关系，信息流和"不对称信息"是金融中心发展的决定因素（Zhao，2003；Zhao et al.，2005）②③。他们在后续的研究中进一步将决定金融中心兴衰演变的力量概括为五个主要方面，分别为"信息溢出""不对称信息""信息腹地""路径依赖"和"国际依附性"（赵晓斌和王坦，2006）④。而且，他们将金融中心的形成发展划分为两个主要阶段：一是要首先建立自己的"信息腹地"，使在腹地内部能够充分获取信息流所带来的高额收益；二是要注重与外界其他腹地之间的相互联系，能够形成金融信息

---

① Porteous D J. The Development of Financial Centers: Location, Information Externalities and Path Dependence [J]. Money and the Space Economy, 1999（1）: 95 – 114.

② Zhao X B. Spatial Restructuring of Financial Centers in Mainland China and Hong Kong: A Geography of Finance Perspective [J]. Urban Affairs Review, 2003, 38（4）: 535 – 571.

③ Zhao X B, Cai J, Zhang L. Asymmetric Information As a Key Determinant for Locational Choice of MNC Headquarters and the Development of Financial Centers: A Case for China [J]. China Economic Review, 2005, 16（3）: 308 – 331.

④ 赵晓斌，王坦. 跨国公司总部与中国金融中心发展——金融地理学的视角与应用 [J]. 城市规划，2006（30）: 23 – 28.

共享（赵晓斌等，2002）①。另外，Leyshon（1995）② 主要对金融集聚的影响因素进行研究，他在分析金融机构的空间集聚问题时指出，银行各分支机构的溢出效应、居民的金融素养和收入层次、整体的金融文化等都是对金融机构空间集聚产生影响的重要因素。Gehrig（1998）③ 也对金融集聚的影响因素进行了分析，他认为可以把金融集聚的影响因素归纳为离心力（Centrifugal Force）和向心力（Centripetal Force）两个不同的方向，其中离心力因素主要包括企业垄断、市场进入限制和政府直接干预等，而向心力因素则主要包括市场流动性、信息溢出效应和规模经济效应等。而且，他在市场摩擦理论（Market Friction Theory）的基础上，通过实证研究得出金融集聚通常与金融分散趋势在地理空间范围内并存的结论。

综上所述，金融地理学对于金融集聚和金融中心形成的理论研究以"信息流"作为核心主线，可以将其理论要点总结概括为以下三点：第一，信息包括"标准化信息"（即编码信息）和"非标准化信息"（即默示信息）两类，大多数信息本质上都是默示信息，而且默示信息在金融集聚的过程中起到主导性作用，各种金融要素倾向于聚集在默示信息的来源地。第二，"信息外部性""路径依赖""国际依附性""信息腹地"和"不对称信息"是决定金融集聚和金融中心兴衰的主要力量，其中"不对称信息"在信息源主要集中在政府决策机关的国家（或地区）体现得更为明显。第三，金融中心和金融信息互为依存、唇齿相依。一方面，金融中心既是信息的收集使用者，也是信息升级的中转站，金融业可以被称为具有"高增加值"属性的信息服务业；另一方面，金融信息是金融中心发展的先决条件，信息性质和流量决定着金融

① 赵晓斌，王坦，张晋熹. 信息流和"不对称信息"是金融与服务中心发展的决定因素：中国案例 [J]. 经济地理，2002（4）：408 - 414.

② Leyshon A. Geographies of Money and Finance [J]. Progress in Human Geography, 1995, 19 (4)：531 - 543.

③ Gehrig T. Cities and the Geography of Financial Centers [J]. the Economics of Cities, Cambridge：Cambridge University press, 1998.

中心的发展方向和步伐。

第二节 金融集聚影响区域经济增长的
机制和路径

长期以来，空间经济分析与经济增长理论并没有明确的交集，二者分别沿着两条分离的路径不断发展，即经济增长理论中缺乏地理因素和空间分析，而经济地理学模型中又欠缺对于经济增长问题的研究探讨。然而，产业的空间集聚与经济增长之间又是共伴而生的过程。随着二者的长期分离，其对于现实世界的解释力愈显苍白，新经济地理学应运而生，并且与同时期的新经济增长理论相互融合，用于分析经济活动中的产业空间集聚与经济增长之间的影响关系。其中，金融服务业作为一类特殊性的产业，研究金融发展与经济增长之间的影响关系问题由来已久，而且研究成果众多（Goldsmith，1969；McKinnon，1973；Shaw，1973）[1][2][3]。因此，金融集聚作为金融发展过程中愈加明显的空间分布特征，其对于经济增长的影响关系也自然而然地引起了学术界的研究关注，并且学者们从理论机制和实证检验方面均进行了诸多的研究探讨。

从金融集聚对区域经济增长产生影响的理论机制来看，学术界已经进行了大量的研究，并且形成了较为一致的结论。概括而言，金融集聚会通过外部规模经济效应、产业结构升级效应、技术进步和知识溢出效应、金融网络经济效应、自我强化和累积循环效应等众多机制影响区域经济增长。本节将对各个影响机制进行详细分析。另外，区域经济增长依靠消费、投资和净出口"三驾

① Goldsmith R W. Financial Structure and Development ［M］. New Haven：Yale University Press，1969.

② McKinnon R I. Money and Capital in Economic Development ［M］. Washington DC：The Brookings Institution，1973.

③ Shaw E S. Financial Deepening in Economic Development ［M］. New York：Oxford University Press，1973.

马车"的协力拉动。在我国经济发展的不同时期，"三驾马车"对于区域经济增长均扮演了重要的角色。目前，我国的经济结构正在不断地调整优化，投资拉动仍在向消费驱动型经济增长模式转型。因此，本节将重点从消费和投资两个方面出发，从理论层面分析金融集聚分别对消费和投资产生的影响关系，以此作为金融集聚影响区域经济增长的具体路径。另外，考虑到现有关于金融集聚的问题研究主要集中在包括银行业、证券业和保险业在内的传统金融业领域，而近年来互联网金融新兴业态在我国异军突起，且正在逐渐发展壮大，日益呈现出在特定地理空间范围内的集聚化态势，因此本节还将重点从理论层面上分析目前的互联网金融发展及其集聚态势对于我国区域经济增长的影响机制。本节将在理论机制和影响路径分析的基础上提出相应的研究假说，后文实证章节将予以检验。

一、 金融集聚影响区域经济增长的理论机制

金融集聚对区域经济增长的影响机制众多。在借鉴学者们研究成果的基础上，本书将核心影响机制概括为外部规模经济效应、产业结构升级效应、技术进步和知识溢出效应、金融网络经济效应、自我强化和累积循环效应。本部分对各个影响机制进行详细分析，进而打开金融集聚和区域经济增长之间的"黑箱"。

（一）外部规模经济效应

外部规模经济理论最早由马歇尔提出，他认为规模经济存在内部和外部之分（Marshall，1890）[①]。其中，内部规模经济是指企业自身生产能力的提升和生产规模的扩大所能够带来的单位生产成本下降，即这种规模经济存在于企业内部；而外部规模经济则来自企业之间的分工协作、劳动力要素和基础设施共享等，这种规模经济外在于企业而存在于整个行业内部。较早地从外部规模经

---

① Marshall A. Principles of Economics［M］. London：MacMillan，1890.

济角度来解释金融集聚对经济增长影响的学者是 Kindleberger（1974）[①]，他认为金融集聚区存在外部规模经济效应，其在对本地资金的跨时结算和流动提供便利的同时，方便跨区域之间的资金交付和转移，还可以提高金融资源的跨地区配置效率。另外，韩国学者 Park（1989）[②] 也认为，金融集聚区大量金融机构的地理邻近，使彼此之间可以通过基础设施共享、业务交流与合作、信息快捷流动等手段降低运营成本，产生规模经济效应。我国学者刘军等（2007）[③]也指出，大批金融机构在集聚区集中发展的同时，会促进相关辅助性服务业的发展，使金融机构的整体服务质量得以提升，带来规模经济效应。

具体来看，金融集聚影响区域经济增长的外部规模经济效应可以被划分为三种途径：一是节约资金周转的余额，提供投融资便利。随着金融集聚区支付体系的逐渐完善和支付效率的不断提高，较少的资金周转余额便可以满足较大规模的资金需求。而且，规模经济效应既存在于货币的交易媒介功能之中，也存在于价值储藏和延期支付功能中。二是提高金融市场的流动性，在降低融资成本的同时，分散投资风险。金融集聚区可以满足多样化的资金需求，借款人能够以较低的融资成本获取需求的资金，贷款人则可以获得性质种类不同的投资，并且所获得的投资能够在金融二级市场上进行交易，从而贷款人愿意接受较低的贷款利率，市场的流动性得以提高。三是加强金融机构之间的合作，发展相关的辅助性服务行业。大批金融类机构在金融集聚区的集中，一方面，可以为不同类型金融机构之间的合作提供便利，使合作化得以加强，例如商业银行与保险公司之间、保险公司与券商之间以及券商与银行之间；另一方面，金融机构集聚发展的同时，也会促进相关辅助性中介服务业（如会计师事务所、

---

① Kindleberger C P. The Formation of Financial Centers：A Study in Comparative Economic History ［M］. Princeton：Princeton University Press，1974.

② Park Y S，Essayyad M. International Banking and Financial Centers ［M］. Boston：Kluwer Academic Publishers，1989.

③ 刘军，黄解宇，曹利军. 金融集聚影响实体经济机制研究［J］. 管理世界，2007（4）：152 - 153.

律师事务所、投资咨询公司、资产评估和信用评估机构等）的发展，可以使金融机构的整体服务质量得以提高，这表明金融集聚不仅能够使金融业本身得到发展，也可以通过促进其他行业的发展而使金融集聚得到进一步深化（见图3.5）。

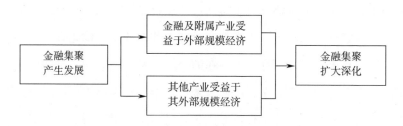

图3.5　金融集聚与其外部规模经济效应的关系

（资料来源：作者绘制①）

（二）产业结构升级效应

产业结构的调整、优化和升级离不开金融的支持，相关金融要素的集聚能够对地区的产业结构带来调整和优化作用，进而有利于推动区域经济增长和经济发展。关于金融集聚对于产业结构优化升级的影响，学术界众多学者进行了研究探讨。我国学者于斌斌（2017）[②] 指出金融集聚对区域经济增长的影响主要是通过促进产业结构升级实现的，而且还能够通过金融服务网络的延伸影响周边地区的产业结构变迁，其构建了金融集聚影响产业结构升级的理论分析框架和实证检验模型，研究得出金融集聚对产业结构升级具有明显促进效应和空间溢出效应的结论，表明金融服务业的空间集聚可以服务于本地区以及周边地区的产业结构调整升级。另外，刘红（2008）[③] 详细论述了金融集聚对区域经

---

①　黄解宇，杨再斌．金融聚集论：金融中心形成的理论与实践解析［M］．北京：中国社会科学出版社，2006：50.

②　于斌斌．金融集聚促进了产业结构升级吗：空间溢出的视角——基于中国城市动态空间面板模型的分析［J］．国际金融研究，2017（2）：12－23.

③　刘红．金融集聚影响区域经济增长的机制研究［D］．上海：同济大学，2008.

济增长产生影响的产业调整机制，其认为区域经济的产业调整应当包括产业集聚和产业转移，其中产业转移隐含于产业集聚的过程中。金融集聚能够通过促进产业集聚来推动区域经济的产业结构调整，使产业分工体系趋向于合理化、产业结构趋向于优化升级，从而为区域经济增长带来推动作用。

金融集聚的产业结构调整机制是通过产业集聚实现的，在金融集聚基础上所推动的产业集聚，能够进一步推动产业转移和产业结构优化升级。那么，金融集聚和产业集聚二者之间存在着内在的必然联系。一方面，金融业成长是产业集聚的动力条件和支撑力量，产业集聚过程中的资本需求可以通过金融集聚得以满足；另一方面，产业集聚可以优化金融生态，为金融业成长提供必要的承载空间，如产业集聚区通过税收优惠、放松管制等政策手段吸引金融分支机构的迁入或分设，为金融集聚的形成提供了初始条件，从而使金融集聚伴随着产业集聚而产生。因此可以说，金融集聚和产业集聚二者之间相辅相成、相互促进。在金融集聚的过程中，众多产业结构会受利益驱使而进行调整优化，会由于带来帕累托改进而明显地提升经济运行效率，有利于促进区域经济增长。

（三）技术进步和知识溢出效应

技术进步是影响经济增长的基本因素之一，并且被内生增长理论视为长期经济增长的主要源泉。从新古典增长理论到内生增长理论的发展演变，可以概括得到一个基本定理：为了获得长期内的人均产出正增长，必须保持创新技术和知识方面的持续进步（阿吉翁和霍伊特，2004）[1]。如果金融集聚能够显著地推动一个地区内的技术进步水平，那么其对区域经济增长就将产生较为深远的影响。

金融集聚区通常是知识密集型和技术密集型的区域，区域内具有大量的默示知识（即非标准化信息），创新资源比较丰富，而且在研发投入强度和信息流通速度等方面都要显著地优于其他地区，有利于形成良好的创新环境和较高

---

① 阿吉翁，霍伊特．内生增长理论［M］．陶然等，译．北京：北京大学出版社，2004.

的创新效率，可以对技术进步形成直接推动。而且，得益于金融集聚区内网络系统的高效性，新的技术将很快得到传播，金融集聚区内整体的创新程度将得以提升，整体的技术进步将得以改善。另外，金融集聚区内的竞争压力较大，迫于实体经济对于金融产品和服务需求的愈加多样化，金融机构会加快创新步伐，开发出更加多样化的金融产品，提供更为高效的金融服务，可以使金融服务业本身的经营管理水平得以提升，技术进步得以维持。此外，金融辅助产业（如会计、律师和投资咨询等）也将加快创新产品的研发进度，根据市场需求端的变化及时地进行业务调整，维持与金融服务机构之间的密切合作关系。

内生增长理论也强调知识溢出对于经济增长的贡献，知识溢出在区域经济增长过程中具有重要意义。从集聚外部性理论来看，知识溢出效应源于知识的外部性特征。知识外部性可以被划分为同一产业内的外部性和不同产业间的外部性。根据集聚外部性作用机理的不同，知识外部性包括三种主要类型：一是MAR 外部性，即马歇尔—阿罗—罗默外部性（Marshall – Arrow – Romer Externalities），也被称为专业化外部性（Specialization Externalities），其主要源于Marshall（1890）[1]、Arrow（1962）[2] 和 Romer（1986，1990）[3][4] 三位学者的贡献，强调知识溢出在同一产业内企业之间的效应，认为产业内的空间集聚能够带来运输成本节约、劳动力市场共享和知识传播成本降低，有利于企业获取新知识、掌握新技术，提高生产效率，并且认为垄断比竞争更有利于知识和技术溢出效应的发挥。二是 Jacobs 外部性，也被称为多样化外部性（Diversity

---

① Marshall A. Principles of Economics [M]. London：MacMillan，1890.

② Arrow K. The Economics Implications of Learning by Doing [J]. Review of Economics Studies，1962，29（3）：157 – 173.

③ Romer P M. Returns and Long – Run Growth [J]. Journal of Political Economy，1986，94（5）：1002 – 1037.

④ Romer P M. Endogenous Technological Change [J]. Journal of Political Economy，1990，98（5）：71 – 102.

Externalities），其主要源于 Jacobs（1969）[①] 的贡献，强调知识溢出在多个行业或产业之间的效应，认为不同产业在地理空间上的集聚可以使各种互补性知识得以相互传播，使集聚区内企业获得新知识和技术进步。相比于单一产业集聚而言，地区内的产业多样化集聚更能发挥出知识和技术的溢出效应。三是 Porter 外部性，也被称为竞争性外部性（Competition Externalities），其主要源于 Porter（1990）[②] 的贡献，认同外部性主要来源于同一产业集聚的观点，不过其强调同一产业的空间集聚会带来企业之间的竞争，而正是这种竞争作用促进了企业之间的知识溢出和技术创新，因此市场竞争比垄断更加有利于产业创新。比较而言，MAR 外部性强调金融专业性在技术创新方面的作用，Jacobs 外部性则更强调地区内产业之间的多样化和差异性对于提升金融知识溢出的作用，而 Porter 外部性则主要强调产业内部企业之间的竞争性作用。MAR 外部性、Jacobs 外部性和 Porter 外部性统称为动态外部性理论，它们在解释技术和知识溢出效应对于区域经济增长的影响方面发挥出了重要的理论价值。

（四）金融网络经济效应

金融集聚区内的网络信息技术较为发达，信息资源比较丰富，能够形成较为完善的金融网络系统。方便、快捷、高效的金融网络系统能够带来额外的收益，从而形成金融网络经济效应。这一方面来自金融网络系统能够降低金融服务机构和企业客户之间的交易成本和交易费用，另一方面也来自金融网络系统内部成员之间的密切合作所创造出来的额外效益。具体来看，金融集聚区成为信息集中流通的集散地，金融网络系统则成为集聚区内信息集中流通的主要渠道。方便、快捷的金融网络系统能够使信息在金融服务机构和企业客户之间进行高效的流通传递，有利于降低信息搜集成本，而且也有利于建立信息共享机制，从而降低信息共享成本。另外，金融网络系统中的金融服务机构和企业客

---

① Jacobs J. The Economy of Cities ［M］. New York：Vintage，1969.

② Porter M E. The Competitive Advantage of Nations ［M］. New York：Free Press，1990.

户之间能够进行充分的沟通合作，建立彼此之间的相互认可和信任机制，能够培养建立优良的市场交易环境，有利于降低交易成本。金融服务机构和企业客户之间充分的信任合作关系对于交易达成至关重要，在面对技术性较强的金融服务需求时，还有利于提升金融服务机构的技术创新能力。而且，随着金融集聚区内集聚程度的不断提高，金融网络系统的规模将得到扩大，网络系统的运行机制将更为高效，会给集聚区内的企业创造出更多的额外收益。

（五）自我强化和累积循环效应

金融集聚区内各种集聚效应具有自我强化的特性。随着金融集聚的逐渐深入，金融网络系统将得到不断完善，金融网络效应随之将得到不断的增强。金融网络系统所带来的信息流通成本和交易费用的降低具有强大的吸引力，能够吸引更多类型的企业和金融服务机构入驻金融集聚区，有利于外部规模经济效应、产业结构升级效应和技术进步效应的不断增强。而且，金融集聚区内各种集聚效应在自我强化机制的基础上，还能够相互影响、共同促进，不断地达到新的高度，最终会形成系统性综合集聚效应。综合集聚效应的产生，一方面能够进一步带来规模报酬递增、经营成本降低和激励产品创新等积极作用，从而提升金融集聚区自身的核心竞争力；另一方面也会强化金融集聚区对周边地区的辐射效应和空间辐射能力，对区域经济增长产生重要影响。

另外，不仅金融集聚的各种集聚效应之间具有自我强化的机制，而且金融集聚与区域经济增长之间还存在着累积循环效应，即金融集聚与区域经济增长之间具有双向互动的影响关系。一方面，金融业是现代经济发展的核心与主导，实体经济的发展离不开各种金融要素的支持，金融集聚能够通过各种集聚效应对区域经济增长产生影响；另一方面，经济是金融发展的基础，区域经济增长和经济的不断发展需要金融集聚各种集聚效应的支撑，会形成更加多样化、差异化和现代化的金融服务需求，会引发金融营运模式的转变，倒逼金融服务体系的改革，促使金融服务业空间集聚的形成和不断深化。

综上所述，金融集聚对区域经济增长产生影响的理论机制是其所产生的集聚效应，包括外部规模经济效应、产业结构升级效应、技术进步和知识溢出效应、金融网络经济效应、自我强化和累积循环效应。在金融集聚的自我强化机制和累积循环效应的影响下，各种集聚效应之间相互促进、共同影响，使集聚效应不断扩大，从而对区域经济增长产生重要影响；而且金融集聚和区域经济增长之间能够形成双向互动的影响关系。最终，金融集聚对于区域经济增长产生影响的理论机制会形成如图3.6所示的动态循环过程。

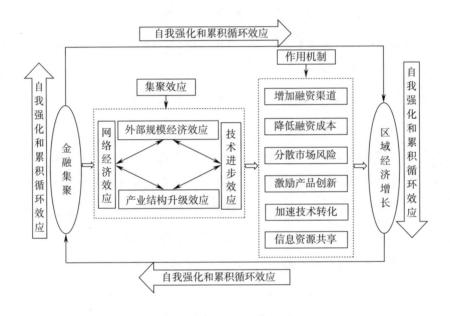

图 3.6　金融集聚影响区域经济增长的理论机制

（资料来源：作者绘制）

二、　金融集聚影响区域经济增长的具体路径

金融业作为一类产业，其集聚特征与一般的产业集聚具有一定程度的相似性。不过，作为一个特殊性产业，金融业是现代经济的核心与主导，其自身所具有的高流动属性使其集聚速度较快、集聚程度较高，与制造业或者其他的生产性服务业等一般性产业相比，金融服务业在地理空间层面上具有更加明显的

集聚特征与属性。从宏观经济学的研究视角来看，经济增长依靠消费、投资和净出口"三驾马车"的协力拉动和共同推进。在我国经济发展的不同时期，"三驾马车"在经济增长过程中均扮演了重要的角色。在 2008 年国际金融危机以前，较低的劳动力成本为当时我国的制造业企业提供了集中化生产的比较优势，从而建立起了我国依赖出口和对外贸易的经济增长模式。随后，我国于 2009 年开始实施"四万亿"的财政刺激计划，使投资成为后金融危机时期我国经济增长的主要推动力。近几年，随着我国经济结构的不断转型调整，消费对于经济增长的贡献率始终维持在较高的水平。国家统计局数据显示，2018年最终消费支出、资本形成总额以及货物和服务净出口对 GDP 增长的贡献率分别为 65.90%、41.50% 和 - 7.40%，三者分别拉动 GDP 增长 4.40%、2.80% 和 - 0.50%[①]。可见，消费和投资是目前我国经济增长过程中的主要支撑和驱动力量。

日益明显的金融业集聚现象对我国的区域经济增长产生着举足轻重的影响。目前，我国的经济结构仍在优化调整，继续由投资拉动向消费驱动型的经济增长模式转型。因此，本部分写作的逻辑思路是首先将重点从消费（主要指居民消费）和投资（主要指固定资产投资）两个方面出发，从理论层面分析金融集聚对消费和投资所产生的影响以及影响机制，以此作为金融集聚影响区域经济增长的具体路径，并在此基础上提出相应的研究假说。然后，结合前文论述的理论机制和具体路径，分析金融集聚对区域经济增长可能产生的总体影响。

（一）金融集聚影响消费的理论分析

根据我国 GDP 的支出法核算口径，最终消费支出、资本形成总额、货物和服务净出口是 GDP 的三个组成部分，其中最终消费支出分为居民消费和政

---

①　数据来源：http：//data. stats. gov. cn/easyquery. htm？cn = C01。

府消费①（见图 3.7）。国家统计局数据显示，1952 年以来，我国的消费支出始终以居民消费为主，居民消费支出占比虽然略有下降的趋势，但始终维持在 70% 以上的较高比重，政府消费支出的占比不足三成。可见，居民消费是我国最终消费支出的最重要组成部分。而且，学术界在探讨金融集聚对于消费的影响关系时，基本上是探讨金融集聚对于居民消费的影响（肖利平和洪艳，2017②；崔海燕，2016③；张李义和涂奔，2017④）。同样地，本部分也将从理论层面上分析金融集聚对居民消费的影响关系，探讨金融集聚影响居民消费的具体理论机制。

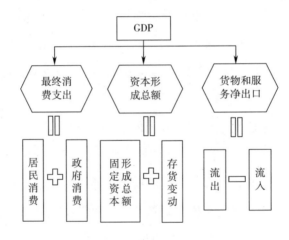

图 3.7　GDP 核算的结构示意图（支出法）

（资料来源：作者绘制）

　　根据消费理论（包括凯恩斯绝对收入假说、杜森贝里相对收入假说和弗里德曼永久性收入假说等），收入水平被认为是影响消费支出的最重要因素。

---

① 资料来源：http：//www. stats. gov. cn/tjsj/zbjs/201912/t20191202 _ 1713058. html。

② 肖利平，洪艳. 金融集聚、区域异质性与居民消费——基于动态面板模型的实证分析 [J]. 软科学，2017（10）：29 - 32，37.

③ 崔海燕. 互联网金融对中国居民消费的影响研究 [J]. 经济问题探索，2016（1）：162 - 166.

④ 张李义，涂奔. 互联网金融对中国城乡居民消费的差异化影响——从消费金融的功能性视角出发 [J]. 财贸研究，2017（8）：70 - 83.

不过，在现实生活中，居民消费的影响因素众多，如商品价格、居民消费偏好、信贷政策、利率水平以及社会保障制度等，这些因素都将对居民消费支出产生重要影响。而且，消费变化除了受经济发展、社会保障、文化习惯和消费偏好等因素的影响，还与金融服务业的发展状况密切相关（肖利平和洪艳，2017）。目前，随着资源跨区域流动成本降低，金融机构、人才和资本等要素在区域间流动加速，金融服务业日益呈现各种集聚现象，金融集聚成为我国金融业空间分布的主要特征。作为规模经济、范围经济以及区域专业化分工在金融服务业的全新演绎，金融集聚已经成为金融发展和深化的主要趋势，其能够通过缓解流动性约束、降低金融服务成本和提升居民收入水平等方面对居民消费产生重要影响。

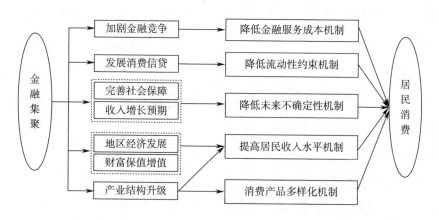

图 3.8　金融集聚影响居民消费的理论机制

（资料来源：作者绘制[1]）

具体来看，金融集聚影响居民消费的理论机制可以从需求端和供给端两个层面进行分析。在需求端层面，金融集聚能够通过降低金融中介服务成本、降低流动性约束、降低未来不确定性和提高居民收入水平来刺激居民的消费需

---

　　① 肖利平，洪艳. 金融集聚、区域异质性与居民消费——基于动态面板模型的实证分析［J］. 软科学，2017（10）：30.

求。从供给端层面来看，金融集聚能够为大量的企业主体提供资金支持，促进产业不断发展，提供多样化的消费产品和服务，满足居民的消费需求。概括而言，金融集聚影响居民消费的理论机制包括以下五个方面（见图3.8）：一是降低金融服务成本机制。金融集聚会使各金融中介机构之间的竞争加剧，在促进金融产品创新的同时，降低金融中介机构的服务成本。金融产品的不断创新和中介机构服务成本的降低能够为城乡居民消费创造便捷性的条件。二是降低流动性约束机制。金融集聚通过促进消费信贷、抵押信贷等金融产品的创新，能够为城乡居民的资金需求提供多样化的融资支持，降低流动性约束对居民消费需求的抑制。三是降低未来不确定性机制。一方面，金融集聚通过促进地区经济发展，能够提高城乡居民的收入增长预期；另一方面，金融集聚能够通过提供多样化的保险和理财产品，完善社会保障途径，提升社会保障水平，有利于降低城乡居民对未来不确定性的预期，降低居民储蓄比率，刺激居民消费需求。四是提高居民收入水平机制。金融集聚能够为城乡居民提供多样化的财富保值增值工具，通过促进产业结构转型升级和地区经济发展为城乡居民提供就业岗位，有利于提高居民的整体收入和财富水平，刺激居民消费需求的增加。五是消费产品多样化机制。金融集聚通过为大量的企业主体提供资金支持，能够促进产业不断发展，提供多样化的消费产品和服务，有利于满足城乡居民日益多样化和高级化的消费需求。基于此，本书提出：

研究假说1：金融集聚会通过降低金融中介服务成本、降低流动性约束、降低未来不确定性、提高居民收入水平和消费产品多样化机制来促进居民消费需求，通过影响居民消费支出的路径来对区域经济增长产生重要影响。

（二）金融集聚影响投资的理论分析

目前，除了最终消费支出外，资本形成总额是我国GDP支出法核算中较为重要的组成部分。其中，资本形成总额中的绝大部分指的是固定资本形成总额，存货变动的占比较低。国家统计局数据显示，2018年固定资本形成总额和存货变动在资本形成总额中的比重分配分别是 97.83% 和 2.17%。虽然固定资本形成总额与国家统计局月度公布的固定资产投资数据存在着一定的口径差异[①]，不过，学术界在探讨金融集聚或金融业发展对于投资的影响关系时，主要是探讨它们对固定资产投资的影响（张成思和张步昙，2016[②]；马红和侯贵生，2018[③]）。同样地，本部分也将主要分析金融集聚对固定资产投资的影响关系，从理论层面上探讨金融集聚影响固定资产投资的具体理论机制。

在现实市场中，企业的固定资产投资除了受到投资机会影响外，更多地会取决于外部融资环境的制约。因此，金融集聚作为当前金融业发展的主要演变特征，必然会对企业的固定资产投资产生重要影响。早期学者们主要持有金融集聚会促进企业投资的观点，并从缓解融资约束的角度论证二者之间可能存在的正向影响关系。具体来看，一方面，众多金融要素在地理空间维度上的集聚会促使金融资源的增加，从而通过降低资本成本来缓解企业固定资产投资的融资约束；另一方面，金融集聚能够降低资金供求双方的信息搜寻成本，增强信息甄别能力，提高优质项目获得融资支持的力度。而且，金融集聚区内的资源利用效率较高，投资风险相对较低，有利于降低投资项目的流动性风险，促使投资项目的顺利实施。不过后来，逐渐有学者持有不同的观点，认为金融集聚的正向积极效应并非一直有效，并且大多数学者主要从要素拥挤理论的视角予以论证。生产要素拥挤问题最早由美国学者 McFadden（1978）[④] 提出，他在研究生产理论中的等产量曲线的后弯曲现象（Backward Bending）时指出，当

---

① 参考李超（2018）《宏观经济、利率趋势与资产配置》一书：固定资本形成总额 = 全社会固定资产投资总额 + 计划总投资 500 万元以下项目的投资 + 固定资产的零星购置 + 商品房销售增值、新产品试制增加的固定资产以及未经过正式立项的土地改良支出 + 矿藏侦探、计算机软件等无形固定资产的增加 − 土地购置费、旧建筑物购置费和旧设备购置费。

② 张成思，张步昙. 中国实业投资率下降之谜：经济金融化视角 [J]. 经济研究，2016（12）：32 − 46.

③ 马红，侯贵生. 金融集聚能促进企业的实业投资吗？——基于金融生态环境和要素拥挤理论的双重视角 [J]. 现代财经（天津财经大学学报），2018（8）：3 − 15.

④ McFadden D. Cost, Revenue and Profit Functions [M]. In M. Fuss and D. McFadden eds, 1978.

生产要素投入过多并且配置不当时便会造成生产阻塞，导致生产能力降低，形成产出低下的"拥挤"（Congestion）现象。那么，具体到金融服务业集聚而言，不断有学者认同生产要素拥挤理论的观点，认为金融过度集聚必然会引发要素拥挤效应。具体来看，一方面，金融过度集聚会造成金融市场高度繁荣的假象，进而激起大量的企业主体对于金融市场的投资热情，加剧金融投资对于企业固定资产投资的"挤出"效应，使"脱实向虚"的现象愈发明显；另一方面，金融业的过度集聚会吸引投机资本的大量涌入，引发金融资产价格的泡沫危机，恶化企业主体的外部融资环境，压缩企业投资的利润空间。

概括而言，金融集聚对于固定资产投资的影响效应包括正反两个方向，而导致正反效应出现的主要原因则是金融集聚程度的高低。金融集聚对固定资产投资的影响是集聚效应（Agglomeration Effects）和拥挤效应（Congestion Effects）共同作用的结果。当金融集聚程度处于适度水平时，金融业的发展水平相对较低，集聚效应占据主导，金融集聚能够通过降低融资成本、缓解融资约束、分散投资风险和提高资源利用效率等途径促进企业的固定资产投资。而当金融集聚程度较高或者过度集聚时，则会呈现拥挤效应占据主导的趋势，造成金融资产价格泡沫、投机主义行为盛行、外部融资环境恶化和压缩投资利润空间的问题，最终会出现金融投机行为对于企业主体固定资产投资极为明显的"挤出"效应。因此，对于不同程度的金融集聚和金融集聚程度存在差异的不同地区而言，金融集聚对于区域内企业主体的固定资产投资行为会产生不同的影响。金融集聚影响固定资产投资的理论机制见图3.9。基于此，本书提出：

研究假说2：金融集聚对于固定资产投资的影响是集聚效应和拥挤效应共同作用的结果，当集聚程度处于适度水平时，金融集聚能够促进固定资产投资，而当集聚程度过高时，金融集聚会由于拥挤效应的影响而不利于固定资产投资。因此，二者之间会呈现倒U形的非线性关系，金融集聚能够通过影响固定资产投资的路径来对区域经济增长产生重要影响。

结合前文论述的金融集聚影响区域经济增长的理论机制和具体路径，接下

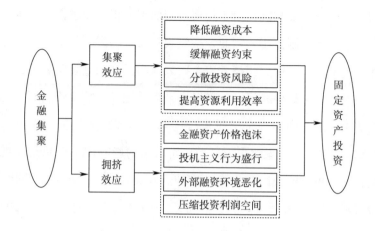

图3.9　金融集聚影响固定资产投资的理论机制

（资料来源：作者绘制）

来分析金融集聚对区域经济增长可能产生的总体影响，并提出相应的研究假说。

从现实情况来看，我国的金融资源分布在空间层面上呈现出较大的不平衡性，金融中心城市之间的金融集聚度相差较大。整体而言，东部地区中心城市的金融集聚度要明显地高于中西部地区，而且中部地区的金融集聚度也要相对地高于西部地区。金融集聚的本质就是金融机构、人才和资本等要素在地理空间维度上的聚集，在集聚效应发挥作用的同时，会不可避免地造成地区之间的金融资源差异，会使金融集聚效应对区域经济增长产生区域异质性的影响。这种异质性影响源于地区之间金融集聚度的差异，即不同水平的金融集聚度可能会对区域经济增长带来差异性影响。根据上述分析，本书提出：

研究假说3：金融集聚能够通过外部规模经济、产业结构调整、技术进步与知识溢出、金融网络经济、自我强化和累积循环效应来对区域经济增长产生正向促进作用。不过，金融集聚的空间分布比较不均衡，不同程度的金融集聚会对区域经济增长带来差异性影响。

区域经济增长源于消费、投资和净出口"三驾马车"的共同拉动。其中，金融集聚对于投资的影响既会由于集聚效应而带来正向促进作用，也会由于拥挤效应而带来负向抑制作用，因此金融集聚对投资的影响是集聚效应和拥挤效应共同作用的结果。其中，拥挤效应主要表现为当金融过度集聚时，金融资产价格泡沫、投机主义行为盛行、外部融资环境恶化和压缩投资利润空间的问题便会随之而来，最终会出现金融投机行为对于实体经济投资行为极为明显的"挤出"效应。因此，金融集聚对区域经济增长的影响便不会总是表现为正向促进作用，而是也可能会因为拥挤效应的影响而带来一定的抑制作用。而且，著名的威廉姆森倒 U 形假说认为，经济活动的空间集聚对经济增长的影响与经济发展所处的阶段相关，在经济发展初期，空间集聚能够有利于促进经济增长，而当经济发展达到一定程度后，集聚拥挤效应显现，空间集聚反而会不利于经济增长（Williamson，1965）①，该假说得到了学术界众多学者的实证检验（Bruhlart and Sbergami，2009②；徐盈之等，2011③；孙浦阳等，2011④）。根据上述分析，本书提出：

研究假说4：金融集聚对区域经济增长的影响是集聚效应和拥挤效应共同作用的结果，当集聚程度处于较低水平时，金融集聚能够促进区域经济增长，而当集聚程度过高时，金融集聚会由于拥挤效应的影响而不利于区域经济增长，二者之间会呈现倒 U 形的非线性关系。

传统金融发展理论由于没有考虑地理区位因素，无法从根本上对金融的区域化现象形成解释，从而使众多忽视"地域特征"的研究成果缺乏实际的应

---

① Williamson G J. Regional Inequality and the Process of National Development：A Description of the Patterns［J］. Economic Development and Cultural Change，1965，13（4）：1 – 84.

② Brulhart M，Sbergami F. Agglomeration and Growth：Cross – country Evidence［J］. Journal of Urban Economics，2009，65（1）：48 – 63.

③ 徐盈之，彭欢欢，刘修岩. 威廉姆森假说：空间集聚与区域经济增长——基于中国省域数据门槛回归的实证研究［J］. 经济理论与经济管理，2011（4）：95 – 102.

④ 孙浦阳，武力超，张伯伟. 空间集聚是否总能促进经济增长：不同假定条件下的思考［J］. 世界经济，2011（10）：3 – 20.

用价值（李林等，2011）[①]。金融集聚的本质是金融机构、人才和资本等要素在地理空间维度上的聚集，不过各种金融要素在空间层面上的分布是非均衡的，即表现出非均质性特征，地理单元之间的相对位置和空间距离会对区域间金融集聚溢出效应产生重要影响。因此，与金融发展问题相比，金融集聚问题最大的不同之处就是认可金融业集聚在地理空间维度上的非均质性特征，从而在研究金融集聚问题时必须考虑地理空间效应。于是，学者们普遍的研究范式均是从地理空间的研究视角出发，通过构建空间计量模型来研究金融集聚的地理空间溢出效应和空间特征。因此，根据上述分析，本书在后续章节中也将通过构建空间计量模型来实证探讨金融集聚对区域经济增长的空间溢出效应。基于此，本书提出：

研究假说5：金融集聚存在空间自相关的特性，金融集聚除了会对本地区的经济增长产生影响外，还会通过空间溢出效应对周边地区的经济增长产生影响。考虑地理区位因素后，金融集聚对区域经济增长的影响效应可能有所不同。

三、 互联网金融集聚对区域经济增长的影响机制

谢平和邹传伟（2012）[②] 首次提出"互联网金融"（Internet Finance，ITFIN）的概念以来，P2P网络借贷、股权众筹和移动支付等诸多互联网金融新兴业态在我国异军突起，且正在逐渐发展壮大，日益呈现出在地理空间范围内的集聚化态势。随着互联网金融业态的蓬勃发展，我国的金融业集聚内涵和特征正在悄然发生转变。当前时期的金融集聚内涵更加丰富，既包括银行业、证券业和保险业等传统金融业态的空间集聚，也包括互联网金融等新兴业态在地理空间层面上的集聚态势。在此现实背景下，研究探讨金融集聚对区域经济增长的影

---

① 李林，丁艺，刘志华. 金融集聚对区域经济增长溢出作用的空间计量分析［J］. 金融研究，2011（5）：113 – 123.

② 谢平，邹传伟. 互联网金融模式研究［J］. 金融研究，2012（12）：11 – 22.

响效应问题时，不得不考虑互联网金融集聚对区域经济增长的影响效应。因此，本部分将首先界定清楚互联网金融的内涵和相关的理论基础，然后从理论层面上分析互联网金融发展及其日益显现的集聚化态势对我国区域经济增长的影响机制。

（一）互联网金融的内涵和相关理论基础

关于互联网金融的内涵，谢平和邹传伟（2012）最早将其界定为不同于商业银行间接融资和资本市场直接融资的第三种融资模式，并认为该种融资模式能够显著地降低交易成本、提高资源配置效率，可以带来巨大的社会效益。随后，谢平等（2015）[1] 将互联网金融理解为一个金融谱系的概念（见图3.10），谱系的一端是银行、证券、保险等金融中介机构和交易所等金融市场，另一端则是瓦尔拉斯一般均衡定理（Walras General Equilibrium Theorem）所对应的无金融中介情形，介于谱系两端之间的所有金融交易都可以归为互联网金融模式的范畴。随着互联网技术的逐渐发展，金融系统将不断地向无金融中介的谱系一端逼近。中国人民银行等十部门于 2015 年 7 月发布《关于促进互联网金融健康发展的指导意见》（银发〔2015〕221 号），将互联网金融界定为我国金融业发展过程中兴起的不同于银行业、证券业和保险业等传统金融业态的一种"新型金融业务模式"，具体指代传统金融机构和互联网企业借助互联网的技术手段来实现资金融通、支付和投资等金融职能。因此，互联网金融的本质仍然是金融，其核心功能仍然是资源配置，金融的本质属性并未发生改变。作为传统金融业务和互联网技术结合的新兴金融业务模式，金融功能属性和互联网平台是互联网金融两个最重要的要素。从具体形态来看，互联网金融既有传统金融机构借助互联网技术开展金融业务的情形，即"金融＋互联网"形式，也包括互联网公司涉入金融业务领域的情形，即"互联网＋金融"形

---

[1] 谢平，邹传伟，刘海二. 互联网金融的基础理论 [J]. 金融研究，2015（8）：1–12.

式。吴晓求（2015）[①] 则将互联网金融的概念进行狭义和广义的区分，狭义的互联网金融不包括传统金融业务的互联网化，即仅包括"互联网＋金融"形式，广义的互联网金融则既包括"互联网＋金融"形式，也包括"金融＋互联网"形式。

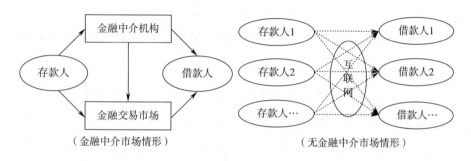

（金融中介市场情形）　　　　　　　　　（无金融中介市场情形）

注：图中的箭头（包括实线箭头、虚线箭头）均表示资金流向。

图 3.10　传统金融模式和互联网金融模式的比较示意

（资料来源：作者绘制[②]）

与传统金融模式相比，互联网金融的核心特征包括交易成本降低、信息不对称程度降低、交易可能性集合拓展、交易去中介化、支付变革与金融产品货币化等（谢平等，2015）。互联网金融模式所独具特色的核心特征，使其既有与传统金融模式相似的理论基础，也具备自身独特的理论支撑。具体来看，互联网金融的核心理论包括金融功能理论、"二次脱媒"理论、普惠金融理论和新信用理论（吴晓求，2015）。一是金融功能理论。互联网金融模式并未改变金融的本质属性，仍然强调资源配置、资金媒介、风险管理和支付结算等金融功能，并且金融功能的实现渐渐地不再依赖传统金融组织和金融中介机构，因此在交易成本降低的同时金融功能的效率得以明显提升。二是"二次脱媒"理论。交易成本理论和信息经济学认为，传统金融中介机构存在的基础前提是

---

① 吴晓求. 互联网金融：成长的逻辑 [J]. 财贸经济，2015（2）：5–15.

② 谢平，邹传伟，刘海二. 互联网金融的基础理论 [J]. 金融研究，2015（8）：3.

交易成本、市场不确定性和信息不对称性等摩擦性因素的存在（Mishkin，1995）①。而互联网金融的蓬勃发展能够显著地降低信息不对称性和交易成本，因此金融中介机构所赖以生存的基础前提正在被不断地侵蚀。因此，资本市场直接融资模式形成第一次"金融脱媒"以来，互联网金融的发展正使传统金融中介机构经历着金融业的"二次脱媒"，金融交易去中介化的现象也将越来越明显，并且将逐渐趋向于瓦尔拉斯一般均衡定理所描述的无金融中介情形（Mas - Colell et al.，1995）②。三是普惠金融理论。长尾理论（Long Tail Theory）认为，互联网金融位于金融业的"长尾"之上，能够催生出众多符合"普惠金融"属性的产品与服务，以此来满足大量"尾部"客户群体的金融需求。具体而言，大数据、云计算和社交网络等新兴互联网技术与传统金融业务的深度融合，催生出形态各异的互联网金融业务模式，能够满足更广大居民和小微企业的金融需求，使"交易可能性集合"（Transaction Possibility Set）得到拓展，金融的普惠性、民主性特征得以充分显现。因此，互联网金融本质上是普惠金融的一种表现，能够为众多阶层的社会群体提供所需求的金融服务。可以说，具备普惠金融的特性是互联网金融具有强大生命力的根本原因所在。四是新信用理论。信用是金融交易的基础，信用风险是传统金融面临的主要风险，如何进行信用评级、评估和对冲信用风险至关重要。传统信用理论主要通过企业的财务状况、现金流量和个体的收入水平、身份地位等判断经济主体（如企业和个人）的信用优劣。而在互联网金融模式下，能够通过云计算、大数据等技术手段观测众多经济主体实际交易行为的履约情况，进而推断他们的信用能力。这种基于数据挖掘、云计算等技术手段所得到的信用结果显然会比传统信用评估方法真实、准确。因此，互联网时代的新信用理论是互联网金融

---

① Mishkin F S. The Economics of Money, Banking, and Financial Markets［M］. Harper Collins College Publishers，1995.

② Mas - Colell A，Whinston M D，Green J R. Microeconomic Theory［M］. New York：Oxford University press，1995.

模式得以生存并发展的理论基石（吴晓求，2015）。

（二）互联网金融集聚影响区域经济增长的理论机制

互联网金融模式虽然年限较短，但发展十分迅猛。2012 年"互联网金融"的概念被正式提出，2013 年便被确立为"互联网金融元年"。随后，中国人民银行发布的《2013 年第二季度中国货币政策执行报告》中首次使用"互联网金融"一词。2014 年全国"两会"的政府工作报告中提出"促进互联网金融健康发展，完善金融监管协调机制"，"互联网金融"一词被首次写入政府工作报告。2015 年全国"两会"的政府工作报告中则用"异军突起"一词形容我国的互联网金融业态，并提出要继续"促进互联网金融健康发展"。可见，"互联网金融"从提出到被写入政府工作报告仅仅用了两年左右的时间，而且已经得到了蓬勃发展。具体来看，银行、证券和保险等传统金融机构均在积极谋求变局，纷纷借助互联网的技术手段提升自身的核心竞争力、巩固既有的优势地位，而阿里巴巴、腾讯和京东等众多互联网企业则纷纷在金融业务领域"跑马圈地"，试图构建自己特有的业务模式（如支付宝、微信支付和京东金融等）。

蓬勃发展的互联网金融业态引起了学术界、业界以及监管部门的广泛关注，关于互联网金融的理论和实践方面的问题研究涌现出了诸多成果。目前，我国的互联网金融业态呈现出在地理空间范围内集聚的态势，部分地区在地方政府的政策引导与支持下，已经开始建设互联网金融产业集聚区，如上海的互联网金融产业基地、深圳的互联网金融产业园区和北京的中关村互联网中心等。然而，已有研究成果中从地理空间视角探讨互联网金融集聚和空间特征的相关研究极少。一方面，其原因可以归结于互联网金融的发展年限较短，囿于数据的可获得性，对互联网金融新兴业态的空间集聚进行量化测度的难度较大。另一方面，学术界关于互联网金融的空间集聚特征呈现出两种相互对立的观点，一种观点认为互联网金融能够凭借低成本、便捷性的优势突破传统地理空间上的局限，不存在明显的空间集聚特征；而另一种观点则认为，作为一种新兴的金融业态，互联网金融仍然要遵循金融业发展的基本规律，仍然会呈现较强的空间集聚特征。综合考虑，本书认为互联网金融集聚和地理空间特征的问题探讨极具研究价值。目前来看，学术界倾向于认同互联网金融具有空间集聚的特征，并且已有学者进行了论证。例如，郭峰等（2017）[①] 利用北京大学互联网金融发展指数对我国的互联网金融空间集聚效应进行了空间计量模型的实证检验，结论发现我国的互联网金融发展并不是超越地理的，也表现出一定的地理依赖性和正向空间溢出效应，而且空间集聚性和空间异质性都有明显体现。

目前，学术界关于互联网金融集聚的概念并没有明确的界定。随着我国互联网金融近几年的蓬勃发展，互联网金融集聚的直观体现是各种互联网金融新兴业态在地理空间范围内的集聚现象。那么，这种日益明显的互联网金融集聚现象对区域经济增长会产生何种影响？具体的影响机制是什么？与传统金融集聚对区域经济增长的影响机制存在哪些区别？非常值得研究探讨。

借鉴已有学者的相关研究成果，本书将互联网金融集聚影响区域经济增长的理论机制概括为以下四个方面（见图3.11）：一是产业结构升级效应。与传统金融业态相比，互联网金融具有资源配置效率更高、交易成本更低以及交易双方信息不对称程度更低的特点，因此互联网金融模式能够显著降低经济运行过程中的摩擦性因素。这将明显有利于降低经济运行成本、带动产业融合、促进产业结构升级，给区域经济增长和经济发展带来效率提升。二是规模经济效应。大量的互联网企业与金融服务机构的空间聚集，能够使集聚区内资本、人力、技术以及政策红利等各种生产要素的配置得到优化，集聚区企业可以在基础设施、网络平台以及相关的配套服务等多方面实现资源共享，并且彼此之间可以相互合作，获得协同效应，从而有利于降低运作成本，获得经济效益的显

---

① 郭峰，孔涛，王靖一．互联网金融空间集聚效应分析——来自互联网金融发展指数的证据[J]．国际金融研究，2017（8）：75－85．

著提升。三是技术创新效应。互联网金融能够促进技术在金融产品和服务领域的不断创新，满足众多经济主体日益多样化和差异化的金融需求。技术创新效应的不断累积能够通过量变到质变的转化来提升经济效益，促进经济增长。而且，互联网金融的不断发展和集聚能够形成企业之间相互学习、彼此竞争的模式，有利于"竞争—学习—创新"良性效应的循环发挥。四是累积循环效应。作为相对高端的金融服务体系，互联网金融的空间集聚与区域经济增长之间具有双向互动的影响机制，即除了互联网金融能够通过集聚效应来促进区域经济增长之外，区域经济增长也能够通过对高端互联网金融产品日益多样化和差异化的需求，倒逼金融市场的发展和金融制度的变迁，进而推动互联网金融集聚的不断发展壮大。

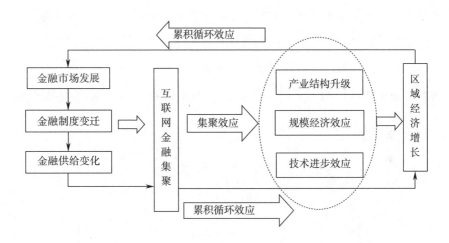

注：图为作者根据张倩等（2016）绘制。

图 3.11 互联网金融集聚与区域经济增长的互动机制

（资料来源：张倩，周荣荣，冯小舟. 互联网金融产业集群与区域经济增长的互动机制［J］.

改革与战略，2016（2）：56.）

根据上述分析，本书提出：

研究假说6：互联网金融集聚能够通过产业结构升级、规模经济、技术创新和累积循环效应来促进区域经济增长。不过，鉴于我国互联网金融还正处于快速发展阶段，各类业态尚未形成成熟的空间集聚和监管模式。与传统金融集聚相比，互联网金融集聚对于区域经济增长的空间溢出效应影响可能会有所不同。

第三节　金融集聚影响全要素生产率的理论模型

金融集聚影响经济增长的逻辑关系可以从两个角度来进行考虑（见图3.12）：一是需求角度。前文在论述金融集聚影响区域经济增长的具体路径时，分析了金融集聚对居民消费和固定资产投资的影响机制，这是从需求侧（即消费、投资）着手研究经济增长问题。二是供给角度。要素投入（如资本、劳动力等）和全要素生产率（TFP）均是经济增长的组成部分，均能够对经济增长产生重要影响。其中，TFP是经济效率的体现，经济增长和效率提升同属于经济发展问题，不过经济效率本质上也是增长的一部分，而且被内生增长理论视为长期经济增长的主要源泉。如果金融集聚能够对TFP产生显著影响，

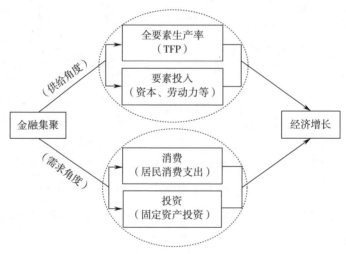

图3.12　金融集聚影响经济增长的逻辑关系

（资料来源：作者绘制）

那么其对经济增长的影响将是较为深远的，这是从供给侧（即 TFP、要素投入）着手来研究经济增长问题。

进一步来看，金融集聚可以从两个方面影响经济增长：一是要素投入（如资本、劳动力等），这是金融集聚对经济增长带来的直接影响，体现在 $F(K,L)$ 项；二是全要素生产率，这是金融集聚对经济增长带来的间接影响，体现在 $A(\cdot)$ 项。因此，研究金融集聚对区域经济增长的影响效应问题，应当涵盖两个研究层次：（1）金融集聚对区域经济增长产生的直接影响效应；（2）金融集聚对全要素生产率产生的影响效应（即金融集聚对区域经济增长产生的间接影响效应）。因此，本节将论述金融集聚对全要素生产率的影响，构建金融集聚影响全要素生产率的理论模型，并提出相应的研究假说。

全要素生产率的传统定义为经济产出中不能由要素投入解释的"余值"部分，其来源包括技术进步、效率提升和专业化等，该余值也被称为"广义技术进步"（Solow，1957）[1]。作为增长核算方程中的余值，全要素生产率会受到众多因素的综合影响。金融服务业作为现代经济的核心，其对经济增长最为显著的贡献便是其对全要素生产率的较大影响（Beck et al.，2000）[2]。因此，作为当前金融业发展的主要空间特征，金融集聚被越来越多的学者视为推动 TFP 提升的重要因素之一（张浩然，2014[3]；李标等，2016[4]；徐晔和宋晓薇，2016[5]）。这种推动作用，一方面体现在金融集聚的共享配套设施和信息

---

①　Solow R M. Technical Change and the Aggregate Production Function [J]. The Review of Economics and Statistics，1957，39（3）：312 –320.

②　Beck T，Levine R，Loayza N. Finance and the Sources of Growth [J]. Journal of Financial Economics，2000，58（1）：261 –300.

③　张浩然. 空间溢出视角下的金融集聚与城市经济绩效 [J]. 财贸经济，2014（9）：51 –61.

④　李标，宋长旭，吴贾. 创新驱动下金融集聚与区域经济增长 [J]. 财经科学，2016（1）：88 –99.

⑤　徐晔，宋晓薇. 金融集聚、空间外溢与全要素生产率——基于 GWR 模型和门槛模型的实证研究 [J]. 当代财经，2016（10）：45 –59.

搜集便利所能够带来的交易成本节约，获取规模经济效应；另一方面也体现在金融集聚能够为众多的创新主体和创新活动提供高效率的资金融通支持，带来技术进步效应、创新激励效应以及资源优化配置效应等。更有学者认为研究金融集聚对于经济增长的影响，其核心问题就是要把握金融集聚与全要素生率之间的关系（洪功祥等，2014）[①]。因此，在内生增长理论的基础上，本书将金融集聚度（Fagg）视为影响全要素生产率的核心解释变量，并将其引入总量生产函数中，故生产函数的形式设定如下：

$$Y = A(Fagg, t) \cdot F(K, L) \tag{3.1}$$

其中，$A(\cdot)$为希克斯中性技术进步的效率项。记A_{i0}为技术效率水平的初始值，r_i表示技术效率的外生变迁，β_i表示金融集聚度（Fagg）的弹性系数，则借鉴徐晔和宋晓薇（2016）、李健旋和赵林度（2018）[②]，本书将技术进步效率项设定为如式（3.2）所示的多元组合形式

$$A(Fagg, t) = A_{i0} \cdot e^{r_i t} \cdot Fagg_{it}^{\beta_i} \tag{3.2}$$

综合式（3.1）和式（3.2），总量生产函数的形式便可以表示为

$$Y_{it} = A_{i0} \cdot e^{r_i t} \cdot Fagg_{it}^{\beta_i} \cdot F(K_{it}, L_{it}) \tag{3.3}$$

根据式（3.3），可以得到全要素生产率的计算公式为

$$TFP_{it} = Y_{it}/F(K_{it}, L_{it}) = A_{i0} \cdot e^{r_i t} \cdot Fagg_{it}^{\beta_i} \tag{3.4}$$

然后，对式（3.4）两端同时取自然对数，便可以得到

$$\ln TFP_{it} = \ln A_{i0} + r_i \cdot t + \beta_i \cdot \ln Fagg_{it} \tag{3.5}$$

为了减少核心解释变量的遗漏变量偏误，书中在式（3.5）的模型基础上还将引入可能会对全要素生产率产生显著影响的其他因素，即相关控制变量。理论模型的最终形式表示如下：

---

① 洪功翔，张兰婷，李伟军. 金融集聚对全要素生产率影响的区域异质性——基于动态面板模型的实证分析［J］. 经济经纬，2014（4）：7－12.

② 李健旋，赵林度. 金融集聚、生产率增长与城乡收入差距的实证分析——基于动态空间面板模型［J］. 中国管理科学，2018（12）：34－43.

$$\ln TFP_{it} = \ln A_{i0} + r_i \cdot t + \beta_i \cdot \ln Fagg_{it} + \sum \theta_j \cdot Control_{jit} \qquad (3.6)$$

其中，$r_i \cdot t$ 为时间趋势项，$Control$ 表示控制变量，r_i、β_i 和 θ_j 均为待估参数。第七章将在式（3.6）理论模型的基础上进行计量模型设定，实证检验金融集聚对全要素生产率的影响效应关系。

根据新经济地理学理论，经济活动的空间分布是集聚力和分散力共同作用的结果（Fujita et al.，1999）[①]。在金融机构、人才和资本等要素的集聚过程中，金融集聚对地区生产效率的影响可能表现为正反两个不同的方向：一是金融集聚通过生产和运输成本的降低、基础设施和劳动力市场共享等效应来提升地区生产效率；二是当金融集聚过度时，会出现拥挤效应，地区的生产成本将会由于生产要素价格上涨、环境承载能力约束等因素而提升，从而降低地区生产效率（杨仁发，2013）[②]。因此，金融集聚对地区生产效率的影响是集聚效应和拥挤效应共同作用的结果，二者之间并非是简单的线性关系，而可能会呈现二次非线性关系（鹿坪，2017）[③]。另外，和前文金融集聚对区域经济增长的影响效应研究相同，书中在研究金融集聚对全要素生产率的影响效应时，也应当考虑地理空间因素，即地理单元之间的相对位置和空间距离会对区域间金融集聚溢出效应产生重要影响，应当通过构建空间计量模型来实证检验金融集聚对全要素生产率的空间溢出效应。根据上述分析，本书提出：

研究假说 7：当集聚程度处于较低水平时，金融集聚能够促进 TFP 提升，而当集聚程度过高时，金融集聚会因拥挤效应的影响而不利于 TFP 提升，从而二者之间会呈现倒 U 形的非线性关系。当考虑地理空间因素后，金融集聚

① Fujita M，Krugman P，Venables A J. The Spatial Economy：Cities，Regions and International Trade [M]. Cambridge，Massachusetts：the MIT Press，1999.

② 杨仁发. 产业集聚与地区工资差距——基于我国 269 个城市的实证研究 [J]. 管理世界，2013（8）：41 – 52.

③ 鹿坪. 产业集聚能提高地区全要素生产率吗？——基于空间计量的实证分析 [J]. 上海经济研究，2017（7）：60 – 68.

除了会对本地区全要素生产率产生影响外，还会通过空间溢出效应对周边地区的全要素生产率产生影响。

第四节　本章小结

本章首先梳理了金融集聚的相关理论基础（包括产业集聚理论、新经济地理学理论和金融地理学理论），归纳分析了相关理论之间的逻辑演变关系。其次，本章重点论述了金融集聚影响区域经济增长的理论机制（包括外部规模经济效应、产业结构升级效应、技术进步和知识溢出效应、金融网络经济效应、自我强化和累积循环效应），并且从理论层面上分析了金融集聚对居民消费和固定资产投资的影响关系，以此作为金融集聚影响区域经济增长的具体路径。再次，本章集中论述了互联网金融业态发展及其日益显现的空间集聚化态势对区域经济增长的影响机制。最后，虽然已有的关于金融集聚外溢效应研究主要集中在经济增长层面，但金融集聚能否对全要素生产率带来显著影响已经引起了学术界的研究关注。在借鉴相关学者已有研究成果的基础上，书中构建了金融集聚影响全要素生产率的理论模型，后文将在该理论模型的基础上进行计量模型设定，来实证检验金融集聚对全要素生产率的影响效应。本章在理论分析的基础上，一共提出了七个研究假说，后文实证章节将逐一检验论证。

第四章
金融集聚综合评价和
全要素生产率测算

本章写作的逻辑思路：首先，对我国的金融业集聚现状进行分析，包括"集聚"与"辐射"两个层面，希望能够对我国金融业的集聚状况和金融辐射格局具有初步认知。其次，以我国 37 个金融中心城市作为研究样本，对各金融中心城市 2007—2016 年的金融集聚度和全要素生产率进行测算，为后文实证章节提供数据支撑。其中，本章的金融集聚现状分析既包括传统金融业态（如银行业、证券业和保险业），也包括近年来蓬勃发展的互联网金融业态（如互联网支付、互联网货币基金、互联网投资理财和互联网保险）。另外，本章的金融集聚测度评价指的是传统金融业态的集聚程度评价。关于互联网金融集聚，书中将采用北京大学互联网金融研究中心编制的北京大学互联网金融发展指数来衡量。①

第一节　金融中心城市的金融集聚现状分析

金融集聚是金融业高度发达的结果，其不仅能够影响本地区的经济发展，

---

① 本章中的"金融集聚"表述，凡未特指"互联网金融集聚"，均表示传统金融业态的集聚内涵。

还可以通过金融服务网络的延伸等方式影响周边地区的经济增长。因此，金融资源的空间分布是集聚与辐射并存的过程，金融资源在空间维度上的集聚与辐射已经成为金融业发展演变的主要趋势。而且，学术界在研究金融辐射问题时，大多与金融集聚问题共同探讨，二者一脉相承。因此，本节将从"集聚"与"辐射"两个维度出发，首先分析我国金融业的集聚现状，然后探讨我国金融中心城市的金融辐射能力。

一、 金融业集聚现状

伴随着我国金融改革的不断深化，金融业经营效率得以改善，社会经济发展对金融服务业的需求日益提升。1978 年改革开放之时，全国金融业增加值占 GDP 比重仅为 2.08%，金融业增加值占第三产业产值比重仅为 8.45%，随后两个比值均整体上呈现波动上升的趋势，2016 年二者已经分别达到 8.03% 和 15.34%[①]。这表明，金融服务业在我国国民经济中的地位愈加重要。目前，随着资源跨区域流动成本的降低，金融机构、人才和资本等要素在区域间流动加速，各类金融要素存在向中心城市日益集聚的倾向，我国金融业集聚化态势较为明显。

金融集聚是金融业高度发达的结果，金融中心形成则是金融集聚的演化过程（孙国茂和范跃进，2013）[②]。近年来，各地方政府普遍意识到金融集聚对于地方经济的促进带动作用，各大中心城市纷纷提出构建区域性金融中心的发展目标和战略构想，全国范围内兴起了一股金融中心建设的热潮，而且部分城市的金融中心建设已经初见成效。通过梳理各省（自治区、直辖市）的"十三五"金融业发展规划等政府文件发现，目前大陆地区已有 37 个城市提出建设金融中心，这既包括北京、上海和深圳 3 个国

---

① 数据来源：国家统计局。

② 孙国茂，范跃进. 金融中心的本质、功能与路径选择 [J]. 管理世界，2013 (11)：1 - 13.

际性金融中心，也包括 34 个提出建设区域性金融中心的城市。具体来看，华北地区包括北京、天津、石家庄、太原和呼和浩特 5 个中心城市；东北地区包括沈阳、大连、长春和哈尔滨 4 个中心城市；华东地区包括上海、南京、苏州、杭州、宁波、温州、合肥、福州、厦门、南昌、济南和青岛 12 个中心城市；中南地区包括郑州、武汉、长沙、广州、深圳、南宁和海口 7 个中心城市；西南地区包括重庆、成都、昆明和贵阳 4 个中心城市；西北地区包括西安、兰州、西宁、银川和乌鲁木齐 5 个中心城市。从我国目前的"金融版图"来看，北上深"三国演义""成渝交锋""东北争霸"等现象较为明显，区域性金融中心建设的"遍地开花"格局凸显。相比于北京、上海和深圳的"国际性"提法，各地的区域性金融中心之争则是相当激烈。表 4.1 给出了我国 37 个金融中心城市的区域分布和战略目标情况。

　　本书以这 37 个金融中心城市作为研究样本，包括直辖市、省会（或首府）城市、计划单列市以及苏州、温州两个地级市。除了北上深国际性金融中心，表 4.2 将 34 个区域性金融中心城市按照地区分布划分成了六大区域，并且给出了各区域的金融总体规模情况。可以看出，2016 年 37 个金融中心城市贡献了全国金融业增加值的 56.26%，其金融业从业人员占全国比重达到 46.39%，金融业区位熵为 1.30。北上深国际性金融中心的金融规模数据遥遥领先于其他区域性金融中心，三个城市的金融业增加值和金融业从业人员占全国比重均为两位数（19.38% 和 14.65%），而且金融业区位熵高达 1.97。分区域来看，华东和中南区域性金融中心的金融业增加值和金融业从业人员占全国比重相对较高，西北和东北区域性金融中心则相对较低。然而，仅西北区域性金融中心的金融业区位熵（1.33）超过 37 个金融中心城市的整体水平，其他区域的金融业区位熵相对较低。

表 4.1　　　　我国 37 个金融中心城市的区域分布及战略目标

区域	城市	战略目标	区域	城市	战略目标
华北	北京	具有国际影响力的金融中心城市	华东	上海	2020 年基本建成国际金融中心
	天津	北方金融聚集区，北方区域金融中心		南京	承接上海、覆盖江苏、辐射皖赣、延伸全国的泛长三角区域金融中心
	石家庄	京津冀金融副中心		苏州	接轨上海、服务苏州区域经济、辐射延伸金融功能的区域性金融中心
	太原	覆盖全省、带动周边、承东启西的区域性金融中心		杭州	以互联网金融创新和财富管理为特色的新金融中心
	呼和浩特	呼包银榆区域性金融中心		宁波	国际化程度高、创新能力强、辐射范围广的区域金融中心
东北	沈阳	以产业金融为核心的东北区域金融中心		温州	服务民营经济的区域性金融中心
	大连	依托环渤海地区，面向东北亚，以期货市场为重点的东北地区金融中心		合肥	服务合肥经济圈、引领全省、对接长三角、辐射中部、影响全国的区域性金融中心
	长春	东北亚区域性金融服务中心		福州	服务全省、辐射海西的区域性金融中心
	哈尔滨	立足黑龙江、辐射东北亚、以对俄金融服务为特色的开放型区域金融中心		厦门	两岸区域性金融服务中心
西南	重庆	重要功能性金融中心，长江上游金融中心		南昌	中部区域性金融中心
	成都	2020 年末基本建成西部金融中心		济南	具有全国重要影响力的产业金融中心
	贵阳	立足贵州、面向西南、服务西部的区域金融中心		青岛	面向国际的财富管理中心
	昆明	面向南亚东南亚区域性国际金融服务中心	中南	郑州	全国重要的商品期货交易与定价中心
西北	西安	立足大西安、带动大关中、引领大西北，具有能源、科技、文化特色的金融中心		武汉	建成中部区域金融中心、全国性科技金融中心和全国性金融后台服务中心
	兰州	加快建设区域性金融中心		长沙	到 2020 年打造成为区域性金融中心
	西宁	青藏高原区域性金融中心		广州	与中国（广东）自由贸易试验区建设相统一的区域金融中心
	银川	建成金融服务体系健全、金融创新活跃、金融生态环境优良的区域性金融中心		深圳	联通香港、服务全国、辐射亚太、影响全球的人民币投融资集聚地和国际化金融创新中心
	乌鲁木齐	立足新疆、辐射中亚，打造丝绸之路经济带区域金融中心		南宁	面向东盟具有区域影响力的国际金融中心
				海口	力争到 2020 年建设成为区域性金融中心

资料来源：相关省市"十三五"金融业发展规划等政府文件，本书作者整理。

注：东北、华北、华东、中南、西南和西北的区域划分参考《中华人民共和国行政区划简册 2017》。

表4.2　　　分区域金融中心的金融总体规模情况（2016年数据）

区域	城市	金融业增加值占全国比重（%）	金融业从业人员占全国比重（%）	金融业区位熵
国际性金融中心	北京、上海、深圳	19.38	14.65	1.97
东北区域性金融中心	沈阳、大连、长春、哈尔滨	3.05	3.79	0.94
华北区域性金融中心	天津、石家庄、太原、呼和浩特	5.02	4.04	1.25
华东区域性金融中心	南京、苏州、杭州、宁波、温州、合肥、福州、厦门、南昌、济南、青岛	12.29	9.88	1.04
中南区域性金融中心	郑州、武汉、长沙、广州、南宁、海口	7.84	6.43	1.08
西南区域性金融中心	重庆、成都、贵阳、昆明	6.19	4.86	1.23
西北区域性金融中心	西安、兰州、西宁、银川、乌鲁木齐	2.47	2.73	1.33
合计	37个金融中心城市	56.26	46.39	1.30

资料来源：Wind数据库，本书作者计算整理。

注：金融业区位熵指的是金融业增加值的区位熵，具体计算公式如下：金融业区位熵＝（城市金融业增加值/地区生产总值）/（全国金融业增加值/国内生产总值）。各行对应数值加总结果与表格中合计数值存在细微差异，是由数值四舍五入取小数点后两位引起（下同）。

本节在从整体规模层面对金融中心城市的金融业集聚现状进行分析之后，将对传统金融业态和新兴互联网金融业态的集聚现状分别进行分析。其中，银行业、证券业和保险业作为传统金融业态的"三驾马车"，在整个金融服务业的发展过程中扮演着至关重要的角色。因此，本节将以银行业、证券业和保险业为主要着眼点，对金融中心城市的传统金融业集聚现状进行分析。另外，在分析互联网金融业态的集聚现状时，书中基于北京大学互联网金融发展指数，对互联网支付、互联网货币基金、互联网投资理财以及互联网保险等新兴金融业态进行分析。

（一）银行业集聚现状

在我国以间接金融为主体的金融体系下，银行业在实现资金融通和货币借贷方面发挥着至关重要的作用。目前，学术界通常采用存贷款余额指标和金融相关比率（Financial Interrelation Ratio，FIR）具体分析银行业的发展状况。因此，本书选取金融机构存贷款余额和地区金融相关比率（Regional Financial Interrelation Ratio，RFIR）分析银行业集聚现状。

1. 金融机构存贷款余额。银行业的传统业务是存贷款服务，其中存款是银行业的负债业务，贷款是银行业的资产业务，存贷款余额可以反映整个银行业的负债和资产规模。现有指标中，存贷款余额含有"本币"和"本外币"两个统计口径。不过，鉴于城市层面数据的可获得性和完整性，本书选取"本币"口径的存贷款余额指标，即采用金融机构人民币各项存款余额和金融机构人民币各项贷款余额反映存贷款规模。其中，居民人民币储蓄存款余额可以用来反映居民的储蓄存款规模。

以 2016 年为例，37 个金融中心城市的金融机构存款余额和贷款余额占全国比重均超过五成（55.18% 和 55.86%），居民储蓄存款余额占全国比重为 39.81%。北上深三个国际性金融中心存款余额、贷款余额占全国比重均达到两位数（19.62% 和 13.67%），其中居民储蓄存款余额占全国比重也高达 10.38%。分区域来看，华东、中南和西南区域性金融中心的存贷款余额占全国比重相对较高，西北、东北和华北区域性金融中心的占比相对较低。另外，由图 4.1 可以看出，2014—2016 年各区域金融中心的存贷款余额占全国比重的变化不大，均呈现北上深显著领先、华东和中南区域相对较高、西北和东北区域相对较低的特征。

表 4.3 分区域金融中心的存款、贷款余额情况（2016 年数据）

区域	城市	金融机构人民币存款余额占全国比重（%）	金融机构人民币贷款余额占全国比重（%）	居民储蓄存款余额占全国比重（%）
国际性金融中心	北京、上海、深圳	19.62	13.67	10.38
东北区域性金融中心	沈阳、大连、长春、哈尔滨	3.27	3.99	3.40
华北区域性金融中心	天津、石家庄、太原、呼和浩特	3.81	4.66	3.35
华东区域性金融中心	南京、苏州、杭州、宁波、温州、合肥、福州、厦门、南昌、济南、青岛	12.31	14.65	9.17
中南区域性金融中心	郑州、武汉、长沙、广州、南宁、海口	7.70	8.55	6.02
西南区域性金融中心	重庆、成都、贵阳、昆明	5.66	6.80	5.02
西北区域性金融中心	西安、兰州、西宁、银川、乌鲁木齐	2.80	3.53	2.47
合计	37 个金融中心城市	55.18	55.85	39.81

资料来源：Wind 数据库，本书作者计算整理。

2. 地区金融相关比率（RFIR）。金融相关比率（FIR），由 Goldsmith（1969）[①] 在金融结构和金融发展的问题研究中率先提出，表示一个国家（地区）的经济金融化程度，通常用金融资产总量占国内生产总值的比重来表示。其中，金融资产总量包括广义货币 M2、存贷款余额、股票市值和债券余额等。与 FIR 的定义内涵类似，学术界在进行国家内部各地区的金融发展问题研究

---

① Goldsmith R W. Financial Structure and Development［M］. New Haven：Yale University Press，1969.

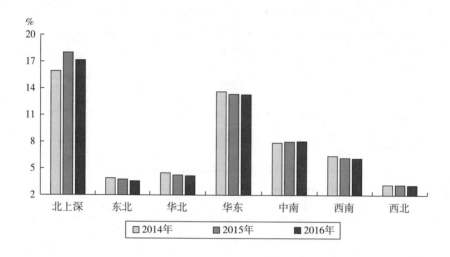

图 4.1　2014—2016 年分区域金融中心的存贷款余额占全国比重

（资料来源：作者绘制）

时，衍生出地区金融相关比率（RFIR）的概念。不过，由于我国是以银行业为主导的间接金融服务体系，再加上 M2 是国家整体层面的宏观指标，因此学术界众多学者通常仅采用银行业的存贷款余额来定义地区金融相关比率。因此，借鉴赵楠（2007）[①]，本书将地区金融相关比率界定为金融机构人民币存贷款余额与地区生产总值（GRP）之比。

由图 4.2 可以看出，2007 年以来，各区域金融中心的地区金融相关比率整体上呈现上升趋势，不过 2008 年国际金融危机期间多数区域金融中心城市的 RFIR 稍有下降。在 2007—2016 年，各区域金融中心的 RFIR 折线图基本上表现出同升同降的趋势，相互交叉较少。横向对比来看，北上深三大国际性金融中心的 RFIR 明显高于各区域性金融中心城市。西北和西南区域性金融中心的 RFIR 相对较高，位于 37 个金融中心城市 RFIR 的整体水平之上，而东北、华北、华东和中南区域性金融中心则相对较低，其中东北区域性金融中心的

---

① 赵楠. 中国各地区金融发展的统计学描述［J］. 统计研究，2007（7）：34－40.

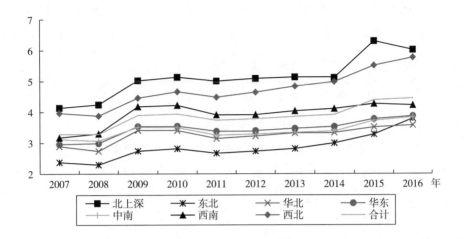

图 4.2 2007—2016 年分区域金融中心的 RFIR 变化

（资料来源：作者绘制）

RFIR 基本上在各个年份都处于最低水平（2016 年除外）。综上表明，各区域金融中心城市的 RFIR 存在明显差异性，各区域的 RFIR 均整体上表现出显著上升趋势。

（二）证券业集聚现状

党的十九大明确提出，要继续深化我国的金融体制改革，进一步提高直接融资比重，促进多层次资本市场的健康发展。在此政策背景下，融资结构将趋于持续改善，直接融资相对于间接融资的比重将会继续得到提高，我国证券业在支持地区经济发展过程中的地位将会愈加重要。鉴于城市层面数据的可获得性和完整性，本书选取上市公司数量、总股本和信用债现券交易额指标来反映金融中心城市的证券业集聚现状。

以 2016 年为例，37 个金融中心城市的上市公司数量达到 2029 家，占全国比重为 63.31%；总股本达到 46006.23 亿股，占全国比重为 79.73%；信用债现券交易额达到 412107.19 亿元，占全国比重为 75.12%。其中，北上深三个国际性金融中心城市无论是在上市公司数量、总股本还是信用债现券交易额方面，与各地区的区域性金融中心相比均具有规模体量上的巨大优势。纵向维度来看，我国金融中心城市的证券业发展迅猛。2007 年 37 个金融中心城市的上市公司数量仅为 1024 家，总股本仅为 19927.39 亿股，至 2016 年已经大幅增加了 98.14% 和 130.87%。而且，债券市场的信用债现券交易规模也是大幅攀升，2007 年 37 个金融中心城市的信用债现券交易额仅为 18130.21 亿元，至 2016 年已经大幅增加了 21.73 倍。

表 4.4　　　分区域金融中心的证券业规模情况（2016 年数据）

区域	城市	上市公司数占全国比重（%）	总股本占全国比重（%）	信用债现券交易额占全国比重（%）
国际性金融中心	北京、上海、深圳	25.59	55.76	35.82
东北区域性金融中心	沈阳、大连、长春、哈尔滨	3.21	2.31	4.42
华北区域性金融中心	天津、石家庄、太原、呼和浩特	2.75	2.34	3.20
华东区域性金融中心	南京、苏州、杭州、宁波、温州、合肥、福州、厦门、南昌、济南、青岛	16.19	8.94	15.26
中南区域性金融中心	郑州、武汉、长沙、广州、南宁、海口	7.77	5.34	7.34
西南区域性金融中心	重庆、成都、贵阳、昆明	4.71	2.78	5.53
西北区域性金融中心	西安、兰州、西宁、银川、乌鲁木齐	3.09	2.26	3.56
合计	37 个金融中心城市	63.31	79.73	75.13

资料来源：Wind 数据库，本书作者计算整理。

（三）保险业集聚现状

保险业在国民经济发展的过程中发挥着至关重要的作用。衡量保险业发展

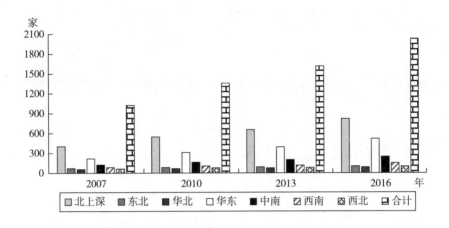

图4.3 部分年份分区域金融中心的上市公司数量

（资料来源：作者绘制）

状况的绝对量指标主要有保费收入和保险赔付支出，比率类指标则包括保险密度和保险深度。本节将分别从绝对量指标和比率类指标两个层面对金融中心城市的保险业集聚现状进行分析。

1. 保费收入和赔付支出。保费收入和保险赔付支出是一个地区保险业在"量"层面上的直观体现。从2016年数据来看，37个金融中心城市的保费收入和保险赔付支出在全国范围内的占比均接近五成（48.78%和45.22%）。北上深三个国际性金融中心城市的保费收入和保险赔付支出在全国范围内的占比分别达到13.60%和12.78%，要明显高于其他各区域性金融中心城市。分区域来看，华东、中南和西南区域性金融中心的保费收入和保险赔付支出在全国范围内的占比相对较高，而西北、东北和华北区域性金融中心则相对较低。另外，图4.4显示出，2007—2016年各区域金融中心的保费收入占全国比重的增减变动不一，北上深的保费收入占全国比重在此期间整体上略显下降趋势，不过始终保持着相对较高的保费收入占比，而部分区域金融中心城市则整体上呈现上升趋势，不过增减变动幅度均不明显。

表4.5 分区域金融中心的保险业规模情况（2016年数据）

区域	城市	保费收入占全国比重（%）	赔付支出占全国比重（%）
国际性金融中心	北京、上海、深圳	13.60	12.78
东北区域性金融中心	沈阳、大连、长春、哈尔滨	3.54	3.24
华北区域性金融中心	天津、石家庄、太原、呼和浩特	3.86	3.59
华东区域性金融中心	南京、苏州、杭州、宁波、温州、合肥、福州、厦门、南昌、济南、青岛	11.23	10.77
中南区域性金融中心	郑州、武汉、长沙、广州、南宁、海口	8.21	6.34
西南区域性金融中心	重庆、成都、贵阳、昆明	5.80	5.95
西北区域性金融中心	西安、兰州、西宁、银川、乌鲁木齐	2.53	2.54
合计	37个金融中心城市	48.78	45.22

资料来源：Wind数据库，本书作者计算整理。

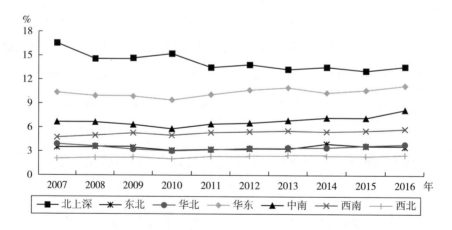

图4.4 2007—2016年分区域金融中心的保费收入占全国比重

（资料来源：作者绘制）

2. 保险密度和保险深度。保险密度和保险深度是保险业市场发展深度和广度的重要考量指标。其中，保险密度（Insurance Density）是按照常住人口计算的人均保费收入，可以反映保险业的普及程度；保险深度（Insurance Depth）是保费收入在地区生产总值中的占比，可以反映保险业在该地区经济中的重要程度。由表4.6可以看出，无论是保险密度还是保险深度，2016年37个金融中心城市的整体水平都要明显地高于全国保险业的整体水平，这表明各金融中心城市的保险业市场在全国范围内而言相对发达。分区域来看，北上深国际性金融中心的保险密度和保险深度均处于最高水平，其他区域性金融中心的保险密度均在全国整体水平之上，除了华北和华东之外的其他区域性金融中心的保险深度均在全国整体水平之上。

表4.6　　　分区域金融中心的保险密度和保险深度（2016年数据）

区域	城市	保险密度（元/人）	保险深度（%）
国际性金融中心	北京、上海、深圳	7266.73	5.73
东北区域性金融中心	沈阳、大连、长春、哈尔滨	3270.52	4.52
华北区域性金融中心	天津、石家庄、太原、呼和浩特	3526.56	3.99
华东区域性金融中心	南京、苏州、杭州、宁波、温州、合肥、福州、厦门、南昌、济南、青岛	4020.67	3.93
中南区域性金融中心	郑州、武汉、长沙、广州、南宁、海口	4928.85	4.71
西南区域性金融中心	重庆、成都、贵阳、昆明	3101.92	4.80
西北区域性金融中心	西安、兰州、西宁、银川、乌鲁木齐	3799.29	5.65
金融中心城市整体水平		4416.06	4.70
全国整体水平		2241.83	4.15

资料来源：Wind 数据库，本书作者计算整理。

图4.5显示，2007—2016年，除了北上深2011年的保险密度略有下降之外，我国各区域金融中心的保险密度总体上呈现显著上升态势。其中，北上深的保险密度始终保持领先，其他区域性金融中心的保险密度差异不大。图4.6显示，2007—2016年，各区域金融中心的保险密度均存在明显的起伏波动，

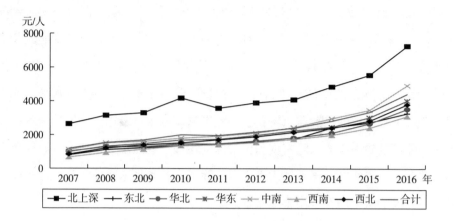

图4.5　2007—2016年分区域金融中心的保险密度

（资料来源：作者绘制）

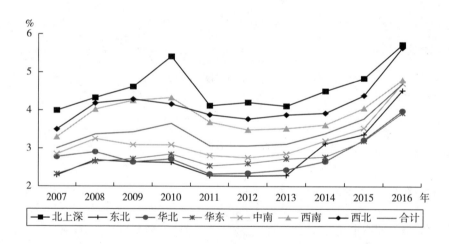

图4.6　2007—2016年分区域金融中心的保险深度

（资料来源：作者绘制）

多数区域金融中心2010年之前的保险密度呈现上升趋势，随后略有下滑，不过2013年以来，各区域金融中心的保险深度均表现出明显的上升态势，而且2016年的保险深度是各区域金融中心近年来的高点。这表明当前的保险业在各金融中心城市的经济社会发展过程中正发挥出越来越重要的作用。

（四）互联网金融集聚现状

"互联网金融"（Internet Finance，ITFIN）的概念最早由我国学者谢平于2012年4月在"中国金融四十人论坛"（CF40）上首次公开提出。随后，谢平和邹传伟（2012）[①] 对我国互联网金融模式的内涵进行了详细阐述。2014年4月，中国人民银行发布的《中国金融稳定报告（2014）》从狭义和广义层面对互联网金融的内涵进行区分，狭义互联网金融仅包括"互联网＋金融"形式（即互联网公司涉入金融业务领域），而广义互联网金融既包括"互联网＋金融"形式，也包括"金融＋互联网"形式（即传统金融业务的互联网化）。2015年7月，中国人民银行等十部门发布了《关于促进互联网金融健康发展的指导意见》（以下简称《指导意见》），对我国互联网金融主要业态的监管职责进行了明确分工，该指导意见成为互联网金融的"基本法"。根据《指导意见》的界定，我国的互联网金融业态可以被划分为网络借贷（包括P2P网贷和网络小额贷款）、互联网支付、股权众筹融资、互联网基金销售、互联网保险、互联网信托和互联网消费金融等形式。鉴于互联网金融业态的发展年限相对较短，数据获取难度相对较大，本书主要基于北京大学互联网金融研究中心编制的北京大学互联网金融发展指数，对我国的互联网金融集聚现状进行分析。

北京大学互联网金融发展指数仅代表狭义层面上的互联网金融业务模式，其将互联网金融划分为六个业务板块，包括互联网支付（如支付宝、微信支付等）、互联网投资理财（如P2P、股权众筹等）、互联网货币基金（如余额宝、理财通等）、互联网保险（如淘宝保险等）、互联网信贷（如花呗、京东白条等）和互联网征信（如芝麻信用、腾讯征信等）。对不同板块及相应指标分别赋予权重，然后加权汇总得到总指数以及各业务指数（见表4.7）。不过，鉴于互联网信贷和互联网征信业务正处于新兴发展阶段，课题组暂未对外公布

[①] 谢平，邹传伟. 互联网金融模式研究［J］. 金融研究，2012（12）：11－22.

这两个业务指数。因此，本节将对总指数和具体业务指数（包括互联网支付发展指数、互联网货币基金发展指数、互联网投资理财发展指数和互联网保险发展指数）进行详细分析。关于该指数的具体编制方法，可参阅北京大学互联网金融研究中心课题组（2016）[1]。

表4.7　　　　　　　　"北京大学互联网金融发展指数"编制权重

互联网金融发展指数					
互联网支付 （30%）	互联网货币基金 （25%）	互联网信贷 （15%）	互联网保险 （15%）	互联网投资理财 （10%）	互联网征信 （5%）
渗透率（50%） 人均金额（25%） 人均笔数（25%）	渗透率（50%） 人均金额（25%） 人均笔数（25%）	渗透率（50%） 人均金额（25%） 人均笔数（25%）	渗透率（50%） 人均金额（25%） 人均笔数（25%）	渗透率（50%） 人均金额（25%） 人均笔数（25%）	渗透率（50%） 人均次数（50%）

资料来源：北京大学互联网金融研究中心课题组（2016）。

1. 全国互联网金融发展指数情况。图4.7给出了2014年1月至2016年3月全国互联网金融发展的定基指数和月度环比，其中2014年1月为基期，基期值设定为100。可以看出，截至2016年3月，我国互联网金融发展指数已经跃升至430.26，是基期值的4.30倍，这表明我国的互联网金融发展迅猛，互联网金融发展指数整体上呈现上升趋势。不过，从月度环比来看，不同月份的环比增速波动较大。例如，春节期间的互联网金融发展指数呈现比较明显的下降趋势，而"双十一"期间由于电商平台的业务量激增，互联网金融发展指数则呈现跳跃式增长。这表明月份之间的互联网金融发展指数增减变动不一，"季节性"效应比较明显。

从具体的业务指数来看，不同业务的发展速度差异明显。图4.8显示，互联网投资理财发展指数和互联网保险发展指数的增长速度相对较快，截至2016年3月分别达到401.47和478.33；而互联网货币基金发展指数和互联网

---

[1] 北京大学互联网金融研究中心课题组. 互联网金融发展指数的编制与分析 [J]. 新金融评论，2016（1）：101 – 129.

支付发展指数的增速则相对较慢，截至 2016 年 3 月仅分别为 227.88 和 217.56。这表明，在我国互联网金融发展整体迅猛的背景下，不同业态之间的发展速度存在明显差异，互联网投资理财和互联网保险业态发展较快，而互联网支付和互联网货币基金业态发展相对缓慢。

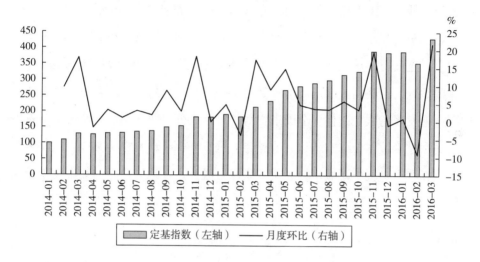

图 4.7　全国互联网金融发展指数概况

（资料来源：作者绘制）

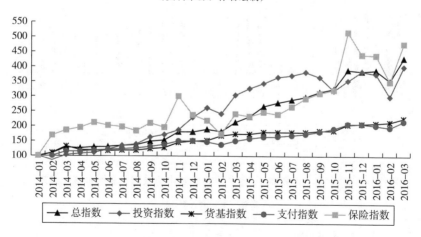

图 4.8　互联网金融发展指数及各业务指数概况

（资料来源：作者绘制）

2. 金融中心城市的互联网金融发展指数情况。图 4.9 和图 4.10 分别给出了我国 37 个金融中心城市以及 30 个省（自治区、直辖市）①的互联网金融发展指数，并按照 2016 年 3 月的数值从大到小排序。可以看出，在金融中心城市中仅石家庄、哈尔滨、长春、呼和浩特、重庆和西宁六个城市的互联网金融发展指数低于全国平均水平，而在省（自治区、直辖市）层面仅上海、北京、浙江、广东、福建、江苏和天津七个省份的互联网金融发展指数在全国平均水平之上。这表明，从全国范围内来看，地区之间的互联网金融发展差异明显，大多数地区的互联网金融发展均不足全国平均水平。然而，金融中心城市的互联网金融发展指数普遍优于全国平均水平，这充分说明我国的互联网金融发展主要集中在少数省份（自治区、直辖市），而且不同地区的互联网金融发展主要集中在各个金融中心城市，表明互联网金融业态在地区之间的集聚化现象较为明显。

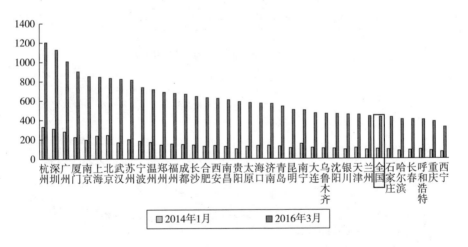

图 4.9　2014 年 1 月和 2016 年 3 月各金融中心城市互联网金融发展指数

（资料来源：作者绘制）

———————

① 西藏自治区除外。

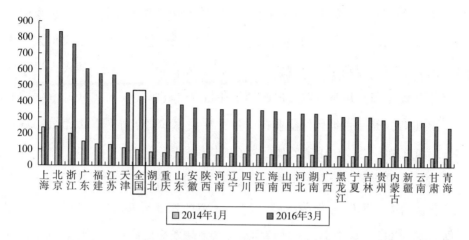

图 4.10 2014 年 1 月和 2016 年 3 月各省（自治区、直辖市）互联网金融发展指数

（资料来源：作者绘制）

二、 金融辐射能力分析

目前，学术界在关于金融辐射能力的研究中，最常采用的方法是构建综合指标体系来进行金融竞争力的定量评估，然后采用经济地理学中的威尔逊模型（Wilson Model）进行金融辐射域和辐射半径的测算。同样地，本书借此研究方法来对我国金融中心城市的金融辐射能力进行分析。

（一）金融竞争力定量评估

1. 指标体系构建。借鉴梁小珍等（2011）[①]，并结合各金融中心城市数据的可获得性，本书构建了如表 4.8 所示的金融竞争力评估指标体系。该指标体系共分为三层，目标层是金融竞争力水平，准则层分为金融规模、金融效率、金融增长、经济实力和对外开放五个方面，指标层共包括 23 个具体指标。

（1）金融规模。金融规模是金融集聚和辐射的基础，是一个城市金融竞争力的直接体现。本书首先选取金融从业人数（X1）和金融业增加值（X2）

---

① 梁小珍，杨丰梅，部慧，等. 基于城市金融竞争力评价的我国多层次金融中心体系 ［J］. 系统工程理论与实践，2011（10）：1847－1857.

反映金融总体规模，然后分别从银行业、保险业和证券业选取 7 个指标反映分行业的规模程度。其中，金融机构人民币存款余额（X3）和金融机构人民币贷款余额（X4）分别用来反映银行业的业务规模和资产规模；居民人民币储蓄存款余额（X5）用来反映居民的储蓄存款规模；保费收入（X6）和保险赔付支出（X7）是一个地区保险业在"量"层面上的直接体现；上市公司数量（X8）和总股本（X9）用来反映证券业的规模程度。

（2）金融效率。较高的金融效率能够对金融集聚和辐射形成推动。本书选取保险密度（X10）、保险深度（X11）、地区金融相关比率（X12）和金融业区位熵（X13）这 4 个比率性指标来反映金融效率的高低。其中，保险密度是按照常住人口计算的人均保费收入，可以反映保险业的普及程度。保险深度是保费收入在地区生产总值中的占比，可以反映保险业在该地区经济中的重要程度。地区金融相关比率（RFIR）是金融机构人民币存贷款余额与地区生产总值之比。金融业区位熵是金融业增加值的区位熵。

（3）金融增长。较快的金融增速能够反映地区金融业的发展潜力。本书选取金融资产增长率（X14）、存款余额增长率（X15）和贷款余额增长率（X16）反映地区金融业的增长速度。其中，金融资产用金融机构人民币存贷款余额总和来近似替代（赵楠，2007）[1]。

（4）经济实力。金融中心城市一般也是区域内的经济中心，经济实力也是其金融竞争力的重要体现。本书主要选取固定资产投资总额（X17）、社会消费品零售总额（X18）、人均地区生产总值（X19）、人均公共财政收入（X20）和城镇居民人均可支配收入（X21）反映金融中心城市的经济实力。

（5）对外开放。区域经济的对外开放程度越高，越有利于金融资源的空间流动与集聚，就越能有效地促进区域金融发展。本书主要选取进出口总额（X22）和外贸依存度（X23）反映地区经济的对外开放程度。其中，对于按

---

① 赵楠. 中国各地区金融发展的统计学描述 [J]. 统计研究，2007（7）：34–40.

美元计价的进出口总额数据，本书使用国家统计局公布的人民币兑美元汇率年平均价进行折算①。

表 4.8 金融竞争力评估指标体系

目标层	准则层	指标层	数据来源/指标含义
金融竞争力水平	金融规模	X1：金融从业人数（万人）	《中国城市统计年鉴 2017》
		X2：金融业增加值（亿元）	各城市 2016 年国民经济和社会发展统计公报、Wind 数据库
		X3：金融机构人民币存款余额（亿元）	《中国城市统计年鉴 2017》
		X4：金融机构人民币贷款余额（亿元）	
		X5：居民人民币储蓄存款余额（亿元）	
		X6：保费收入（亿元）	《中国保险年鉴 2017》、Wind 数据库
		X7：保险赔付支出（亿元）	
		X8：上市公司数量（家）	Wind 数据库
		X9：总股本（亿股）	
	金融效率	X10：保险密度（元/人）	保费收入/常住人口
		X11：保险深度（%）	保费收入/地区生产总值
		X12：地区金融相关比率	金融机构人民币存贷款余额/地区生产总值
		X13：金融业区位熵	（城市金融业增加值/GRP）/（全国金融业增加值/GDP）
	金融增长	X14：金融资产增长率（%）	金融机构人民币存贷款余额同比
		X15：存款余额增长率（%）	金融机构人民币存款余额同比
		X16：贷款余额增长率（%）	金融机构人民币贷款余额同比
	经济实力	X17：固定资产投资总额（亿元）	《中国城市统计年鉴 2017》、Wind 数据库
		X18：社会消费品零售总额（亿元）	
		X19：人均地区生产总值（元）	
		X20：人均公共财政收入（元）	
		X21：城镇居民人均可支配收入（元）	
	对外开放	X22：进出口总额（亿元）	Wind 数据库
		X23：外贸依存度（%）	进出口总额/地区生产总值

资料来源：作者整理绘制。

---

① 人民币兑美元汇率年平均价数据来源于《中国统计年鉴 2017》，2016 年 1 美元 =6.6423 元人民币。

2. 数据来源。书中以我国37个金融中心城市2016年的指标数据来进行金融竞争力的定量评估，数据来源主要有《中国城市统计年鉴2017》《中国保险年鉴2017》、各城市2016年的国民经济和社会发展统计公报以及Wind数据库。之所以选取2016年数据进行分析，是因为2016年是我国"十三五"规划的开局之年，时间节点相对具有代表性，这使书中研究可以反映出我国金融中心城市金融辐射能力的现实状况以及彼此之间的差异。

3. 金融竞争力定量评估过程。由于所选取的指标数目较多，各项指标之间并非完全独立，因此书中采用多指标"降维"问题中常用的因子分析法（Factor Analysis）进行处理，在对各项指标进行因子归类和权重确定后，计算出各金融中心城市的综合因子得分值，以此作为各样本城市金融竞争力水平的量化测度。记原始数据为 X_{mn} ，其中样本城市 $m = 1,2,\cdots,37$ ，评估指标 $n = 1,2,\cdots,23$ 。

（1）数据处理和适用性检验。表4.8指标体系中23个指标之间的计量单位并不一致，为了消除数据量纲差异，书中首先采用 Z – score 方法对原始数据进行标准化处理。标准化公式记为

$$X_{mn}^* = (X_{mn} - \overline{X}_n)/\sigma_n \tag{4.1}$$

其中， $\overline{X}_n$ 是指标 n 的均值， σ_n 是指标 n 的标准差。

然后，通过 KMO 检验（Kaiser – Meyer – Olkin）和巴特利球形度检验（Bartlett's Test）判断样本数据是否适合进行因子分析。结果显示，2016年数据的 KMO 值达到 0.782，巴特利球形度检验对应的概率 p 值为 0.000，这表明各项指标之间的独立性假设不成立，样本数据比较适合进行因子分析。

（2）公共因子提取和命名。本书采用因子分析中的主成分法估计因子载荷矩阵，其中2016年数据的特征值、方差贡献率和累计方差贡献率如表4.9所示。

表4.9 特征值及（累计）方差贡献率

因子	特征值	方差贡献率	累计方差贡献率
1	12.9323	0.5623	0.5623
2	2.6570	0.1155	0.6778
3	2.4575	0.1068	0.7846
4	1.8701	0.0813	0.8660

资料来源：根据Stata14.0软件结果整理。

表4.10 正交旋转后的（累计）方差贡献率

因子	方差	方差贡献率	累计方差贡献率
1	10.1892	0.4430	0.4430
2	4.2486	0.1847	0.6277
3	2.8204	0.1226	0.7504
4	2.6588	0.1156	0.8660

资料来源：根据Stata14.0软件结果整理。

按照特征值大于1的因子个数确定标准，本书提取前四个因子作为公共因子。前四个因子的累计方差贡献率达到86.60%，这表明它们可以反映原始指标数据的绝大部分信息。为了使公共因子在各个指标上的载荷量能够更加清晰明了，本书采用方差极大化（Varimax）方法对初始因子载荷矩阵进行正交化旋转处理，旋转后的因子载荷矩阵如表4.11所示。

表4.11 正交旋转后的因子载荷矩阵①

指标	公共因子1	公共因子2	公共因子3	公共因子4	指标	公共因子1	公共因子2	公共因子3	公共因子4
X1	0.935*	0.129	0.143	-0.147	X13	0.415	0.209	0.739*	0.016
X2	0.887*	0.387	0.118	-0.082	X14	-0.166	-0.092	-0.020	0.977*
X3	0.912*	0.321	0.202	-0.064	X15	-0.157	-0.166	-0.152	0.820*

① 加*表示各公共因子所对应的较高载荷指标。

113

指标	公共因子1	公共因子2	公共因子3	公共因子4	指标	公共因子1	公共因子2	公共因子3	公共因子4
X4	0.906*	0.381	0.061	-0.037	X16	-0.067	0.098	0.152	0.880*
X5	0.962*	0.193	0.059	-0.148	X17	0.643*	-0.152	-0.606	0.108
X6	0.931*	0.272	0.119	-0.094	X18	0.915*	0.246	-0.160	-0.126
X7	0.950*	0.230	0.101	-0.150	X19	0.337	0.835*	-0.206	0.142
X8	0.764*	0.541	0.209	-0.031	X20	0.555	0.767*	0.058	-0.043
X9	0.766*	0.101	0.332	0.002	X21	0.459	0.720*	-0.075	-0.156
X10	0.594*	0.433	0.394	-0.036	X22	0.616	0.697*	0.088	-0.082
X11	0.334	-0.185	0.750*	-0.170	X23	0.230	0.822*	0.081	-0.206
X12	0.070	-0.090	0.889*	0.127					

资料来源：根据 Stata14.0 软件结果整理。

结果显示，公共因子 1 在 X1（金融从业人数）、X2（金融业增加值）等金融规模类指标以及 X17（固定资产投资总额）和 X18（社会消费品零售总额）上具有较高的载荷值，可以将其命名为"经济金融规模因子"；公共因子 2 在 X19（人均地区生产总值）、X20（人均公共财政收入）和 X22（城镇居民人均可支配收入）等指标上具有较高的载荷值，可以将其命名为"经济竞争实力因子"；公共因子 3 在指标 X11（保险深度）、X12（地区金融相关比率）和 X13（金融业区位熵）上具有较高的载荷值，可以将其命名为"金融配置效率因子"；公共因子 4 在指标 X14（金融资产增长率）、X15（存款余额增长率）和 X16（贷款余额增长率）上具有较高的载荷值，可以将其命名为"金融增长潜力因子"。

（3）公共因子得分和综合因子得分的计算。书中基于回归分析法的思想，利用公共因子得分系数表（见表 4.12），将命名后的各个公共因子均表示为每个原始指标的线性组合形式，便能够求出各公共因子的具体得分值。

表 4.12　　　　　　　　　　　　公共因子得分系数

指标	经济金融规模因子	经济竞争实力因子	金融配置效率因子	金融增长潜力因子	指标	经济金融规模因子	经济竞争实力因子	金融配置效率因子	金融增长潜力因子
X1	0.139	-0.113	-0.003	-0.014	X13	-0.006	0.028	0.262	0.030
X2	0.088	0.004	-0.004	0.013	X14	0.031	0.002	0.004	0.383
X3	0.100	-0.026	0.025	0.021	X15	0.047	-0.035	-0.050	0.320
X4	0.098	-0.002	-0.027	0.031	X16	0.000	0.066	0.067	0.352
X5	0.137	-0.093	-0.036	-0.013	X17	0.194	-0.190	-0.278	0.070
X6	0.116	-0.052	-0.009	0.009	X18	0.134	-0.066	-0.116	-0.006
X7	0.126	-0.074	-0.018	-0.014	X19	-0.066	0.286	-0.084	0.082
X8	0.033	0.093	0.042	0.030	X20	-0.038	0.222	0.002	0.017
X9	0.106	-0.089	0.081	0.038	X21	-0.044	0.215	-0.045	-0.033
X10	0.008	0.082	0.122	0.019	X22	-0.018	0.181	0.008	0.004
X11	0.041	-0.125	0.264	-0.053	X23	-0.119	0.302	0.032	-0.063
X12	-0.022	-0.031	0.337	0.055					

资料来源：根据 Stata14.0 软件结果整理。

记 $F1$、$F2$、$F3$ 和 $F4$ 分别为经济金融规模因子、经济竞争实力因子、金融配置效率因子和金融增长潜力因子的得分值，则有

$$F1 = 0.139X1 + 0.088X2 + \cdots - 0.018X22 - 0.119X23 \quad (4.2)$$

$$F2 = -0.113X1 + 0.004X2 + \cdots + 0.181X22 + 0.302X23 \quad (4.3)$$

$$F3 = -0.003X1 - 0.004X2 + \cdots + 0.008X22 + 0.032X23 \quad (4.4)$$

$$F4 = -0.014X1 + 0.013X2 + \cdots + 0.004X22 - 0.063X23 \quad (4.5)$$

记这四个公共因子的方差贡献率分别为 λ_1、λ_2、λ_3 和 λ_4，综合因子得分值为 F，以各公共因子的方差贡献率占累计方差贡献率的比值为权重，对各公共因子得分值进行加权求和。则样本城市 m 的综合因子得分值为

$$F_m = \frac{\lambda_1}{\lambda_1 + \lambda_2 + \lambda_3 + \lambda_4}F_{m1} + \frac{\lambda_2}{\lambda_1 + \lambda_2 + \lambda_3 + \lambda_4}F_{m2} +$$
$$\frac{\lambda_3}{\lambda_1 + \lambda_2 + \lambda_3 + \lambda_4}F_{m3} + \frac{\lambda_4}{\lambda_1 + \lambda_2 + \lambda_3 + \lambda_4}F_{m4} \quad (4.6)$$

（4）结果分析。在求得 2016 年各金融中心城市的公共因子得分和综合因

子得分后，书中对综合因子得分值进行了大小排序。具体的因子得分和排序情况如表 4.13 所示。

表 4.13　　　　　　　　金融中心城市的因子得分和排名

城市	F1	排名	F2	排名	F3	排名	F4	排名	F	排名
北京	3.9693	1	−0.1351	16	1.8693	2	0.2196	15	2.2959	1
上海	2.4820	2	1.3278	4	0.7375	8	−2.0505	37	1.3837	2
深圳	0.2868	7	3.3096	1	0.5716	11	1.6014	2	1.1474	3
广州	1.0255	4	0.5380	8	−0.2480	23	0.0397	20	0.6096	4
杭州	0.2795	8	0.7972	7	−0.1525	22	0.5888	10	0.3701	5
成都	1.0174	5	−1.0612	35	0.4134	14	−0.1781	24	0.3289	6
郑州	0.2176	10	−0.2439	19	0.2458	17	1.4383	4	0.2861	7
南京	0.0141	13	0.8721	6	0.1800	18	0.4887	12	0.2839	8
苏州	−0.2850	21	2.3411	2	−0.8960	29	0.1791	17	0.2506	9
天津	0.8242	6	0.0110	13	−1.5648	36	−0.0720	23	0.1928	10
重庆	1.6564	3	−1.8248	37	−2.1069	37	0.2126	16	0.1883	11
武汉	0.2577	9	−0.0190	14	−1.0978	32	0.5509	11	0.0459	12
合肥	−0.1170	14	−0.3336	22	−0.7867	28	2.0045	1	0.0252	13
济南	−0.1448	17	−0.1036	15	0.1780	19	0.6339	9	0.0136	14
海口	−0.6322	31	−0.6961	32	1.6994	3	1.5791	3	−0.0205	15
西安	0.0186	12	−0.6179	30	0.6096	10	−0.4098	27	−0.0907	16
兰州	−0.6697	32	−0.5537	28	1.0631	4	1.1052	5	−0.1627	17
福州	−0.2542	19	−0.1376	17	−0.3975	24	0.2838	13	−0.1778	18
青岛	−0.1384	15	0.3935	9	−1.4288	34	0.0449	19	−0.1832	19
呼和浩特	−0.7942	34	0.3029	11	0.0751	20	1.0945	6	−0.1849	20
太原	−0.6219	30	−0.5212	27	2.2051	1	−0.6805	29	−0.2080	21
长沙	−0.1421	16	0.2048	12	−1.4891	35	0.2302	14	−0.2091	22
贵阳	−0.5722	28	−0.5053	26	0.4574	13	0.8765	8	−0.2187	23
南昌	−0.4667	26	−0.2434	18	−0.4081	25	0.9421	7	−0.2227	24
昆明	−0.3996	24	−0.5664	29	0.5626	12	−0.2529	25	−0.2794	25
沈阳	−0.3211	22	−0.4462	24	0.8832	7	−1.1239	32	−0.2844	26
宁波	−0.5426	27	1.1182	5	−1.1170	33	−1.2739	33	−0.3673	27
南宁	−0.4518	25	−0.8207	33	0.2647	16	−0.0272	22	−0.3723	28

续表

城市	F1	排名	F2	排名	F3	排名	F4	排名	F	排名
银川	−0.8174	35	−0.3277	21	0.6635	9	−0.0108	21	−0.3956	29
长春	−0.2728	20	−0.6936	31	−0.8981	30	0.0776	18	−0.4043	30
大连	−0.6025	29	0.3326	10	−0.1146	21	−1.4745	34	−0.4504	31
石家庄	0.0283	11	−1.3466	36	−0.5688	26	−0.8777	30	−0.4705	32
乌鲁木齐	−0.7911	33	−0.3015	20	0.9794	6	−1.1206	31	−0.4800	33
温州	−0.3846	23	−0.4644	25	−0.7659	27	−0.5920	28	−0.4833	34
厦门	−1.3528	37	1.7533	3	0.3598	15	−1.9576	36	−0.5285	35
西宁	−1.0689	36	−0.3842	23	1.0154	5	−0.3995	26	−0.5384	36
哈尔滨	−0.2341	18	−0.9541	34	−0.9929	31	−1.6896	35	−0.6894	37

资料来源：根据 Stata14.0 软件结果计算整理。

金融竞争力水平受到四个公共因子的共同影响，不过各因子的权重大小具有差异（$W_1 = 0.512$，$W_2 = 0.213$，$W_3 = 0.142$，$W_4 = 0.134$）。通过对综合因子得分排序比较可知，综合因子得分为正值的城市有 14 个，表明这 14 个金融中心城市的金融竞争力在所有样本城市中高于平均水平，其余 23 个城市的综合因子得分为负值，表明这 23 个金融中心城市的金融竞争力在样本城市中低于平均水平。其中，排名前五位的金融中心城市为北京、上海、深圳、广州和杭州，排名后五位的金融中心城市为乌鲁木齐、温州、厦门、西宁和哈尔滨。北京、上海和深圳三大国际性金融中心的金融竞争力水平遥遥领先，不过三者之间也存在较大的差距。北京是多数金融机构的总部所在地，其金融规模的体量最大，且金融配置效率较高（第二位）；上海的金融规模虽仅次于北京，但其金融效率仅排在全国第八位，而且其金融增长潜力因子得分最低；深圳的经济竞争实力因子得分居于全国之首，但其金融规模和金融效率仅分别排在全国第七位和第十一位。在区域性金融中心中，广州作为一线城市，其金融竞争力水平绝对领先，其次是杭州、成都、郑州、南京、苏州、天津等新一线城市。金融竞争力水平较低的城市主要集中在东北（如哈尔滨）和西部地区（如西宁）。

表4.14　　　　　　　　　　金融中心城市的分区域排名①

区域	金融中心城市
华北	**北京（1）**、**天津（10）**、呼和浩特（20）、太原（21）、石家庄（32）
东北	沈阳（26）、长春（30）、大连（31）、哈尔滨（37）
华东	**上海（2）**、**杭州（5）**、**南京（8）**、**苏州（9）**、**合肥（13）**、**济南（14）**、福州（18）、青岛（19）、南昌（24）、宁波（27）、温州（34）、厦门（35）
中南	**深圳（3）**、**广州（4）**、**郑州（7）**、**武汉（12）**、海口（15）、长沙（22）、南宁（28）
西南	**成都（6）**、**重庆（11）**、贵阳（23）、昆明（25）
西北	西安（16）、兰州（17）、银川（29）、乌鲁木齐（33）、西宁（36）

资料来源：作者整理绘制。

我国不同区域之间的金融竞争力差异明显，华北、华东、中南和西南地区的金融竞争力水平相对较高，东北和西北地区则明显落后（见表4.14）。华北地区以北京的金融竞争力水平居首，天津次之，其他城市的金融竞争力低于平均水平；华东地区以上海的金融竞争力水平居首，其次杭州、南京、苏州、合肥和济南的金融竞争力均高于平均水平；中南地区中的深圳和广州金融竞争优势明显，郑州和武汉的金融竞争力也高于平均水平；西南地区则表现为以成都和重庆为核心的金融竞争格局；而西北地区的金融竞争力水平整体落后，金融竞争优势明显的西安也仅排名第十六位；东北地区的金融竞争力水平在全国范围内垫底。

（二）金融辐射能力测度

金融中心城市的综合因子得分值越大，金融竞争力水平越高，从而其对于周边区域的金融辐射能力就应当相对较强。为了进一步研究我国金融中心城市的金融辐射能力强弱，接下来采用经济地理学中的威尔逊模型（Wilson Model）进行金融辐射半径测算。

1. 模型介绍。威尔逊模型，由地理学家 A. G. Wilson② 提出，他认为区域

---

① 括号中的数字是各金融中心城市的综合因子得分排名。

② A. G. Wilson. A Statistical Theory of Spatial Distribution Models［J］. Transporation Research，1967，1（3）：253－269.

之间存在空间相互作用，这种相互作用大小受到空间距离、区域规模和资源连通性这三个因素的共同影响。由于该模型基本不受空间限制，因而被广泛应用于城市、区域等地理范围内的相关问题研究。

记 T_{ij} 代表区域 i 对区域 j 的资源吸引能力，则威尔逊模型的基本形式如下：

$$T_{ij} = KO_i P_j \exp(-\beta r_{ij}) \qquad (4.7)$$

其中，K 是归一化因子，O_i 是区域 i 吸引外部资源的强度，P_j 是区域 j 的辐射资源总量，$\exp(-\beta r_{ij})$ 是相互作用核，参数 β 称为衰减因子，它决定了区域影响力衰减速度的快慢，r_{ij} 是区域 i、j 之间的距离，一般用可到达距离即公路里程（公里）来代替。

对（4.7）式两边同除以 O_i，并令 $K = 1$，可以得到

$$T_{ij}/O_i = P_j \exp(-\beta r_{ij}) \qquad (4.8)$$

（4.8）式表明，如果已知 P_j、β，给定一个阈值 θ，令 $\theta = P_j \exp(-\beta r)$，就可以计算出区域的辐射半径 r（唐吉平等，2005）[①]。因此，为了后续研究，需要预先设定一个辐射阈值 θ，该阈值揭示了区域的资源吸引强度随距离衰减的原理，即当资源吸引强度衰减到该阈值以下时，便可以近似认为中心区域对于周边区域不再具有辐射影响。

对等式 $\theta = P_j \exp(-\beta r)$ 两边取对数，运算得到

$$r = \frac{1}{\beta} \times \ln(P_j/\theta) \qquad (4.9)$$

（4.9）式表明，一个区域的辐射半径 r 受到阈值 θ、衰减因子 β 和辐射资源总量 P_j 三个因素的共同影响。其中，辐射资源总量 P_j 一般用中心区域的综合因子得分值来表示，辐射阈值 θ 一般用综合因子为正值的最小数量级来设定。对于衰减因子 β 而言，β 值越大，区域影响力的衰减速度越快，β 为零时则

----

① 唐吉平，陈浩，姚星垣. 长三角城市金融辐射力研究［J］. 浙江大学学报（人文社会科学版），2005（6）：62－70.

无衰减，从而辐射半径 r 和衰减因子 β 之间存在如下关系式：

$$\text{当}\ \beta \to \infty\ \text{时}, r = \lim_{\beta \to \infty} \frac{1}{\beta} \times \ln(P_j/\theta) = 0 \qquad (4.10)$$

$$\text{当}\ \beta \to 0\ \text{时}, r = \lim_{\beta \to 0} \frac{1}{\beta} \times \ln(P_j/\theta) = +\infty \qquad (4.11)$$

$$\text{当}\ \beta \to 1\ \text{时}, r = \lim_{\beta \to 1} \frac{1}{\beta} \times \ln(P_j/\theta) = \ln(P_j/\theta) \qquad (4.12)$$

（4.10）式、（4.11）式分别表明当 β 趋向于无穷大或者零时，中心区域没有影响力或者具有无穷大的影响力。由于这两种情形较为极端，通常只考察 $\beta \in (0,1]$ 时的辐射半径取值情况。在给定 θ 和 P_j 时，辐射半径 r 与 β 成负相关关系，因此 β 的取值至关重要。

关于衰减因子 β 的计算，国内学者王铮等（2002）[①] 在研究城市间人口迁移问题时对威尔逊模型进行了简化，其研究发现 β 满足下式：

$$\beta = \sqrt{\frac{2T}{t_{max}D}} \qquad (4.13)$$

其中，D 是相互作用域的域元尺度，通常用区域内所包含城市的平均行政区域土地面积表示。T 表示区域内包含的城市个数，t_{max} 是区域内具有辐射功能的城市个数。借鉴王铮等（2002）提出的（4.13）式，并结合（4.9）式便可以测算得到中心区域的辐射半径 r。

2. 金融辐射半径测算。本书对我国金融中心城市金融竞争力的定量评估结果发现，综合因子得分值大于零的城市有 14 个，表明这 14 个城市的金融竞争力在所有样本城市中高于平均水平。其中，在金融竞争力排名中处于第十四位的是济南，其综合因子得分值为 0.0136，那么便可以设定数量级 0.01 为金融辐射阈值，即令 $\theta = 0.01$。另外，P_j 用各城市的综合因子得分值表示，根据（4.9）式便可以计算得到 β 在不同取值情况下金融中心城市的金融辐射半径

① 王铮，邓悦，葛昭攀，等. 理论经济地理学 ［M］. 北京：科学出版社，2002.

（见表4.15）。

表4.15　　　　　　　衰减因子不同取值情况下的金融辐射半径　　　　单位：公里

城市	$\beta=1$	$\beta=0.05$	$\beta=0.02$	$\beta=0.01$	城市	$\beta=1$	$\beta=0.05$	$\beta=0.02$	$\beta=0.01$
北京	5.44	108.73	271.81	543.63	南京	3.35	66.92	167.31	334.62
上海	4.93	98.60	246.50	493.00	苏州	3.22	64.43	161.07	322.13
深圳	4.74	94.85	237.13	474.27	天津	2.96	59.18	147.95	295.91
广州	4.11	82.20	205.51	411.02	重庆	2.94	58.71	146.77	293.54
杭州	3.61	72.22	180.55	361.11	武汉	1.52	30.48	76.20	152.40
成都	3.49	69.86	174.66	349.32	合肥	0.93	18.50	46.25	92.51
郑州	3.35	67.07	167.69	335.37	济南	0.31	6.22	15.55	31.09

资料来源：作者计算整理。

借鉴王铮等（2002），本书认为这14个金融中心城市具有相对较强的金融辐射能力，从而令 $t_{max}=14$ ，$T=37$。域元尺度 D 用这37个城市的平均行政区域土地面积来表示，可计算得到 $D=14022.03$ 平方公里[①]。将这些数据代入（4.13）式，可计算得到 $\beta=0.0194$。将相关数值代入（4.9）式，便可以计算得到14个金融中心城市的金融辐射半径 r。

表4.16　　　　　　　　金融中心城市的金融辐射半径　　　　　单位：公里

区域	城市	辐射半径	区域	城市	辐射半径
华北	北京	280.0	中南	深圳	244.3
	天津	152.4		郑州	172.7
华东	上海	253.9		广州	211.7
	南京	172.4		武汉	78.5
	合肥	47.7	西南	成都	179.9
	杭州	186.0		重庆	151.2
	苏州	165.9			
	济南	16.0			

资料来源：作者计算整理。

---

① 各金融中心城市的行政区域土地面积数据来源于《中国城市统计年鉴2017》。

表 4.16 结果显示, 北上深广四个一线城市的金融辐射半径均位于 200 ~
300 公里, 这四个金融中心城市的辐射范围较广; 其次, 杭州、成都、郑州、
南京、苏州、天津和重庆这七个新一线城市的金融辐射半径均处于 150 ~ 200
公里, 武汉、合肥和济南的金融辐射半径不足 100 公里。这表明, 金融中心城
市之间的金融辐射能力存在着较大的差异, 众多具有 "区域性金融中心" 之
称的中心城市并不具有较强的金融辐射能力。

表 4.17　　　　　　　　　金融中心城市之间的公路距离　　　　单位: 公里①

区域	城市	公路距离	区域	城市	公路距离
华北	北京	134.3	华东	上海	—
	天津			杭州	174.5
中南	深圳	132.1		南京	300.5
	广州			苏州	106.9
西南	成都	305.3		合肥	465.4
	重庆			济南	837.4

资料来源: 百度地图, 作者整理。

另外, 本书用公路里程来度量城市之间的距离, 其中公路里程以百度地图
中两城市之间驾车的推荐路线里程数作为参考依据 (吴亚菲, 2017)②。分区
域来看, 华北地区中北京的辐射半径为 280 公里, 辐射范围最广, 天津的辐射
半径为 152.4 公里, 而北京和天津之间的公路距离仅为 134.3 公里, 这表明天
津的金融辐射范围基本上被北京的金融辐射范围全覆盖。中南地区, 深圳和广
州之间 132.1 公里的公路距离与北京和天津之间的公路距离相当, 不过深圳和
广州的辐射半径均达 200 公里以上, 二者的金融辐射能力差异不大, 在区域内
形成了较大范围重叠、共同辐射周边的金融辐射格局。西南地区, 成都和重庆

---

① 华东地区各城市的公路距离指的是各城市到上海的公路距离, 华北、西南和中南地区列示的分
别是北京和天津、成都和重庆、深圳和广州之间的公路距离, 由于中南地区中的武汉、郑州距离深圳、
广州相对较远, 表 4.17 中未列示讨论。
② 吴亚菲. 产业集群与城市群发展的协同效应研究——基于长三角 26 个地级市面板数据的实证
分析 [D]. 上海: 上海社会科学院, 2017.

之间 305.3 公里的公路距离相对较远，而成都和重庆的辐射半径均在 150～200 公里，这表明二者在区域内形成了较小范围重叠、相互补充的金融辐射格局，这两个城市能够同时扮演区域性金融中心的角色。华东地区中具有辐射能力的金融中心城市相对较多，而且长三角城市群内主要城市（如苏州、杭州、南京）到上海的公路距离相对较近。整体来看，华东地区尤其是长三角城市群内基本上形成了相互交叉的金融辐射网状格局，距离上海相对较远的城市（如合肥、济南）能够对周边地区形成一定范围内的金融辐射。

（三）小结

书中以我国 37 个金融中心城市作为研究样本，构建了金融竞争力评估指标体系，对当前我国金融中心城市的金融竞争力进行了定量评估。结果表明：金融竞争力水平受到经济金融规模、经济竞争实力、金融配置效率和金融增长潜力因子的共同影响；我国不同区域的金融竞争力差异明显，华北、华东、中南和西南地区的金融竞争力水平相对较高，东北和西北地区则明显落后；仅有 14 个金融中心城市的综合因子得分为正值，其余 23 个城市的金融竞争力在所有样本城市中低于平均水平。本书据此认为这 14 个金融中心城市具有相对较强的金融辐射能力，从而在此基础上借助威尔逊模型对 14 个城市的金融辐射半径进行了测算。结果表明：北上深广四个一线城市的金融辐射半径均位于 200～300 公里，杭州、成都等新一线城市的金融辐射半径在 150～200 公里，武汉、合肥和济南的金融辐射半径不足 100 公里。我国各个区域形成了不同的金融辐射格局，华北地区中北京的金融辐射范围最广，基本上全覆盖了天津的辐射范围；中南地区中深圳和广州均具有较强的金融辐射能力，二者在区域内形成了较大范围重叠、共同辐射周边的金融辐射格局；西南地区中成都和重庆的金融辐射能力差异不大，二者在区域内形成了较小范围重叠、相互补充的金融辐射格局；华东地区以上海的金融辐射为主，区域内基本上形成了相互交叉的金融辐射网状格局。

第二节　金融中心城市的金融集聚综合评价

目前，学术界对金融集聚度的综合评价研究，基本上指代的是传统金融业态的集聚程度评价，包括银行业、证券业和保险业等。很少有学者测算互联网金融等新兴业态的集聚程度，主要原因是互联网金融的发展年限相对较短，囿于数据的可获得性，对于互联网金融新兴业态的空间集聚进行量化测度的难度较大，而且各种互联网金融新兴业态正处于快速发展阶段，尚未形成比较成熟的业务和监管模式。因此，借鉴以往学者的研究成果，本书对传统金融业态集聚进行测度评价。另外，鉴于本书的研究工作是基于传统金融集聚和互联网金融集聚的双重视角，书中将采用北京大学互联网金融发展指数对互联网金融业态的集聚进行衡量，为后文的实证章节提供数据支撑。

通过阅读以往学者的研究成果发现，目前学术界对于金融集聚的测度方法主要包括两类：一类是单一指标法，包括区位熵指数、赫芬达尔—赫希曼指数（HHI）、空间基尼系数和行业集中度等；另一类则是综合指标体系法。考虑到单一指标法的衡量结果较为片面化、简单化，而通过构建综合指标体系来进行金融集聚度的定量评价逐渐成为学术界中的研究趋势，本书分别从金融总体规模、银行业集聚、保险业集聚、证券业集聚和金融配置效率这五个维度总共选取了 14 个具体指标，构建了金融集聚度的综合评价指标体系，并运用因子分析法对 2007—2016 年我国 37 个金融中心城市的金融集聚度进行了定量评价。

一、 金融集聚评价指标体系

（一）指标体系构建

借鉴已有研究成果，并结合各金融中心城市数据的可获得性，本书构建了如表 4.18 所示的金融集聚评价指标体系。该指标体系共分为三层，目标层是金融集聚度，准则层分为金融总体规模、银行业集聚、保险业集聚、证券业集聚和金融配置效率五个方面，指标层共包括 14 个具体指标。

表 4.18　　　　　　　　　　　**金融集聚度评价指标体系**

目标层	准则层	指标层	数据来源
金融集聚度	金融总体规模	X1：金融从业人数（万人）	2008—2017 年《中国城市统计年鉴》
		X2：金融业增加值（亿元）	各城市国民经济和社会发展统计公报（2007—2016 年）、Wind 数据库
	银行业	X3：金融机构人民币存款余额（亿元）	2008—2017 年《中国城市统计年鉴》
		X4：金融机构人民币贷款余额（亿元）	
		X5：居民储蓄存款余额（亿元）	
	保险业	X6：保费收入（亿元）	2008—2017 年《中国保险年鉴》、Wind 数据库
		X7：保险赔付支出（亿元）	
		X8：保险密度（元/人）	保费收入/常住人口
		X9：保险深度	保费收入/地区生产总值
	证券业	X10：上市公司数量（家）	Wind 数据库
		X11：总股本（亿股）	
		X12：信用债现券交易额（亿元）	
	金融配置效率	X13：地区金融相关比率	金融机构人民币存贷款余额总和/地区生产总值
		X14：金融业区位熵	（城市金融业增加值/地区生产总值）/（全国金融业增加值/国内生产总值）

资料来源：作者整理绘制。

1. 金融总体规模。金融业的总体规模是其空间集聚的基础，金融从业人数（X1）和金融业增加值（X2）是金融规模的体现，这两个指标也常被用来计算金融业区位熵。

2. 银行业集聚。在我国以间接金融为主体的金融体系下，银行业在实现资金融通和货币借贷上发挥着至关重要的作用。本书选取金融机构人民币存款余额（X3）、金融机构人民币贷款余额（X4）和居民储蓄存款余额（X5）反映银行业集聚程度。

3. 保险业集聚。保费收入（X6）和保险赔付支出（X7）是一个地区保险业在"量"层面上的直接体现。保险密度（X8）是按照常住人口计算的人均保费收入，可以反映保险业的普及程度。保险深度（X9）是保费收入在地区生产总值中的占比，可以反映保险业在该地区经济中的重要程度。

4. 证券业集聚。证券业在支持地区经济发展中的地位愈加重要，鉴于数据可获得性，本书选取上市公司数量（X10）、总股本（X11）和信用债现券交易额（X12）反映证券业集聚程度。

5. 金融配置效率。较高的配置效率能够对金融集聚形成推动。本书选取地区金融相关比率（X13）和金融业区位熵（X14）反映金融配置效率的高低，其中 RFIR 是金融机构人民币存贷款余额总和与地区生产总值之比，金融业区位熵是金融业增加值的区位熵。

（二）数据来源

鉴于数据的可获得性，本书以我国 37 个金融中心城市 2007—2016 年的数据为样本进行金融集聚度的定量评价，相关指标变量的数据来源主要有2008—2017 年《中国城市统计年鉴》、2008—2017 年《中国保险年鉴》、各城市以及所在省（自治区）统计年鉴、各城市国民经济和社会发展统计公报（2007—2016 年）、Wind 数据库。对于个别城市某年份数据的缺失，本书采用线性插值法予以补齐。

二、 金融集聚评价的因子分析

由于各项具体指标之间并非完全独立，因此书中采用因子分析法来对指标体系进行"降维"处理。记原始数据为 X_{ij}，其中样本城市 $i = 1,2,\cdots,37$，评价指标 $j = 1,2,\cdots,14$。

（一）数据处理和适用性检验

由于指标体系中的指标数目较多，各项指标数据之间的计量单位并不一致，为了消除数据量纲差异，书中首先采用 Z – score 方法对原始数据进行标准化处理。标准化公式记为

$$X_{ij}^* = (X_{ij} - \overline{X}_j)/\sigma_j \qquad (4.14)$$

其中，$\overline{X}_j$ 是指标 j 的均值，σ_j 是指标 j 的标准差。

然后，通过 KMO 检验和巴特利球形度检验来判断样本数据是否适合进行因子分析（见表 4.19）。结果显示，2007—2016 年的 KMO 值均在 0.8 以上（2013 年 KMO 值为 0.767），且巴特利球形度检验对应的概率 p 值均为 0.000，这表明各项指标之间的独立性假设不成立，该指标体系的数据比较适合进行因子分析。

表 4.19　　　　　　KMO 检验和 Bartlett 球形度检验结果

	2007 年	2008 年	2009 年	2010 年	2011 年	2012 年	2013 年	2014 年	2015 年	2016 年
KMO 度量	0.840	0.831	0.825	0.864	0.829	0.800	0.767	0.813	0.817	0.840
巴特利球形度检验										
近似卡方	1.194E3	1.254E3	1.301E3	1.267E3	1.247E3	1.222E3	1.197E3	1.188E3	1.187E3	1.067E3
自由度 df	91	91	91	91	91	91	91	91	91	91
Sig 值	0.000	0.000	0.000	0.000	0.000	0.000	0.000	0.000	0.000	0.000

资料来源：根据 SPSS19.0 软件结果整理。

（二）公共因子提取和命名

本书采用因子分析中的主成分分析法对 2007—2016 年各年度数据均进行了因子载荷矩阵估计。受篇幅所限，书中仅列示了 2016 年的因子分析结果[①]。其中，2016 年数据的特征值、方差贡献率和累计方差贡献率如表 4.20 所示。

表 4.20　　　　　　特征值及（累计）方差贡献率

因子	特征值	方差贡献率	累计方差贡献率	因子	特征值	方差贡献率	累计方差贡献率
1	9.9906	0.7136	0.7136	8	0.0336	0.0024	0.9956
2	1.8157	0.1297	0.8433	9	0.0212	0.0015	0.9971
3	0.8565	0.0612	0.9045	10	0.0118	0.0008	0.9979
4	0.6146	0.0439	0.9484	11	0.0112	0.0008	0.9987
5	0.3115	0.0222	0.9706	12	0.0092	0.0007	0.9994
6	0.2171	0.0155	0.9861	13	0.0067	0.0005	0.9999
7	0.0988	0.0071	0.9932	14	0.0018	0.0001	1.0000

资料来源：根据 Stata14.0 软件结果整理。

---

① 其他年份的分析过程与 2016 年相同。

表 4.21 正交旋转后的（累计）方差贡献率

因子	方差	方差贡献率	累计方差贡献率
1	9.2687	0.6620	0.6620
2	2.5375	0.1813	0.8433

资料来源：根据 Stata14.0 软件结果整理。

按照特征值大于 1 的因子个数确定标准，本书提取前两个因子作为公共因子。前两个因子的累计方差贡献率达到 84.33%，这表明它们可以反映原始指标数据的绝大部分信息。为使公共因子在各个指标上的载荷量能够更加清晰明了，本书采用方差极大化（Varimax）方法对初始因子载荷矩阵进行正交化旋转处理，旋转后的因子载荷矩阵如表 4.22 所示。

表 4.22 正交旋转后的因子载荷矩阵①

指标	公共因子 1	公共因子 2	指标	公共因子 1	公共因子 2
X1	0.9435 *	0.1686	X8	0.6434 *	0.4470
X2	0.9602 *	0.1268	X9	0.1096	0.8194 *
X3	0.9748 *	0.2053	X10	0.9096 *	0.1778
X4	0.9688 *	0.0777	X11	0.7895 *	0.3369
X5	0.9731 *	0.0904	X12	0.8328 *	0.3041
X6	0.9602 *	0.1553	X13	0.0195	0.8428 *
X7	0.9734 *	0.1321	X14	0.4252	0.7589 *

资料来源：根据 Stata14.0 软件结果整理。

结果显示，公共因子 2 在指标 X9（保险深度）、X13（地区金融相关比率）和 X14（金融业区位熵）上具有较高的载荷值，这 3 个指标均是比率性指标，可以将其命名为"金融集聚效率因子"；公共因子 1 在 X1（金融从业人数）、X2（金融业增加值）、X3（金融机构人民币存款余额）和 X4（金融机构人民币贷款余额）等其他 11 个指标上具有较高的载荷值，这些指标均是绝对额指标，可以将其命名为"金融集聚规模因子"。

（三）公共因子得分和综合因子得分的计算

书中基于回归分析法的思想，利用公共因子得分系数表（见表 4.23），将

① 加 * 表示各公共因子所对应的较高载荷指标。

命名后的公共因子表示为每个原始指标的线性组合，求出各公共因子得分值。

表 4.23　　　　　　　　　　　公共因子得分系数

指标	金融集聚规模因子	金融集聚效率因子	指标	金融集聚规模因子	金融集聚效率因子
X1	0.1104	− 0.0345	X8	0.0329	0.1461
X2	0.1181	− 0.0580	X9	− 0.0895	0.4047
X3	0.1101	− 0.0197	X10	0.1045	− 0.0255
X4	0.1256	− 0.0842	X11	0.0674	0.0712
X5	0.1246	− 0.0782	X12	0.0776	0.0489
X6	0.1145	− 0.0434	X13	− 0.1050	0.4282
X7	0.1193	− 0.0570	X14	− 0.0376	0.3334

资料来源：根据 Stata14.0 软件结果整理。

记 $F1$、$F2$ 分别为金融集聚规模因子和金融集聚效率因子的得分值，则有

$$F1 = 0.1104X1 + 0.1181X2 + \cdots - 0.1050X13 - 0.0376X14 \quad (4.15)$$

$$F2 = -0.0345X1 - 0.0580X2 + \cdots + 0.4282X13 + 0.3334X14 \quad (4.16)$$

记公共因子 1 和公共因子 2 的方差贡献率分别为 λ_1 和 λ_2，综合因子得分值为 F，以各公共因子的方差贡献率占累计方差贡献率的比值为权重，对各公共因子得分值进行加权求和。则样本城市 i（$i = 1,2,\cdots,37$）的综合因子得分值为

$$F_i = \sum_{p=1}^{2} W_p F_{ip} = W_1 F_{i1} + W_2 F_{i2} = \frac{\lambda_1}{\lambda_1 + \lambda_2} F_{i1} + \frac{\lambda_2}{\lambda_1 + \lambda_2} F_{i2} \quad (4.17)$$

在求得各公共因子得分和综合因子得分后，本书采用"功效得分法"计算出每个样本城市公共因子和综合因子的百分制得分值，其计算公式为

$$F_{gx} = \frac{F_i - F_{min}}{F_{max} - F_{min}} \times 100 \quad (4.18)$$

其中，F_{gx} 表示功效得分值，F_{max} 和 F_{min} 分别表示某因子得分在所有样本城市中的最大值和最小值。功效得分可以直观反映出各个样本城市在样本整体中的相对位置（某样本城市在某公共因子上的得分为 0，表明该样本城市在该公共因

子上的数值最小；得分为 100，则表明数值最大）。

（四）结果分析

本书在求得 2016 年各金融中心城市的公共因子功效得分和综合因子功效得分后，分别对其大小进行排序，具体排序结果如表 4.24 所示。

表 4.24　　　　2016 年的公共因子得分及综合因子得分排名

城市	金融集聚规模因子功效得分	排名	金融集聚效率因子功效得分	排名	综合因子功效得分	排名
北京	100.00	1	88.34	2	100.00	1
上海	79.92	2	48.16	12	72.76	2
深圳	46.95	3	45.86	15	41.00	3
广州	41.33	4	38.04	20	34.06	4
成都	29.93	8	56.57	8	27.02	5
杭州	29.28	9	36.99	21	22.42	6
重庆	36.29	5	1.87	36	21.92	7
天津	34.57	6	5.63	33	21.05	8
南京	23.95	11	45.97	14	19.19	9
苏州	30.48	7	10.34	31	18.13	10
郑州	18.92	15	47.78	13	14.78	11
西安	16.73	17	57.17	7	14.61	12
武汉	24.91	10	14.06	29	13.59	13
济南	16.11	19	45.27	17	11.60	14
沈阳	14.10	25	49.99	11	10.65	15
太原	2.92	34	100.00	1	10.23	16
大连	17.75	16	27.59	23	9.56	17
宁波	22.44	12	3.89	34	9.18	18
福州	16.72	18	27.46	24	8.56	19
长沙	21.97	13	0.00	37	7.95	20
青岛	21.27	14	2.52	35	7.79	21
昆明	9.86	28	50.59	10	6.75	22
石家庄	15.28	23	25.18	25	6.72	23
厦门	11.35	27	41.89	18	6.39	24
银川	2.14	35	81.37	4	5.69	25
合肥	15.58	22	16.86	27	5.31	26

续表

城市	金融集聚规模因子功效得分	排名	金融集聚效率因子功效得分	排名	综合因子功效得分	排名
哈尔滨	15.86	21	15.09	28	5.22	27
乌鲁木齐	5.77	32	61.28	5	5.04	28
海口	0.00	37	83.41	3	4.07	29
南宁	9.48	29	38.42	19	3.91	30
长春	15.87	20	7.90	32	3.76	31
贵阳	7.64	31	45.72	16	3.65	32
温州	14.29	24	13.68	30	3.44	33
南昌	11.78	26	22.49	26	2.85	34
兰州	4.09	33	57.86	6	2.76	35
呼和浩特	8.86	30	34.51	22	2.53	36
西宁	1.89	36	54.60	9	0.00	37

资料来源：根据 Stata14.0 软件结果计算整理。

金融集聚规模因子是金融集聚度在"量"层面上的直接体现，其对金融集聚度的高低起着决定性的影响。比较 2016 年金融集聚规模因子的功效得分可知，排名前五位的金融中心城市为北京、上海、深圳、广州和重庆，排名后五位的金融中心城市是兰州、太原、银川、西宁和海口。这表明，当前的金融资源分布在区域之间仍然呈现不平衡态势，绝大部分的金融资源主要集中在一线城市和新一线城市，地区之间的金融资源差距依然较大。

除了金融集聚规模因子外，金融集聚效率因子也是金融集聚度的重要影响因素，金融集聚效率因子是金融集聚度在"质"层面上的直接体现。比较 2016 年金融集聚效率因子的功效得分可知，排名前五位的金融中心城市为太原、北京、海口、银川和乌鲁木齐，排名后五位的金融中心城市是天津、宁波、青岛、重庆和长沙。可以看出，规模因子得分较高的城市，其效率因子得分不一定高（如重庆），规模因子得分较低的城市，其效率因子得分也不一定低（如太原）。这表明，金融集聚效率同样重要，过度的金融集聚规模也许会带来资源配置效率的低下，造成一定程度的资源浪费。

金融集聚度受规模因子和效率因子的共同影响，不过二者的权重大小具有差异（$W_1 = 0.785$，$W_2 = 0.215$）。通过对综合因子功效得分排序比较可知，排名前五位的金融中心城市为北京、上海、深圳、广州和成都，排名后五位的金融中心城市为温州、南昌、兰州、呼和浩特和西宁。北京、上海和深圳三大国际性金融中心的金融集聚度遥遥领先，不过三者之间也存在较大的差距。北京是众多金融机构的总部所在地，其金融集聚规模的体量最大，并且金融集聚效率较高（第二位）；上海的金融集聚规模虽仅次于北京，但其金融集聚效率仅排在全国第十二位；深圳的金融集聚规模排名全国第三位，但其金融集聚效率仅处于全国第十五位。在区域性金融中心中，广州作为一线城市，其金融集聚度绝对领先，其次是成都、杭州、重庆、天津、南京、苏州、郑州等新一线城市，金融集聚度较低的城市主要集中在西部（如西宁、兰州）和东北地区（如长春、哈尔滨）。

我国的金融中心城市众多，彼此之间的金融集聚度差异明显。本书把我国37个金融中心城市划分成了六大区域，并根据2016年综合因子功效得分值的大小比较，得到六大区域内的金融中心排序情况（见表4.25）。

表4.25　　　　　　　　金融中心城市金融集聚度的分区域排序[①]

区域	金融中心城市
华北	北京（1）、天津（8）、太原（16）、石家庄（23）、呼和浩特（36）
东北	沈阳（15）、大连（17）、哈尔滨（27）、长春（31）
华东	上海（2）、杭州（6）、南京（9）、苏州（10）、济南（14）、宁波（18）、福州（19）、青岛（21）、厦门（24）、合肥（26）、温州（33）、南昌（34）
中南	深圳（3）、广州（4）、郑州（11）、武汉（13）、长沙（20）、海口（29）、南宁（30）
西南	成都（5）、重庆（7）、昆明（22）、贵阳（32）
西北	西安（12）、银川（25）、乌鲁木齐（28）、兰州（35）、西宁（37）

资料来源：作者整理。

------

① 括号中的数字是表4.24中各金融中心城市的综合因子功效得分排名。

　　分区域来看，华北地区的金融集聚度以北京为首，天津次之，太原凭借较高的金融集聚效率，其金融集聚度相对领先，作为"京津冀金融副中心"的石家庄以及呼和浩特的金融集聚度相对落后。东北地区，"以产业金融为核心"的沈阳的金融集聚度最高，大连作为打造以期货市场为重点的区域金融中心，其金融集聚度也相对领先，哈尔滨和长春的金融集聚度较为落后。华东地区的金融集聚度以上海居首，杭州作为"以互联网金融创新和财富管理为特色的新金融中心"，其金融集聚度较为领先，南京、苏州和济南依次随后，宁波、福州、青岛、厦门和合肥的金融集聚度处于中等水平，定位为"服务民营经济的区域金融中心"的温州和南昌的金融集聚度处于相对较低水平。中南地区，深圳和广州的金融集聚度绝对领先，致力于打造"全国重要的商品期货交易与定价中心"的郑州和"全国性科技金融中心"的武汉，其金融集聚度处于中上水平，长沙的金融集聚度居中，海口和南宁的金融集聚度相对落后。西南地区的金融集聚度以成都和重庆领衔，定位为"面向东南亚区域性国际金融服务中心"的昆明以及贵阳的金融集聚度位于中下水平。西北地区，西安作为新一线城市，其"立足大西安、带动大关中、引领大西北"的金融中心定位要明显高于区域内的其他四个城市，其金融集聚度位于前列，致力于打造"丝绸之路经济带区域金融中心"的乌鲁木齐、银川、兰州以及西宁的金融集聚度相对落后。

　　我国金融集聚度较高的区域主要集中在华北、华东和中南地区，这三大区域的金融集聚度分别由北京—天津、上海—杭州—南京、深圳—广州领衔，区域内的金融集聚度差异较大，呼和浩特、南昌和南宁的金融集聚度在区域内垫底。另外，西南地区的金融集聚度也相对较高，成都和重庆的综合因子得分值均相对较大，昆明和贵阳的综合因子得分位于所有金融中心城市的中下水平。我国金融集聚度较低的区域主要集中在西北和东北地区，这两个区域的金融集聚度分别由西安和沈阳领衔，区域内的金融集聚度普遍位于中下水平。

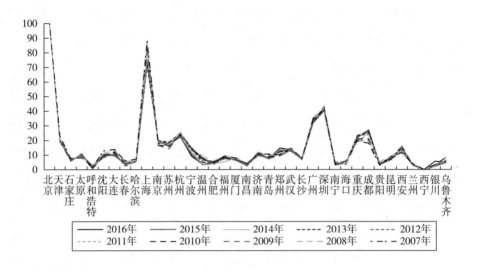

图4.11 2007—2016年金融中心城市的综合因子功效得分

（资料来源：作者绘制）

采用和2016年同样的分析方法，本书对2007—2016年的各年度数据均进行了因子分析，得到了各金融中心城市2007—2016年每年度的金融集聚度综合因子功效得分值（见图4.11）。纵向维度来看，各年度综合因子得分值的轨迹高度相似，不同年度的变化曲线基本重叠，这表明各金融中心城市各年度的综合因子得分排名基本上保持不变。横向维度来看，各金融中心城市之间的金融集聚度差异明显，北京、上海和深圳三大国际性金融中心稳居前三位，在区域性金融中心中，广州以及成都、杭州等新一线城市的金融集聚度绝对领先，中西部以及东北地区的部分省会（或首府）城市的金融集聚度则相对较低。

第三节 金融中心城市的全要素生产率测算

由第二章的文献综述可知，目前学术界对于全要素生产率的测算方法主要包括参数法（如索罗余值法、SFA）、非参数法（如 DEA – Malmquist 指数法）和半参数法（如 OP 法、LP 法）。其中，由于数据包络分析法作为非参数法无须预先设定生产函数形式、无须进行参数估计以及无须对技术无效率项作出分布假设，从而在效率测算研究中具有广泛的应用价值。Fare et al. （1994）[①] 将 DEA 的思想与 Malmquist 指数进行结合，构建了基于距离函数（Distance Function）计算的 DEA – Malmquist 指数法，并在 TFP 的测算研究中得以广泛运用。借鉴学术界中的普遍做法，本书也采用 DEA – Malmquist 指数法测算全要素生产率（TFP），其测算结果反映的是 TFP 的增长变化情况。

一、 测算方法介绍

DEA 的基本思想源于 Farrell（1957）[②] 的生产前沿理论，他认为在具体的生产过程中存在技术无效率项，在研究 TFP 变化时应当考虑技术效率和生产前沿面。Malmquist 指数由 Malmquist（1953）[③] 提出，后来由 Caves et al.（1982）[④] 应用于生产率的研究中，并提出 Malmquist 生产率指数（又统称为 Malmquist 指数）。那么，DEA – Malmquist 指数法的核心思想是，先从产出或投入的角度，采用 DEA 来定义（产出或投入）距离函数，然后在此基础上构造 Malmquist 指数用来度量 TFP 的相对变化，并且对 Malmquist 指数进行具体项分解。

Malmquist 指数的本质是通过计算距离函数的比率表示投入产出效率。记 (x^t, y^t)、(x^{t+1}, y^{t+1}) 分别表示 t 期和 $t+1$ 期的投入产出向量，则基于 t 期和 $t+1$ 期参照技术的 Malmquist 指数可以分别表示如下：

① Fare R, Grosskopf S, Norris M, et al. Productivity Growth, Technical Progress, and Efficiency Change in Industrialized Countries [J]. American Economic Review, 1994, 84 (1): 66 – 83.

② Farrell M J. The Measurement of Productive Efficiency [J]. Journal of the Royal Statistical Society, 1957, 120 (3): 253 – 290.

③ Malmquist S. Index Numbers and Indifference Surfaces [J]. Trabajos De Estadistica, 1953, 4 (2): 209 – 242.

④ Caves D W, Christensen L R, Diewert W E. Multilateral Comparisons of Output, Input, and Productivity Using Superlative Index Numbers [J]. The Economic Journal, 1982, 92 (365): 73 – 86.

$$M^t = \frac{D^t(x^{t+1}, y^{t+1})}{D^t(x^t, y^t)} \tag{4.19}$$

$$M^{t+1} = \frac{D^{t+1}(x^{t+1}, y^{t+1})}{D^{t+1}(x^t, y^t)} \tag{4.20}$$

根据 Fare et al.（1994），从 t 期到 $t+1$ 期的 Malmquist 生产率指数可以表示为上述（4.19）式和（4.20）式的几何平均值，从而具体表达式为

$$M(x^t, y^t, x^{t+1}, y^{t+1}) = [M^t \cdot M^{t+1}]^{1/2} = \left[\frac{D^t(x^{t+1}, y^{t+1})}{D^t(x^t, y^t)} \cdot \frac{D^{t+1}(x^{t+1}, y^{t+1})}{D^{t+1}(x^t, y^t)} \right]^{1/2}$$

$$\tag{4.21}$$

其中，D^t、D^{t+1} 分别代表基于 t 期和 $t+1$ 期参照技术的距离函数，x 和 y 分别表示投入和产出。如果 $M(\cdot)$ 值小于 1，表示全要素生产率从 t 期到 $t+1$ 期呈现下降趋势；反之，则认为全要素生产率表现出增长趋势，因此其测算结果表示的是 TFP 的增减变化情况。

生产率的变化不仅取决于技术进步，还取决于技术效率。在规模报酬不变（CRS）的假定下，（4.21）式中的 Malmquist 指数可以被分解为技术进步变化（Technical Change，TECHCH）和技术效率变化（Technical Efficiency Change，EFFCH），其分解表达式为

$$M(x^t, y^t, x^{t+1}, y^{t+1}) = \frac{D_c^{t+1}(x^{t+1}, y^{t+1})}{D_c^t(x^t, y^t)} \times \left[\frac{D_c^t(x^{t+1}, y^{t+1})}{D_c^{t+1}(x^{t+1}, y^{t+1})} \cdot \frac{D_c^t(x^t, y^t)}{D_c^{t+1}(x^t, y^t)} \right]^{1/2}$$

$$\tag{4.22}$$

其中，（4.22）式中的右端第一项为技术效率变化（EFFCH），表示从 t 期到 $t+1$ 期技术效率变化对生产率的贡献；右端第二项为技术进步变化（TECHCH），表示从 t 期到 $t+1$ 期的技术进步对生产率的贡献。由于上式基于 CRS 的假定，反映不出生产率变化中的规模经济贡献。因此，Fare et al.（1994）进一步指出，在规模报酬可变（VRS）情况下，可以将技术效率变化分解为纯技术效率变化（Pure Technical Efficiency Change，PECH）和规模效率变化（Scale Efficiency Change，SECH），从而 Malmquist 指数可以进一步表示

为分解形式：

$$M(x^t, y^t, x^{t+1}, y^{t+1}) = \frac{D_v^{t+1}(x^{t+1}, y^{t+1})}{D_v^t(x^t, y^t)} \times \left[\frac{D_v^t(x^t, y^t)}{D_c^t(x^t, y^t)} \bigg/ \frac{D_v^{t+1}(x^{t+1}, y^{t+1})}{D_c^{t+1}(x^{t+1}, y^{t+1})} \right] \times$$

$$\left[\frac{D_c^t(x^{t+1}, y^{t+1})}{D_c^{t+1}(x^{t+1}, y^{t+1})} \cdot \frac{D_c^t(x^t, y^t)}{D_c^{t+1}(x^t, y^t)} \right]^{1/2}$$

$$= PECH \times SECH \times TECHCH$$

(4.23)

其中，（4.23）式中的下标 c 表示规模报酬不变情况，下标 v 表示规模报酬可变情况，从而在规模报酬可变情况下，Malmquist 指数可以被分解为纯技术效率变化（PECH）、规模效率变化（SECH）和技术进步变化（TECHCH）三者的乘积。各个指数小于 1、等于 1 和大于 1 均表示为效率下降、不变和提升。可以看出，DEA – Malmquist 指数法不仅能够反映全要素生产率的变化情况，还可以揭示其变化的结构特征，因此该方法具有重要的应用价值。

二、 指标选取和数据说明

（一）投入产出指标

书中采用 DEA – Malmquist 指数法来测算 37 个金融中心城市 2007—2016 年的 TFP 变化情况。不过，在采用该方法进行 TFP 测算时，需要进行投入和产出指标的选取。在借鉴众多学者研究成果的基础上，书中将产出指标确定为各样本城市的实际 GDP，即通过生产总值指数把各年份的名义 GDP 均折算成 2007 年不变价，消除价格因素的变动影响。投入指标则包括劳动力和资本要素，劳动力要素采用城镇单位就业人员、城镇私营企业和个体从业人员数之和来衡量，资本要素则为通过永续盘存法（PIM）核算的物质资本存量。

永续盘存法是学术界在核算物质资本存量时最常采用的方法。该方法最早由 Goldsmith（1951）[①] 提出，其核算物质资本存量的基准化公式如下：

$$K_t = K_{t-1} \cdot (1 - \delta_t) + I_t/P_t \tag{4.24}$$

在基准化公式（4.24）的基础上，可以衍化出公式（4.25）：

$$K_t = K_{t-1} + (I_t - D_t)/P_t \tag{4.25}$$

由（4.24）式、（4.25）式可知，在物质资本存量的核算过程中，需要明确如下四个参数指标：一是当年投资流量，即 I_t；二是投资品价格指数，即 P_t；三是经济折旧率（δ_t）或者折旧额（D_t）；四是基期资本存量，即 K_0。目前，学术界关于 I_t 和 P_t 的确定基本达成共识。借鉴张军等（2004）[②] 和单豪杰（2008）[③]，本书将 I_t 选取为固定资本形成总额，将 P_t 分时段进行界定，即分别选取固定资产投资价格指数（2001—2016 年）和构造固定资产投资隐含平减指数（1952—2000 年）进行当年投资额的平减折算。然而，对于 δ_t（或 D_t）和 K_0 的确定，学者们之间依然存在较大的分歧。本书认为靖学青（2013）[④] 的处理方法相对合理，从而予以借鉴。对于 δ_t（或 D_t）的确定，根据我国的经济体制变化以及不同时期经济形势和经济发展水平的不同，本书采用分时段折旧率和折旧额相结合的办法，即 1952—1977 年计划经济时期各地区统一采用 3% 折旧率，1978—1992 年逐步扩大改革开放时期均采用 5% 折旧率，而 1993—2016 年市场经济时期采用的则是各地区收入法核算中的固定资产折旧额。对于 K_0 的确定，本书将 1952 年确定为基期，以 2007 年不变价进行折算，则 K_{1952} 由公式（4.26）计算得出：

$$K_{1952} = I_{1952}/(\overline{g}_{1952-1977} + \delta_{1952}) \tag{4.26}$$

---

① Goldsmith R W. A Perpetual Inventory of National Wealth ［M］. NBER Studies in Income and Wealth, New York：National Bureau of Economic Research, 1951.

② 张军，吴桂英，张吉鹏. 中国省际物质资本存量估算：1952—2000 ［J］. 经济研究，2004 (10)：35 - 44.

③ 单豪杰. 中国资本存量 K 的再估算：1952—2006 年 ［J］. 数量经济技术经济研究，2008 (10)：17 - 31.

④ 靖学青. 中国省际物质资本存量估计：1952—2010 ［J］. 广东社会科学，2013 (2)：46 - 55.

其中，I_{1952} 为以 2007 年不变价衡量的 1952 年固定资本形成总额，$\overline{g}_{1952-1977}$ 为 1952—1977 年固定资本形成总额的几何平均增长率，δ_{1952} 为 1952 年的经济折旧率（设定为 3%），K_{1952} 是基期为 1952 年的物质资本存量（2007 年价格）。

考虑到资本存量核算中城市层面相关指标数据的缺失较多，而省级层面的数据获取相对容易，并且较为真实可靠、具有权威性，因此本书首先核算出我国 30 个省份（自治区、直辖市）2007—2016 年的物质资本存量。然后，借鉴章韬和王桂新（2012）[①]，本书将省级资本存量的核算结果按照当年城市 GDP 占所在省份（自治区）GDP 的比重进行折算，便得到各样本城市的物质资本存量[②]。

在得到各样本城市 2007—2016 年的投入产出数据后，本书采用 DEAP2.1 软件来进行全要素生产率变化（TFPCH）的测算[③]，并将其分解为技术效率变化（EFFCH）和技术进步变化（TECHCH），然后进一步将 EFFCH 分解为纯技术效率变化（PECH）和规模效率变化（SECH）。具体分解表达式如下：

$$TFPCH = EFFCH \cdot TECHCH = (PECH \cdot SECH) \cdot TECHCH \quad (4.27)$$

（二）数据来源

各指标变量的数据来源主要有 2008—2017 年《中国城市统计年鉴》、各城市以及所在省份（自治区）统计年鉴、各城市国民经济和社会发展统计公报（2007—2016 年）、Wind 数据库。另外，在物质资本存量核算过程中所涉及的

---

① 章韬，王桂新. 集聚密度与城市全要素生产率差异——来自中国地级城市面板数据的证据 [J]. 国际商务研究，2012（6）：45–54.

② 由于西藏（拉萨）数据缺失严重，本书不予以考虑。该折算方法基于一定的假设前提：各金融中心城市的资本—产出比与当年所在省（自治区）的资本—产出比相等。

③ TFPG 的测算结果包括投入导向型（Input–Orientated）和产出导向型（Output–Orientated），当规模报酬不变时，投入导向型和产出导向型测度的技术效率是相等的，而当存在规模报酬递增或递减时，则不相等。不过，规模报酬不变模型（CRS）和规模报酬变化模型（VRS）的选择对于 DEA–Malmquist 没有影响，因为两个模型都是用于计算各种距离的，而这种距离是用于构建 Malmquist 指数的（Coelli，1996）。

较早年份的相关指标数据主要来源于《新中国六十年统计资料汇编》《中国国内生产总值核算历史资料（1952—2004 年)》和《中国统计年鉴》。

第四节　本章小结

本章主要对我国金融中心城市的金融集聚现状进行了分析，并定量测度了我国 37 个金融中心城市 2007—2016 年的金融集聚度和全要素生产率。其中，书中首先对金融中心城市的金融集聚现状进行分析，包括传统金融业态（如银行业、证券业和保险业）和新兴互联网金融业态（如互联网支付、互联网货币基金、互联网投资理财和互联网保险）的集聚现状，希望能够对我国金融业的集聚状况具有初步的认知。其次，书中通过构建综合指标体系对金融中心城市 2016 年的金融竞争力进行了定量评估，然后在此基础上采用经济地理学中的威尔逊模型（Wilson Model）进行金融辐射半径的测算，结论发现仅有 14 个金融中心城市具有相对较强的金融辐射能力，众多区域性金融中心城市的金融辐射能力较弱，我国华北、华东、中南以及西南地区形成了不同的金融辐射格局。

此外，本章还重点构建了传统金融集聚评价的综合指标体系，并采用因子分析法对 2007—2016 年各金融中心城市的传统金融集聚进行了定量评价。结果发现，金融集聚度受到规模因子和效率因子的共同影响，二者分别是金融集聚在"量"和"质"层面上的直接体现，规模因子得分较高的城市，其效率因子得分不一定高，规模因子得分较低的城市，其效率因子得分也不一定低。我国金融中心城市之间的金融集聚度差异较大，北京、上海和深圳三大国际性金融中心稳居前三位。在区域性金融中心中，广州以及成都、杭州等新一线城市的金融集聚度绝对领先，中西部以及东北地区的部分省会（或首府）城市则相对较低。另外，针对互联网金融业态而言，囿于数据获取的难度局限，书中主要采用北京大学互联网金融研究中心编制的北京大学互联网金融发展指数对各金融中心城市的互联网金融集聚情况进行反映，为后文的实证章节提供数据支撑。最后，书中还通过 DEA – Malmquist 指数法对各金融中心城市 2007—2016 年的全要素生产率变化情况进行了测算，并进行了具体项分解。我国 37 个金融中心城市 2007—2016 年的金融集聚度、物质资本存量以及全要素生产率的测算结果分别参见附录 2、附录 3 和附录 4，北京大学互联网金融发展指数的相关数据参见附录 5。

第五章
传统金融集聚对区域经济增长的
影响效应检验

第三章已经详细论述了传统金融集聚影响区域经济增长的理论机制和具体路径，以及互联网金融集聚对区域经济增长的影响机制，并且提出了相应的研究假说。本章写作的逻辑思路则是分别构建动态面板模型和空间计量模型，实证检验传统金融集聚对区域经济增长的动态效应影响和空间溢出效应，并且实证检验金融集聚对消费（主要指居民消费）和投资（主要指固定资产投资）的具体影响关系，从而验证前文中提出的研究假说。本章实证检验探讨的主要是传统金融集聚对区域经济增长、消费以及投资的影响关系，关于互联网金融集聚对区域经济增长的影响效应将在第六章进行实证检验。

第一节　传统金融集聚对区域经济
增长的动态效应影响

由于区域经济增长是个持续的动态变化过程，即经济增长较快的地区拥有相对较多的资源要素投入，具备相对较强的经济发展潜力，有利于该地区经济在未来较长时期内的持续增长。因此，区域经济增长具备一定的动态惯性特征，即其不仅会受到当期经济因素的影响，还和自身前期值的变化密切关联。

考虑到区域经济增长的动态延续性，本节基于我国 37 个金融中心城市 2007—2016 年的面板数据，通过构建动态面板数据模型（Dynamic Panel Data Model），运用系统广义矩估计（SYS – GMM）方法实证检验传统金融集聚对区域经济增长的动态效应影响。

一、 变量选取和数据来源

（一）变量选取

一般而言，衡量经济增长的指标包括 GDP 和人均 GDP。鉴于本书研究样本是我国 37 个金融中心城市，各样本城市之间的经济体量和城市规模差异较大，为了消除人口因素所引致的城市经济增长差异，书中选取人均地区生产总值（RGDP）衡量各城市的经济增长水平。另外，由于样本数据的时间跨度是2007—2016 年，为了消除价格因素的变动影响，书中通过生产总值指数把不同年份的名义 GDP 均折算成按 2007 年不变价衡量的实际 GDP。

核心解释变量是金融集聚度（Fagg）。第四章已经构建了综合指标体系，并通过因子分析法对金融集聚度进行了定量测算。由于因子分析法所得到的金融集聚度综合因子得分值存在负数，因此在后续的计量模型构建中对该变量取对数时，本书借鉴朱江丽和李子联（2015）[1] 的做法，对综合因子得分值进行了标准化和平移化处理[2]。

由于区域经济增长会受到经济运行过程中众多因素的综合影响，为了减少核心解释变量的遗漏变量偏误，书中还考虑了会对区域经济增长产生影响的相关控制变量，包括物质资本投入（K）、劳动力投入（Labor）、人力资本

---

① 朱江丽，李子联. 长三角城市群产业—人口—空间耦合协调发展研究 [J]. 中国人口·资源与环境，2015（2）：75 – 82.

② 某样本城市的金融集聚度为负值，表明其金融集聚度在所有样本城市中位于平均水平以下。标准化和平移化处理的具体方法如下：首先进行 Min – Max 标准化，然后将所有数据加 1，从而使得处理后的数据位于 [1，2] 区间。此种处理方法不会改变原始数据中的相对序列关系。

（Hum）、对外开放（Open）、政府干预（Gov）、研发能力（R&D）和产业协同集聚（Coagg）。各控制变量的具体含义分别如下：

（1）物质资本（K）和劳动力投入（Labor）。虽然人力资本、技术进步和产业升级等因素对经济增长的促进作用增强，但要素投入（如物质资本、劳动力等）仍然是经济增长的重要影响因素。其中，由于物质资本投入具有循环累积效应，因此根据第四章核算出的物质资本存量数据（见附录3），书中采用人均物质资本存量（元/人）反映样本城市的物质资本投入情况。另外，劳动力投入采用城镇单位就业人员、城镇私营企业和个体从业人员数之和占总人口比重来表示。

（2）人力资本（Hum）。较高的人力资本水平代表较高的劳动者素质、熟练的技术才能以及较强的技术吸收与转化能力，能够对地区经济增长产生重要影响。现有文献中学者们普遍采用人均受教育年限衡量地区的人力资本水平，不过相对于国家和省份层面而言，城市层面人口学历的详细统计数据难以从公开资料中直接获取。考虑到教育是人力资本的基石，教育支出能够反映各城市的人力资本投入情况，因此借鉴纪玉俊和李超（2015）[1]，本书采用人均教育支出（元/人）反映样本城市的人力资本水平。

（3）对外开放（Open）。我国的技术进步主要来源于自主研发和技术引进两个方面，其中技术引进主要通过外商直接投资（FDI）和进出口贸易的技术外溢途径实现（徐晔和宋晓薇，2016）[2]。那么，较高的对外开放程度能够对地区的技术进步和经济增长产生重要影响。本书采用货物进出口总额占地区GDP的比重（即外贸依存度）来表征样本城市的对外开放程度，这样可以消除城市之间的经济规模差异。其中，对于按美元计价的货物进出口总额数据，

---

① 纪玉俊，李超. 我国金融产业集聚与地区经济增长——基于225个城市面板数据的空间计量检验 [J]. 产业经济评论，2015（6）：35 – 46.

② 徐晔，宋晓薇. 金融资源错置会带来全要素生产率减损吗？[J]. 产业经济研究，2016（2）：51 – 61.

书中按照历年的人民币兑美元汇率年平均价进行折算。

（4）政府干预（Gov）。我国正处于"分税制"财政管理体制，地方政府在财政收支压力和政治晋升压力的双重迫使下，会直接或间接地对经济活动进行干预，从而会对金融资源配置和地区经济增长产生重要影响。财政支出规模反映的是地方政府对经济活动的支持程度，而财政支出结构体现的是地方政府的财政支持倾向。那么，财政支出对经济增长的影响可能是双向的，地方财政支出用于科学技术、教育支出的比重越大，越有利于技术创新和技术进步；而如果财政支出主要发生在行政管理费用等方面，则可能会由于资源配置的无效或低效而损害经济效率。因此，借鉴张浩然（2014）①，本书采用财政支出（扣除科学技术支出、教育支出）占地区 GDP 的比重反映地方政府对经济活动的干预程度。

（5）研发能力（R&D）。地区研发资源投入的多少会对技术创新和技术进步产生推动作用，也会对经济增长产生重要影响。由于城市层面的研发投入产出数据较为缺乏，借鉴余泳泽等（2013）②，本书选取科学研究、技术服务与地质勘察从业人员占城镇单位从业人员的比重作为城市研发能力的代理变量③。

（6）产业协同集聚（Coagg）。除了金融业集聚外，制造业和生产性服务业的协同集聚对于地区经济的影响作用也是毋庸置疑。因此，借鉴陈国亮和陈建军（2012）④，本书分别计算了制造业区位熵（LQ_{im}）和生产性服务业区位熵（LQ_{is}）⑤，然后基于区位熵指数的相对差异大小构建了制造业和生产性服务业

---

① 张浩然. 空间溢出视角下的金融集聚与城市经济绩效［J］. 财贸经济，2014（9）：51 - 61.

② 余泳泽，宣烨，沈扬扬. 金融集聚对工业效率提升的空间外溢效应［J］. 世界经济，2013（2）：93 - 116.

③ 余泳泽等（2013）指出，通过采用各省的科学研究、技术服务与地质勘查从业人员整体情况与其研发人员情况进行比对，发现科学研究、技术服务与地质勘查从业人员之间的区域性差异基本一致，从而采用科学研究、技术服务与地质勘查从业人员作为城市层面研发要素投入的代理变量，具有合理性。

④ 陈国亮，陈建军. 产业关联、空间地理与二三产业共同集聚［J］. 管理世界，2012（4）：82 - 100.

⑤ 借鉴杨仁发（2013），本书将生产性服务业的范畴界定为包括交通运输、仓储和邮政业，信息传输、计算机服务和软件业，金融业，租赁和商务服务业，科学研究、技术服务和地质勘查业。

的协同集聚指数（$Coagg_i$），以此作为样本城市产业协同集聚的代理变量。

$$LQ_{ij} = (q_{ij}/q_i)/(q_j/q) \qquad (5.1)$$

$$Coagg_i = 1 - \frac{|LQ_{im} - LQ_{is}|}{LQ_{im} + LQ_{is}} \qquad (5.2)$$

其中，q_{ij} 表示 i 城市 j 产业的从业人员数，q_j 表示全国 j 产业的从业人员数，q_i 表示 i 城市城镇单位从业人员数，q 表示全国城镇单位从业人员数。协同集聚指数 $Coagg_i$ 值越大，产业协同集聚程度越高，产业之间的协同性越显著。

（二）数据来源和变量描述性统计

鉴于数据的可获得性和完整性考虑，本章以我国 37 个金融中心城市作为研究样本，时间跨度为 2007—2016 年，相关指标变量的数据来源主要有 2008—2017 年《中国城市统计年鉴》、2008—2017 年《中国保险年鉴》、各城市以及所在省（自治区）统计年鉴、各城市国民经济和社会发展统计公报（2007—2016 年）以及 Wind 数据库。对于个别城市某年份数据的缺失，书中采用线性插值法予以补齐。各变量的描述性统计分析结果如表 5.1 所示。

表 5.1　　　　　　　　　变量的描述性统计分析结果

变量性质	变量名称（单位）	观测数	均值	标准差	最小值	最大值
被解释变量	区域经济增长（RGDP，取对数）	370	10.85	0.45	9.68	11.85
解释变量	金融集聚度（Fagg，取对数）	370	0.13	0.14	0.00	0.69
控制变量	物质资本投入（K，取对数）	370	11.92	0.51	10.47	13.04
	劳动力投入（Labor）	370	0.36	0.14	0.12	0.90
	人力资本（Hum，取对数）	370	7.06	0.52	5.69	8.32
	对外开放（Open）	370	0.49	0.55	0.03	3.22
	政府干预（Gov）	370	0.11	0.03	0.05	0.22
	研发能力（R&D）	370	0.03	0.01	0.00	0.09
	产业协同集聚（Coagg）	370	0.75	0.18	0.26	1.00

数据来源：根据 Stata14.0 软件结果整理。

表 5.1 中的描述性统计结果显示，RGDP 的标准差明显小于均值，表明区域经济增长变量在样本期间的变化趋势相对平稳。金融集聚度由于采用因

子分析法进行测度，其最小值为负数，书中先对其进行了标准化和平移化处理，然后取自然对数，最终使数据的标准差和均值较为接近。控制变量中，除了对外开放的标准差略大于均值外，其他变量的标准差均明显小于所对应的均值。总体而言，各变量数据的变化较为平稳，不存在明显的异常波动情况。

二、　模型构建和估计方法

（一）计量模型构建

前文已述，区域经济增长不仅受到当期经济因素的影响，可能还和自身前期值的变化存在内在关联，会表现出一定的动态惯性特征。因此，书中将被解释变量（RGDP）的一阶滞后项引入计量模型中，通过构建动态面板数据模型实证检验传统金融集聚对区域经济增长的动态效应影响。另外，正如第三章中的研究假说 4 所言，金融集聚对区域经济增长的影响可能是集聚效应和拥挤效应共同作用的结果，集聚效应表现为金融集聚能够通过降低融资成本、激励产品创新和提高资源利用效率等机制对区域经济增长产生正向促进作用，而拥挤效应则表现为金融过度集聚会给企业投资带来明显的"挤出"效应，对区域经济增长产生抑制作用。这表明，金融集聚对区域经济增长的影响会随着集聚程度的高低变化而表现为正反两个不同的方向，二者之间存在的并非是简单的线性函数关系，而可能会表现出二次非线性关系。因此，借鉴杨仁发（2013）[①]和鹿坪（2017）[②]，书中还将金融集聚度（Fagg）变量的二次项引入计量模型中。动态面板数据模型的最终形式设定如下：

---

① 杨仁发. 产业集聚与地区工资差距——基于我国 269 个城市的实证研究 ［J］. 管理世界，2013（8）：41 - 52.

② 鹿坪. 产业集聚能提高地区全要素生产率吗？——基于空间计量的实证分析 ［J］. 上海经济研究，2017（7）：60 - 68.

$$\ln RGDP_{it} = \alpha + \phi_1 \ln Fagg_{it} + \phi_2 (\ln Fagg_{it})^2 + \beta_0 \ln RGDP_{it-1} +$$

$$\beta_1 \ln K_{it} + \beta_2 Labor_{it} + \beta_3 \ln Hum_{it} + \beta_4 Open_{it} + \beta_5 Gov_{it} +$$

$$\beta_6 (R\&D)_{it} + \beta_7 Coagg_{it} + \mu_i + \varepsilon_{it}$$

$$(5.3)$$

其中，μ_i 为跨截面变化的个体效应，ϕ_1、ϕ_2、β_0 以及 $\beta_1 \sim \beta_7$ 均为待估参数，ε_{it} 为随机误差项，服从分布 $N(0, \sigma_{it}^2)$。为了减弱样本数据可能存在的异方差影响，书中在回归分析过程中对非比率类的指标变量均进行了取自然对数处理。

（二）估计方法介绍

在动态面板数据模型的回归估计中，通常包括 Arellano and Bond（1991）[1] 提出的差分广义矩估计（DIF - GMM）、Arellano and Bover（1995）[2] 提出的水平广义矩估计（Level GMM）和 Blundell and Bond（1998）[3] 提出的系统广义矩估计（SYS - GMM）三种方法，其中 DIF - GMM 和 SYS - GMM 较为常用。不过，由于 DIF - GMM 只对差分方程进行估计，可能存在弱工具变量和样本信息量损失等问题，而 SYS - GMM 对包含原始变量的水平方程和一阶差分方程同时进行估计，具有强工具变量特性，能够有效地解决动态面板数据模型中可能存在的内生性和异方差问题（何光辉和杨咸月，2012）[4]，而且还可以估计不随时间变化的变量参数，因此采用 SYS - GMM 方法进行动态面板数据模型的参数估计相对更有效率（陈强，2014）[5]。

① Arellano M，Bond S. Some Tests of Specification for Panel Data：Monte Carlo Evidence and an Application to Employment Equations ［J］. Review of Economic Studies，1991，58（2）：277 - 298.

② Arellano M，Bover O. Another Look at the Instrumental Variable Estimation of Error Components Models ［J］. Journal of Econometrics，1995，68（1）：29 - 51.

③ Blundell R，Bond S. Initial Conditions and Moment Restrictions in Dynamic Panel Data Models ［J］. Journal of Econometrics，1998，87（1）：115 - 143.

④ 何光辉，杨咸月. 融资约束对企业生产率的影响——基于系统 GMM 方法的国企与民企差异检验 ［J］. 数量经济技术经济研究，2012（5）：19 - 35.

⑤ 陈强. 高级计量经济学及 Stata 应用（第二版）［M］. 北京：高等教育出版社，2014.

不过，在 SYS – GMM 方法中，存在工具变量的选择是否有效和动态面板数据模型的设定是否适当的问题。考虑到 SYS – GMM 估计量的一致性依赖工具变量的联合有效性以及扰动性不存在自相关的假定，因此书中在采用 SYS – GMM 方法进行参数估计时，还进行了如下两个方面的假设检验：一是过度识别检验（Sargan 检验），即运用 Sargan 过度识别方法来检验工具变量的有效性，其零假设为工具变量联合有效（即无过度识别），渐进服从卡方分布。二是扰动项无自相关检验（AR 检验），即通过检验扰动项的差分是否存在一阶与二阶自相关来检验扰动项无自相关的零假设，其理想情形是扰动项的差分存在一阶自相关，而不存在二阶及更高阶自相关。如果扰动项的差分存在二阶序列相关，工具变量则必须取滞后三阶或更高阶才有效；以此类推（Brown and Petesen，2009）[1]。

三、 实证结果分析

（一） 全样本实证分析

书中首先采用传统估计方法对计量模型进行回归分析，即不考虑个体异质性的混合 OLS 估计（Pooled OLS）和考虑个体异质性的面板模型固定效应（Fixed – Effects，FE）估计，然后进行系统广义矩估计（SYS – GMM），不同估计方法的回归结果之间能够形成对比分析。虽然混合 OLS 和固定效应的估计结果都是有偏误的，但是其关于被解释变量滞后项的估计系数通常是真实值的上界和下界，如果被解释变量滞后项的 SYS – GMM 估计值介于二者之间，这便可以成为判断 SYS – GMM 估计结果可靠有效的经验准则（饶华春，2009）[2]。

全样本城市的具体回归结果如表 5.2 所示。

---

① Brown J R, Petersen B C. Why Has the Investment – Cash Flow Sensitivity Declined So Sharply? Rising R&D and Equity Market Development [J]. Journal of Banking and Finance, 2009, 33（5）：971 – 984.

② 饶华春. 中国金融发展和企业融资约束的缓解——基于系统广义矩估计的动态面板数据分析 [J]. 金融研究, 2009（9）：156 – 164.

表 5.2　　传统金融集聚和区域经济增长的动态面板模型回归结果

	全样本			L-L 子样本
	POLS （模型 1）	FE （模型 2）	SYS-GMM （模型 3）	SYS-GMM （模型 4）
lnRGDP L1.	0.8764 *** （36.85）	0.4811 *** （10.77）	0.5696 *** （24.79）	0.4820 *** （15.50）
lnFagg	0.1841 ** （2.23）	−0.4603 （−1.28）	−0.3188 *** （−4.66）	1.6388 * （1.74）
$(lnFagg)^2$	−0.2195 * （−1.83）	−0.2334 （−0.37）	−0.0222 （−0.18）	−10.7084 * （−1.81）
lnK	0.0599 *** （3.40）	0.2148 *** （6.92）	0.2235 *** （18.52）	0.2777 *** （9.14）
Labor	0.0126 （0.40）	0.0761 （1.49）	0.1524 *** （8.95）	0.0386 （1.08）
lnHum	0.0132 （0.98）	0.0681 *** （3.42）	0.0188 ** （2.26）	0.0212 * （1.71）
Open	0.0138 （1.51）	0.0224 （1.05）	0.0983 *** （12.01）	0.1260 *** （6.56）
Gov	−0.3592 ** （−2.58）	0.1534 （0.71）	−0.1431 （−1.41）	−0.3428 * （−1.71）
R&D	0.0669 （0.25）	0.4644 （0.75）	−0.2332 （−1.36）	0.5781 （0.70）
Coagg	0.0434 ** （2.34）	−0.0037 （−0.12）	0.0500 *** （5.50）	0.0953 *** （3.13）
Cons	0.5845 *** （5.70）	2.6311 *** （11.45）	1.8570 *** （15.02）	2.1026 *** （27.02）
R^2	0.9864	0.9681		
Prob（F-sta.）	0.0000	0.0000		
Sargan			0.5553	0.7901
AR（1）			0.0201	0.0148
AR（2）			0.4133	0.2027

注：***、**、*分别表示在 1%、5% 和 10% 的显著性水平下显著，括号中的数字为各系数的 t 统计量值或 z 统计量值，AR（1）、AR（2）和 Sargan 分别给出的是其各自检验统计量所对应的概率 p 值，SYS-GMM 表示系统广义矩两步估计法（Two-step）的回归结果。Hausman 检验结果的概率 p 值为 0.0000，从而可以选择固定效应模型的估计结果。由于 H-L 子样本组中的样本量较少，在进行 SYS-GMM 估计时由于个别变量的估计系数较小，回归过程中被计量软件（Stata14.0）自动舍弃，导致无法给出 AR 检验和 Sargan 检验的结果，从而本表不对其回归分析。

对于被解释变量的滞后项系数而言，混合 OLS 估计通常会严重高估其真实值，而固定效应估计一般会明显低估其真实值，这种经验判断得到了学术界的研究论证。表 5.2 中混合 OLS（模型 1）和固定效应（模型 2）的回归结果确实如此，被解释变量一阶滞后项的 POLS 估计系数达到 0.8764，且高度显著，而其固定效应估计系数却仅为 0.4811。另外，核心解释变量 Fagg 的 POLS 估计系数显著为正，而其固定效应估计系数却负向不显著，而且各控制变量的估计结果也差异明显。这表明，在动态面板数据模型中，传统估计方法（混合 OLS 和固定效应）所得到的估计值是有偏误和不一致的。

表 5.2 中的 SYS - GMM（模型 3）估计结果显示，AR（1）和 AR（2）检验的概率 p 值分别为 0.0201 和 0.4133，这表明扰动项的一阶差分项存在一阶自相关，而不存在二阶自相关，不能拒绝扰动项无自相关的零假设，书中设定的动态面板数据模型是合理的。另外，Sargan 检验的概率 p 值达到 0.5553，无法拒绝工具变量联合有效的零假设。因此，模型 3 的 SYS - GMM 估计结果是稳健可靠的。从具体的回归系数来看，RGDP 的一阶滞后项系数显著为正，这表明区域经济增长的确具有明显的动态惯性特征。金融集聚度的估计系数显著为负，这表明金融中心城市的金融集聚对于区域经济增长整体上表现出显著的负向影响。金融集聚度平方项的系数负向不显著，这表明金融集聚和区域经济增长之间可能呈现倒 U 形关系，不过不明显。控制变量中，物质资本投入、劳动力投入、人力资本和对外开放均会对区域经济增长带来显著的促进作用；而政府干预和研发能力对于区域经济增长具有一定的负向影响，不过不显著，这可以解释为金融中心城市的地方政府过度干预以及当前的研发资源投入和转化并没有发挥出对区域经济增长的促进带动作用。另外，产业协同集聚的估计系数显著为正，表明产业之间的协同集聚会对区域经济增长带来明显的正向影响。

（二）子样本分组实证分析

上述 SYS - GMM（模型 3）的估计结果显示，金融集聚和区域经济增长之间可能呈现一定程度的倒 U 形非线性关系，表明不同程度的金融集聚对区域经济增长的影响可能有所不同，高水平金融集聚和低水平金融集聚对区域经济增长的影响或许存在差异。

从现实情况来看，我国的金融资源分布在空间层面上具有较大的不平衡性，样本城市之间的金融集聚度差异明显。整体而言，东部地区中心城市的金融资源集聚程度要明显地高于中西部地区，而且中部地区的金融资源集聚程度也要相对地高于西部地区。不过，为了能够进一步探讨不同程度金融集聚对区域经济增长的动态效应影响差异，本书并没有采用大多数文献中的常规做法，即将总体研究样本按照地区分布划分成东部、中部和西部三个子样本组，而是根据各样本城市 2007—2016 年金融集聚综合因子得分的平均值大小，将总体研究样本划分为高水平集聚（Higher‒Level，H‒L）和低水平集聚（Lower‒Level，L‒L）两个子样本组，然后进行子样本分组回归分析。其中，高水平集聚（H‒L）子样本组的金融集聚度位于所有样本城市的平均水平之上，包括北京、上海、深圳、广州、天津、南京、苏州、杭州、重庆和成都 10 个金融中心城市，低水平集聚（L‒L）子样本组的金融集聚度则位于所有样本城市的平均水平之下，包括其余 27 个金融中心城市。

子样本分组回归分析的实证结果如表 5.2 所示。由于 H‒L 子样本组只有 10 个样本城市，样本量较小使其难以满足 SYS‒GMM 方法的检验条件。本书退而求其次，表 5.2 中未对 H‒L 子样本组进行回归分析，而是报告了 L‒L 子样本组的 SYS‒GMM 估计结果（模型 4）。可以看出，在剔除了 10 个金融集聚度较高的样本城市之后，低水平集聚样本组的估计结果和全样本存在着明显的不同。L‒L 子样本组的估计结果显示，Sargan 检验的概率 p 值为 0.7901，能够验证工具变量联合有效的假设，而且 AR（1）和 AR（2）检验的概率 p 值分别为 0.0148 和 0.2027，能够验证扰动项无自相关的假设，因此模型 4 的回归结果较为可靠。从具体回归系数来看，RGDP 的一阶滞后项系数值显著为正，表明区域经济增长具有明显的动态惯性特征。金融集聚度的系数为正值，金融集聚度平方项的系数为负值，而且均在 10% 的显著性水平下显著，这表明低水平集聚样本组的金融集聚度和区域经济增长之间呈现明显的倒 U 形关系，较低程度的金融集聚能够对当地的区域经济增长带来明显的正向促进作用。然而，当包含高水平集聚样本组后，全样本城市的金融集聚却会给区域经济增长带来显著的负向影响，这表明由于样本城市之间的金融资源差异明显，部分城市的金融集聚度过高，可能会由于资源利用效率低下等原因而抑制当地的经济增长。控制变量中，物质资本投入、对外开放和产业协同集聚依然会给区域经济增长带来明显的正向促进影响，其他控制变量的回归结果相对不显著。

四、 本节小结

本节基于 2007—2016 年我国 37 个金融中心城市的面板数据，通过构建动态面板数据模型和采用 SYS－GMM 方法实证检验了传统金融集聚对区域经济增长的动态效应影响。结论发现：（1） RGDP 的一阶滞后项系数显著为正，这表明区域经济增长会受到自身前期值的显著影响，表现出明显的动态惯性特征。（2） 全样本城市的金融集聚度会对区域经济增长带来明显的负向影响，二者之间的倒 U 形关系不显著。（3） 子样本组的回归结果存在差异，当一个地区的金融集聚度相对较低时，金融集聚能够对当地的经济增长带来明显的促进作用，而当金融集聚度较高时却会对当地的经济增长带来一定程度的负面影响。低水平集聚样本组的金融集聚与区域经济增长之间表现出明显的倒 U 形非线性关系。（4） 物质资本投入、人力资本、对外开放以及产业协同集聚能够明显有利于区域经济增长，而地方政府干预会在一定程度上不利于区域经济增长。

第二节　传统金融集聚对区域经济
增长的空间溢出效应

前文已述，早期的以马歇尔（Alfred Marshall）为代表的新古典经济学派在分析经济增长问题时，主要基于规模报酬不变和完全竞争市场的假设。随着新经济地理学于 20 世纪 90 年代的兴起，以保罗·克鲁格曼（Paul Krugman）和藤田昌久（Fujita Masahisa）为代表的新经济地理学派开始接受规模报酬递增和不完全竞争的假设，并将地理空间因素引入经济学研究之中。随后，以戴维·J. 波蒂厄斯（David J Porteous）和奈杰尔·施瑞福特（Nigel Thrift）为代表的金融地理学家均认为地理区位因素仍然是当前金融业发展过程中的重要因素，纷纷将地理区位、空间距离等因素纳入金融学研究的分析框架中，并对金融业集聚现象进行了大量的研究探讨。因此，在借鉴以往学者研究成果的基础上，本节基于 37 个金融中心城市 2007—2016 年的面板数据，通过构建空间计量模型实证检验金融中心城市的金融集聚现象对区域经济增长的空间溢出效应影响。

一、 空间计量模型和空间权重矩阵

（一）空间计量模型的构建

空间计量模型主要用来探讨变量之间的空间特征和空间影响关系，解决的是回归模型中的空间依存性和空间相互作用问题。空间计量经济学的基本理论认为，一个地理单元的某一经济属性值在空间层面上与相邻地区的属性值是相关的，几乎所有的空间数据都存在着与时间序列自相关（Time Series Autocorrelation）相对应的空间相关性，具有空间依赖性（Spatial Dependence）或空间自相关（Spatial Autocorrelation）的特性（Anselin，1988）[①]。

空间滞后模型和空间误差模型是空间计量模型的两种基本类型。其中，空间滞后模型（Spatial Lag Model，SLM），也可以称为空间自回归模型（Spatial Autoregressive Model，SAR），主要是通过在经典计量模型中加入被解释变量的空间滞后项来进行建模，该模型的思想内涵是空间邻近地区的被解释变量会对

---

① Anselin L. Spatial Econometrics：Methods and Models［M］. Dordrecht：Kluwer Academic Publishers，1988.

本地区的被解释变量产生影响。不过，空间依赖性还可以通过误差项体现，即空间误差模型（Spatial Errors Model，SEM），其思想内涵是不可观测的随机扰动项存在着空间自相关的特性，或者理解为对被解释变量存在影响关系的遗漏变量存在空间自相关的特性。另外，空间杜宾模型（Spatial Durbin Model，SDM）也是较为常用的空间计量模型形式，其将解释变量的空间滞后项引入计量模型之中，认为空间邻近地区的解释变量会对本地区的被解释变量带来显著影响。

空间滞后模型（SLM）的基本表达式为

$$Y = \rho Wy + X\beta + \varepsilon, \varepsilon \sim N(0, \sigma^2 I_n) \tag{5.4}$$

空间误差模型（SEM）的基本表达式为

$$Y = X\beta + \mu \tag{5.5}$$

$$\mu = \lambda W\mu + \varepsilon, \varepsilon \sim N(0, \sigma^2 I_n) \tag{5.6}$$

空间杜宾模型（SDM）的基本表达式为

$$Y = \rho Wy + X\beta + WX\delta + \varepsilon, \varepsilon \sim N(0, \sigma^2 I_n) \tag{5.7}$$

其中，ρ、λ 和 δ 分别为空间滞后系数、空间误差系数和解释变量空间滞后项（WX）的系数。W 为 $n \times n$ 阶的空间权重矩阵，Y 为被解释变量（n 维列向量），X 为 $n \times k$ 阶的解释变量矩阵，β 为参数向量，ε 为服从正态分布的误差项向量。

针对不同的模型形式，如何进行取舍，通常需要进行两个方面的考虑：一是从理论层面上分析所研究问题中的被解释变量是与其自身滞后项、自变量滞后项还是误差项滞后项存在影响关系。二是借助于统计检验，即根据 Anselin et al.（2004）[①] 提出的经验判别准则，通过比较两个拉格朗日乘数值（LMLAG 和 LMERR）及其稳健形式（R – LMLAG 和 R – LMERR）的显著性进行选择。如果 LMLAG 相比于 LMERR 更统计显著，且 R – LMLAG 显著的同时 R –

---

① Anselin L，Florax R，Rey S. Advanced in Spatial Econometrics：Methodology，Tools and Applications [M]．Berlin：Springer – Verlag，2004.

LMERR 不显著，则空间滞后模型更为合适；反之，则空间误差模型更为合适。不过，也有学者认为 SLM 更容易对经济增长问题带来经济意义上的解释，因此只要其 LM 检验的统计量显著，即使显著性不如 SEM，那么选择 SLM 也能具有说服力（季民河等，2011）[①]。此外，还有学者同时对 SLM、SEM 以及 SDM 进行回归估计，并对比分析估计结果。

不过，与 SLM、SEM 相比，SDM 更加具有普遍适用性。由于 SDM 可以同时考察邻近地区的解释变量和被解释变量对本地区被解释变量产生的影响关系，因此被广泛应用于空间溢出效应的问题研究中。因此，书中主要通过构建空间杜宾模型来实证检验传统金融集聚对区域经济增长的空间溢出效应影响。根据第三章中的理论分析，金融集聚对区域经济增长的影响可能会由于集聚效应和拥挤效应的共同作用而表现出非线性的关系特征。因此，书中将金融集聚度（Fagg）变量的二次项引入计量模型中，从而 SDM 的具体形式设定如下：

$$\ln RGDP_{it} = \alpha + \rho \sum_{j=1}^{N} W_{ij} \ln RGDP_{it} + \delta \sum_{j=1}^{N} W_{ij} \ln Fagg_{it} + \beta_1 \ln Fagg_{it} +$$

$$\beta_2 (\ln Fagg_{it})^2 + \theta_1 \ln K_{it} + \theta_2 Labor_{it} + \theta_3 \ln Hum_{it} + \theta_4 Open_{it} +$$

$$\theta_5 Gov_{it} + \theta_6 (R\&D)_{it} + \theta_7 Coagg_{it} + \mu_i + \varepsilon_{it}, \varepsilon_{it} \sim N(0, \sigma_{it}^2)$$

$$(5.8)$$

其中，ρ 为空间滞后系数，δ 为金融集聚度空间滞后项的系数。μ_i 为跨截面变化的个体效应，ε_{it} 为随机误差项，β_1、β_2、$\theta_1 \sim \theta_7$ 均为待估参数，W_{ij} 为 37×37 阶形式的空间权重矩阵。为了减弱样本数据可能存在的异方差影响，书中在后续的回归分析过程中，对非比率类的指标变量均进行了取自然对数处理。

（二）空间权重矩阵的设定

进行空间计量分析的首要前提是要度量研究样本之间的空间距离（Spatial

---

① 季民河，武占云，姜磊. 空间面板数据模型设定问题分析 [J]. 统计与信息论坛，2011（6）：3 – 9.

Distance）。记空间数据为 $\{x_i\}_{i=1}^n$ ，下标 i 表示区域 i。记区域 i、j 之间的"距离"为 w_{ij} ，则空间权重矩阵（Spatial Weighting Matrix）可以定义为

$$W = \begin{bmatrix} w_{11} & \Lambda & w_{1n} \\ \mathbf{M} & \mathbf{O} & \mathbf{M} \\ w_{n1} & \Lambda & w_{nn} \end{bmatrix} \qquad (5.9)$$

空间权重矩阵 W 的设定和引入是空间计量模型和一般计量模型的最大区别。由于空间权重矩阵中的元素 w_{ij} 用来度量区域 i、j 之间的邻接关系或空间距离，W 的合理设定是空间计量模型能够得到可靠性估计结果的前提。常用的设定方法包括邻接权重矩阵（Contiguity Weighting Matrix）、距离权重矩阵（Distance Weighting Matrix）和经济权重矩阵（Economic Weighting Matrix）。邻接权重矩阵在空间计量模型中应用最早，通常设定为基于地理邻接关系的 0 - 1 权重矩阵。当然，也可以采用区域间的地理距离定义相邻关系，可以设定为基于地理距离的 0 - 1 权重矩阵。距离权重矩阵的设定思想是空间效应的强度取决于地理距离的远近，即区域之间的空间距离越近则空间效应越强，主要的设定形式包括地理距离的倒数、地理距离平方的倒数和负指数衰减形式的地理距离权重矩阵。经济权重矩阵的设定方法通常是某项经济指标（如人均实际 GDP）在地区之间差额绝对值的倒数。

考虑到本书的研究样本是 37 个金融中心城市，样本城市的类型包括直辖市、省会（或首府）城市、计划单列市以及苏州、温州两个地级市，样本城市之间基本不相邻。因此，书中采用基于城市之间地理距离的空间权重矩阵来代替基于地理邻接关系的 0 - 1 权重矩阵。考虑到溢出效应通常会随着地理距离的增加而衰减，因此书中选择文献中普遍采用的基于地理距离的 0 - 1 权重矩阵和地理距离倒数形式的权重矩阵。两种形式的空间权重矩阵分别设定如下：

$$W_{ij} = \begin{cases} 1, & \text{当 } d_{ij} \leq d; \\ 0, & \text{当 } d_{ij} > d。 \end{cases} \qquad (5.10)$$

$$W_{ij} = \begin{cases} 1/d_{ij}, & \text{当 } i \neq j; \\ 0, & \text{当 } i = j。 \end{cases} \tag{5.11}$$

其中，d 为距离阈值，本书根据 GeoDa1.12 软件提供的默认最小值（弧度距离，Arc Distance）来设定。d_{ij} 为样本城市 i、j 之间的地理距离，本书根据各城市的经纬度数据计算得出。其中，经纬度数据来自国家基础地理信息系统（NF-GIS）提供的一比四百万 SHP 格式图层，本书通过 ArcGIS10.6（ArcMap）软件提取而得。另外，在后续的计量模型回归估计中，为了简化模型和使估计结果易于理解，本书对空间权重矩阵均进行了"行标准化"处理，从而使行标准化后权重矩阵的每行元素之和均为 1，主对角线元素均为 0。

二、空间相关性分析

样本数据是否存在空间相关性，是能否使用空间计量实证方法的前提。空间自相关，也称空间依赖性，可以理解为邻近地理单元具有较为相似的变量取值，包括两种类型：正空间自相关（Positive Spatial Autocorrelation），即高值与高值邻近，低值与低值邻近；负空间自相关（Negative Spatial Autocorrelation），即高值与低值邻近。一般而言，空间相关性包括全局和局部两个层面，既要进行全局空间自相关检验，也要进行局部空间相关性分析。以往研究中，空间相关性的检验方法主要包括莫兰指数 I（Moran's I）、吉尔里指数 C（Geary's C）和 Getis - Ord 指数（G）等。其中，Moran's I 最为常用，具体可以分为全局莫兰指数（Global Moran's I）和局部莫兰指数（Local Moran's I），其表达式分别如下：

$$I = \frac{\sum_{i=1}^{n}\sum_{j=1}^{n} w_{ij}(x_i - \bar{x})(x_j - \bar{x})}{S^2 \sum_{i=1}^{n}\sum_{j=1}^{n} w_{ij}} = \frac{\sum_{i=1}^{n}\sum_{j=1}^{n} w_{ij}(x_i - \bar{x})(x_j - \bar{x})}{\sum_{i=1}^{n}(x_i - \bar{x})^2} \tag{5.12}$$

$$I_i = \frac{(x_i - \bar{x})}{S^2} \sum_{j=1}^{n} w_{ij}(x_j - \bar{x}) \tag{5.13}$$

其中, $S^2 = \dfrac{1}{n} \sum\limits_{i=1}^{n} (x_i - \bar{x})^2$ 为样本方差, $\sum\limits_{i=1}^{n} \sum\limits_{j=1}^{n} w_{ij} = n$。

通常来说, Moran's I 取值介于 -1 和 1 之间, 若正值取值越大, 则正空间相关性越明显; 若负值取值越小, 则负空间相关性越明显; 若接近于 0, 则不存在空间相关性。不过严格而言, 需要对莫兰指数 I 进行统计检验。在不存在空间自相关的零假设之下, 标准化后的莫兰指数 I 服从如 (5.14) 式所示的标准正态分布。若 Z 值正向显著, 则存在正空间相关性; 若 Z 值负向显著, 则存在负空间相关性; 若 Z 值趋近于 0, 则不存在空间相关性。

$$Z \equiv \frac{I - E(I)}{\sqrt{VAR(I)}} \xrightarrow{d} N(0,1) \tag{5.14}$$

另外, 也可以使用莫兰散点图 (Moran Scatterplot) 观察经济变量的空间自相关特性。其中, Moran's I 表示的是经济变量观测值与其空间滞后项 (Spatial Lag) 的相关系数, 可以将全局莫兰指数视为莫兰散点图中拟合线的斜率 (陈强, 2014)[①]。以经济变量观测值和其空间滞后项分别作为横、纵坐标, 所绘制的莫兰散点图简化形式如下:

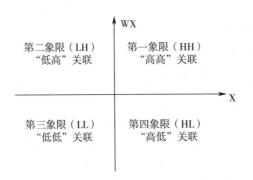

图 5.1　莫兰散点图的简化示意

(资料来源: 作者绘制)

---

① 陈强. 高级计量经济学及 Stata 应用 (第二版) [M]. 北京: 高等教育出版社, 2014.

为了能够进行后续的空间计量模型实证分析，书中首先通过全局 Moran's I 来对 RGDP 进行全局空间自相关检验，然后借助莫兰散点图进行局部空间相关性分析，共同验证经济增长变量在地理空间维度上的自相关特性。

（一）全局空间自相关检验

本书依据地理距离空间权重矩阵①，采用全局 Moran's I 来检验各样本城市经济增长（RGDP）的空间自相关性。检验结果（见表5.3）显示，2007—2016 各年度的 Moran's I 均能够在 5% 的显著性水平下显著，部分年度的 Moran's I 甚至能够通过 1% 的显著性水平检验。这表明，各金融中心城市的经济增长变量在空间维度上并不是随机分布，而是整体上表现出正向的空间自相关特性，呈现"高高"（HH）关联和"低低"（LL）关联，即经济增长水平较高的地区在地理位置上趋于集中，经济增长水平相对较低的地区之间则是相互邻近。

表5.3　　　　　　　　金融中心城市 RGDP 的 Moran's I 检验

年份	Moran's I	Z 值	年份	Moran's I	Z 值
2016	0.0712 **	2.4361	2011	0.0892 ***	2.9149
2015	0.0955 ***	3.0466	2010	0.0886 ***	2.9117
2014	0.0962 ***	3.0778	2009	0.0825 ***	2.7404
2013	0.0762 **	2.5995	2008	0.0821 ***	2.7487
2012	0.0837 ***	2.7809	2007	0.0725 **	2.5332

数据来源：根据 GeoDa1.12 软件的检验结果整理。

注：*** 、** 、*分别表示在1%、5%和10%的显著性水平下显著，随机检验采用999permutations。

---

① 距离阈值用 GeoDa1.12 软件中默认的最小值。由于在地球球面转换为地图平面的过程中，在距离较远时无法保持平面与球面之间在距离上完全一致，因而直接采用欧式距离（Euclidean Distance）会产生距离变形（张浩然，2014），所以本书的地理距离度量采用弧度距离（Arc Distance）。

（二）局部空间相关性分析

为了进一步考察各金融中心城市经济增长的局部空间特征，本书还进行了局部空间相关性分析。受篇幅所限，本书仅以2011年和2016年RGDP的莫兰指数散点图（见图5.2）为例，分析说明样本城市的局部空间相关特征。

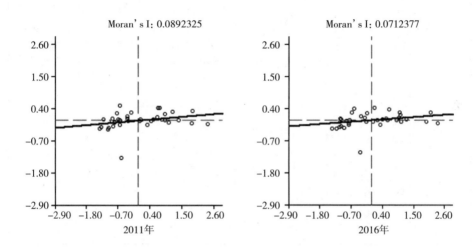

图5.2　金融中心城市 RGDP 的 Moran's I 散点图（2011 年和 2016 年）

（资料来源：GeoDa1.12 软件绘制）

由 2011 年和 2016 年 RGDP 的 Moran's I 散点图来看，大多数金融中心城市分布在第一象限（HH）和第三象限（LL），即多数城市的经济增长水平呈现"高—高"型或者"低—低"型集聚特征，正向空间自相关特征表现得较为明显。第二象限（LH）和第四象限（HL）的样本城市相对较少。以2016年散点图为例，只有天津、济南等5个城市位于第四象限，呈现"高—低"型离散特征，表明其自身的经济增长水平较高，而周边城市的经济增长水平却相对较低。另外，有长春、哈尔滨等9个城市位于第二象限，呈现"低—高"型离散特征，表明其自身的经济增长水平不高，而周边城市的经济增长水平却相对较高。

表 5.4　　金融中心城市 RGDP 的 Moran's I 散点图象限分布情况

年份	空间集聚		空间离散		跨象限
	第一象限（HH）	第三象限（LL）	第二象限（LH）	第四象限（HL）	
2016	上海、南京、苏州、杭州、宁波、北京、大连、沈阳、呼和浩特、厦门、长沙	成都、贵阳、昆明、南宁、海口、南昌、石家庄、兰州、西宁、银川、乌鲁木齐	长春、哈尔滨、太原、合肥、温州、西安、重庆、郑州、福州	天津、济南、武汉、广州、深圳	青岛（第一、第四象限）
2011	上海、南京、苏州、杭州、宁波、大连、沈阳、呼和浩特、长沙、青岛	成都、贵阳、昆明、南宁、海口、南昌、石家庄、兰州、西宁、银川、乌鲁木齐	长春、哈尔滨、太原、合肥、温州、西安、重庆、郑州、福州	天津、济南、武汉、广州、深圳、厦门	北京（第一、第四象限）

资料来源：根据 Moran's I 散点图的检验结果整理。

三、 实证结果分析

（一）全样本实证分析

书中以地理距离倒数形式的空间权重矩阵为例，进行估计结果分析，将基于地理距离的 0－1 空间权重矩阵形式下的回归结果作为稳健性检验。由于空间面板模型包括个体固定效应和个体随机效应，书中采用 Hausman 检验进行选择。另外，为了验证金融集聚度（Fagg）对区域经济增长（RGDP）影响关系的稳定性，本书在估计过程中采用逐步引入控制变量的方式进行回归分析，从而观察随着控制变量的逐渐引入，核心解释变量的系数和显著性变化情况。

具体的回归结果如表 5.5 所示。

表 5.5　　　传统金融集聚和区域经济增长的空间计量模型回归结果

	空间杜宾模型（SDM）——地理距离倒数空间权重矩阵						
	模型 1	模型 2	模型 3	模型 4	模型 5	模型 6	模型 7
lnFagg	−0.2695 （−0.68）	−0.2794 （−0.70）	−0.2807 （−0.74）	−0.3342 （−0.90）	−0.3571 （−0.97）	−0.3521 （−0.95）	−0.3199 （−0.85）
$(lnFagg)^2$	0.4807 （0.81）	0.4903 （0.83）	0.3621 （0.64）	0.1936 （0.34）	0.1931 （0.34）	0.1667 （0.29）	0.1291 （0.22）
lnK	0.4573*** （15.92）	0.4574*** （15.92）	0.3903*** （13.23）	0.3753*** （12.77）	0.3746*** （12.78）	0.3734*** （12.53）	0.3754*** （12.43）
Labor		0.0104 （0.19）	−0.0308 （−0.59）	0.0167 （0.32）	0.0236 （0.44）	0.0262 （0.48）	0.0268 （0.49）
lnHum			0.1351*** （6.23）	0.1315*** （6.16）	0.1307*** （6.14）	0.1312*** （6.13）	0.1303*** （6.04）
Open				0.0711*** （3.33）	0.0717*** （3.37）	0.0726*** （3.35）	0.0724*** （3.34）
Gov					0.2961 （1.26）	0.2989 （1.27）	0.2872 （1.21）
R&D						0.1473 （0.22）	0.1860 （0.28）
Coagg							0.0140 （0.42）
W − lnFagg	0.4344 （0.48）	0.4574 （0.51）	0.5270 （0.61）	0.3332 （0.31）	0.0976 （0.09）	0.4134 （0.39）	0.2860 （0.28）
Cons	2.6254*** （8.15）	2.6445*** （7.84）	3.6447*** （10.19）	3.6422*** （10.30）	3.8066*** （10.13）	3.8099*** （10.13）	3.7689*** （9.69）
ρ	0.2507*** （4.92）	0.2484*** （4.73）	0.1433*** （2.70）	0.1737*** （3.28）	0.1583*** （2.92）	0.1583*** （2.92）	0.1584*** （2.92）
Hausman	−12.27	−12.22	−11.48	−11.31	−10.46	−10.22	−15.38
Log − L	448.14	448.16	466.63	472.08	472.87	472.89	472.98

注：＊＊＊、＊＊、＊分别表示在1%、5%和10%的显著性水平下显著，括号中的数字为各系数的 z 统计量值。Hausman 检验结果表明，随着控制变量逐渐加入，SDM 均应当选择随机效应模型形式。

表 5.5 中的估计结果显示，随着控制变量逐渐加入 SDM 之中，核心解释变量的系数并未发生比较明显的变化，金融集聚度对区域经济增长始终带来负向影响，金融集聚度平方项的系数始终为正，不过均不显著。这表明，以全样本城市为研究样本时，金融集聚会在一定程度上不利于区域经济增长。从控制变量来看，物质资本投入、人力资本和对外开放能够对区域经济增长带来显著的正向促进作用，而产业协同集聚等其他控制变量的显著性不明显，这表明制造业和生产性服务业之间的协同集聚并未发挥出对于经济增长的明显促进作用。另外，空间滞后系数（ρ）均显著为正，这表明邻近城市的经济增长能够对本地区的经济增长带来显著的正向促进作用，表现出明显的正向空间溢出效应。金融集聚度空间滞后项（$W - \ln Fagg$）的系数估计值始终为正值，不过不显著，这可以解释为金融中心城市的金融集聚具有一定程度上的正向空间溢出效应，即邻近城市的金融集聚现象能够对周边地区发挥出一定的辐射影响，有利于带动周边城市的经济增长。

（二）子样本分组实证分析

上述全样本实证结果显示，金融集聚会对区域经济增长带来一定程度的负向影响。不过，不同程度的金融集聚对区域经济增长的影响可能有所不同。从现实情况而言，我国的金融资源分布在空间层面上具有较大的不平衡性，各样本城市的金融集聚度差异明显。从区域分布来看，东部地区中心城市的金融集聚度要明显高于中西部地区，而且中部地区的金融集聚度也要相对地高于西部地区。从城市差异来看，北上深三大国际性金融中心的金融资源集聚程度要远高于其他区域性金融中心城市。因此，为了能够进一步探讨不同程度金融集聚对于区域经济增长的空间溢出效应影响差异，本节也将全样本划分成高水平集聚（H–L）和低水平集聚（L–L）两个子样本组，并且进行子样本分组回归分析。

子样本分组的回归结果如表 5.6 所示。

表5.6 子样本分组的回归分析结果

	H－L 子样本	L－L 子样本
lnFagg	− 0. 7071 (− 0. 69)	1. 6176 * (1. 74)
(lnFagg)^2	0. 2924 (0. 23)	− 15. 5004 *** (− 2. 96)
lnK	0. 5168 *** (7. 49)	0. 4687 *** (12. 91)
Labor	0. 2438 ** (2. 29)	− 0. 1252 ** (− 1. 97)
lnHum	0. 3541 *** (8. 26)	0. 1282 *** (5. 80)
Open	0. 1319 *** (4. 14)	0. 0837 ** (2. 20)
Gov	0. 7643 * (1. 93)	0. 4525 (1. 52)
R&D	− 0. 3579 (− 0. 34)	0. 7346 (0. 83)
Coagg	0. 1049 (1. 45)	0. 0307 (0. 82)
W － lnFagg	0. 0227 (0. 02)	− 0. 7684 (− 0. 55)
Cons	5. 3280 *** (6. 38)	3. 0043 *** (7. 27)
ρ	0. 2139 ** (2. 26)	0. 5209 *** (11. 15)
Hausman	− 2. 59	− 20. 59
Log － L	124. 41	317. 83

注：***、**、*分别表示在1%、5%和10%的显著性水平下显著，括号中的数字为各系数的z统计量值。Hausman 检验结果表明，H－L 子样本组和 L－L 子样本组均应当选择随机效应模型形式。

表 5.6 中的分组回归结果表明，不同程度的金融集聚的确会给区域经济增长带来差异性的影响。H－L 子样本组的估计结果显示，金融集聚度会对区域经济增长带来一定程度的负向影响，金融集聚度平方项的系数不显著，这说明高水平集聚样本组的金融集聚会在一定程度上不利于区域经济增长，这可以解释为当金融集聚程度较高时，可能会由于资源利用效率和配置效率低下等因素而对区域经济增长产生不利影响。另外，空间滞后系数（ρ）均显著为正，这表明邻近城市的经济增长有利于促进本地区的经济增长。金融集聚度空间滞后项（W－lnFagg）的系数估计值正向不显著，这说明我国金融集聚度较高的金融中心城市能够对周边地区的经济增长带来促进效应，不过效应不明显。然而，L－L 子样本组的估计结果却与此截然不同，其金融集聚度的系数显著为正，金融集聚度平方项的系数值显著为负，二者之间表现出明显的倒 U 形非线性关系，这表明当样本城市的金融集聚度相对较低时，能够对当地的经济增长带来明显的正向促进作用，不过会产生拥挤效应，即当金融集聚度不断提高时，会对区域经济增长逐渐形成不利影响。此外，金融集聚度空间滞后项（W－lnFagg）的系数估计值负向不显著，这说明金融集聚度相对较低的金融中心城市会对周边地区的经济增长产生一定程度上的抑制作用。这可以解释为，当前我国各地的区域性金融中心城市建设热可能会对有限的金融资源形成恶性竞争，难免会在"利己主义"的前提下，出现"以邻为壑"的区域负外部性，本地的区域性金融中心建设在促进自身经济增长的同时，反而会对邻近地区的经济增长带来一定程度上的不利影响。

（三）稳健性检验

为了进一步验证金融集聚度（Fagg）对区域经济增长（RGDP）空间溢出效应的稳健性，书中除了基于地理距离倒数形式的权重矩阵进行回归分析外，还构建了基于地理距离的 0－1 空间权重矩阵，并进行 SDM 的回归估计。

稳健性检验的回归估计结果如表 5.7 所示。

表5.7 稳健性检验回归结果

	空间杜宾模型（SDM）——基于地理距离的0-1空间权重矩阵						
	模型1	模型2	模型3	模型4	模型5	模型6	模型7
lnFagg	-0.1797 (-0.45)	-0.2071 (-0.52)	-0.2488 (-0.66)	-0.3346 (-0.90)	-0.3667 (-0.99)	-0.3615 (-0.97)	-0.2986 (-0.78)
$(lnFagg)^2$	0.2952 (0.51)	0.3214 (0.55)	0.2444 (0.44)	0.1877 (0.34)	0.2024 (0.37)	0.1734 (0.31)	0.0980 (0.17)
lnK	0.4816*** (18.19)	0.4807*** (18.13)	0.4087*** (14.79)	0.3897*** (13.96)	0.3893*** (13.98)	0.3880*** (13.67)	0.3907*** (13.66)
Labor		0.0307 (0.58)	-0.0185 (-0.36)	0.0352 (0.66)	0.0405 (0.76)	0.0432 (0.80)	0.0441 (0.81)
lnHum			0.1396*** (6.37)	0.1341*** (6.17)	0.1338*** (6.19)	0.1345*** (6.17)	0.1323*** (6.01)
Open				0.0673*** (3.21)	0.0666*** (3.18)	0.0675*** (3.17)	0.0682*** (3.20)
Gov					0.2780 (1.16)	0.2811 (1.18)	0.2591 (1.07)
R&D						0.1629 (0.24)	0.2305 (0.34)
Coagg							0.0248 (0.74)
W-lnFagg	0.2483 (0.29)	0.2709 (0.32)	0.6417 (0.78)	0.1750 (0.18)	0.1515 (0.15)	0.1435 (0.15)	0.1168 (0.13)
Cons	2.8947*** (11.03)	2.9523*** (10.51)	3.8817*** (12.75)	3.7393*** (12.27)	3.8831*** (1.82)	3.8860*** (11.82)	3.8145*** (11.14)
ρ	0.2021*** (4.49)	0.1967*** (4.28)	0.0971** (2.09)	0.1401*** (2.93)	0.1250** (2.53)	0.1249** (2.53)	0.1273*** (2.57)
Hausman	-16.68	-16.61	-16.04	-19.75	-19.04	-18.74	-20.35
Log-L	445.97	446.14	465.39	470.48	471.15	471.18	471.45

注：***、**、*分别表示在1%、5%和10%的显著性水平下显著，括号中的数字为各系数的z统计量值。Hausman检验结果表明，随着控制变量逐渐加入，SDM均应当选择随机效应模型形式。

表 5.7 中的稳健性检验结果表明，无论是基于地理距离倒数形式的空间权重矩阵，还是基于地理距离 0 - 1 空间权重矩阵，SDM 的回归结果并未出现明显的改变。一定程度上而言，金融集聚度依然会对区域经济增长带来不利影响，金融集聚度平方项的系数不显著，而物质资本投入、人力资本和对外开放对区域经济增长依然会产生明显的促进作用，其他控制变量的显著性依然不明显。此外，显著为正值的空间滞后系数（ρ）表明，邻近城市的经济增长水平的确会对本地区的经济增长带来积极效应。金融集聚度空间滞后项（W - ln-Fagg）的系数估计值正向不显著，这表明邻近城市的金融集聚度的确能够在一定程度上对本地区的经济增长带来正向促进影响，不过正向空间溢出效应不明显。总体来看，两种权重矩阵下的实证检验结果比较一致，这表明本节的研究结论较为稳健、可靠。

四、 本节小结

本节基于 2007—2016 年我国 37 个金融中心城市的面板数据，通过构建 SDM 实证检验了传统金融集聚对区域经济增长的空间溢出效应。结论发现：（1）全样本而言，金融集聚度整体上会对区域经济增长带来一定程度上的负向影响，金融集聚度平方项的系数正向不显著。（2）邻近城市的经济增长水平表现出明显的正向空间溢出效应，而金融集聚度并未表现出显著的正向空间溢出效应。（3）控制变量中，物质资本投入、人力资本和对外开放能够显著地促进地区的经济增长水平，而产业协同集聚等其他控制变量的显著性不明显。（4）子样本分组回归结果表明，不同程度的金融集聚对区域经济增长具有差异性影响。当金融集聚度相对较低时，有利于促进区域经济增长，二者之间表现出显著的倒 U 形非线性关系，而较高的金融集聚度却并未对区域经济增长带来明显的促进作用。（5）稳健性检验结果表明，两种空间权重矩阵下的实证检验结果比较一致，本节的研究结论较为稳健、可靠。

第三节　传统金融集聚影响消费和投资的实证检验

前文已述，金融集聚作为当前金融业态的主要空间特征，能够从需求端和供给端两个层面对居民消费产生重要影响。需求端来看，金融集聚可以通过降低金融中介服务成本、降低流动性约束、降低未来不确定性和提高居民收入水平来刺激居民的消费需求；供给端来看，金融集聚能够为企业主体提供资金支持，促进产业不断发展，提供多样化的消费产品和服务，满足居民的消费需求。对于固定资产投资而言，金融集聚通过集聚效应和拥挤效应的共同作用对其产生正反两个方向的不同影响。当金融集聚程度较低或者处于适度水平时，集聚效应占据主导，通过降低融资成本、缓解融资约束、分散投资风险和提高资源利用效率等途径促进企业的固定资产投资；而当金融集聚过度时，会逐渐呈现拥挤效应占据主导的趋势，造成金融资产价格泡沫、投机主义行为盛行、外部融资环境恶化和压缩投资利润空间的问题，最终会出现金融投机行为对于企业主体固定资产投资较为明显的"挤出"效应。消费（主要指居民消费）和投资（主要指固定资产投资）是目前我国经济增长过程中的主要支撑和驱动力量，金融集聚对它们所产生的不同影响机制将会传导至区域经济增长的整体层面。

因此，在前文理论分析的基础上，本节将分别实证检验传统金融集聚对居民消费和固定资产投资的具体影响效应。

一、传统金融集聚影响居民消费的实证检验

传统凯恩斯消费理论认为，消费支出主要与当期的收入水平相关，该理论被称为"绝对收入假说"。随后，美国经济学家杜森贝里（James S. Duesenberry）将习惯效应加入消费函数中，并提出了相对收入消费理论（即"相对

收入假说")①，该理论认为消费者的消费行为不仅会考虑当期因素的影响，还会受到过去消费习惯和周围消费水平的影响。其中，消费者的消费支出既会受到当期收入水平影响，又会受到过去消费水平以及消费习惯等因素影响的现象被称为"棘轮效应"（翟天昶和胡冰川，2017）②。因而，居民消费支出可能存在序列自相关的特性，前期消费水平可能对当期消费值产生影响，当期消费值则可能对前期消费水平存在路径依赖（肖利平和洪艳，2017）③。因此，考虑到居民消费支出所存在的惯性特征事实，本节将通过构建动态面板数据模型实证检验传统金融集聚对居民消费支出所产生的影响效应。

（一）变量、模型和数据来源

1. 变量选取和数据说明。被解释变量。本书研究样本是 37 个金融中心城市，根据数据的可获得性和完整性，书中选取城镇居民人均消费支出（Con）来衡量各城市的居民消费水平。由于样本数据的时间跨度是 2007—2016 年，为了消除通货膨胀因素的影响，书中用居民消费价格指数（CPI）将不同年份的名义消费支出均折算成以 2007 年为基期的实际值。

核心解释变量。金融集聚度（Fagg）已在前文通过构建综合指标体系进行了测算。由于因子分析法所得到的金融集聚度综合因子得分值存在负数，借鉴朱江丽和李子联（2015），书中对综合因子得分值进行了标准化和平移化处理。

控制变量。由于消费会受到众多因素的综合影响，为了减少核心解释变量的遗漏变量偏误，书中还考虑了会对消费水平产生影响的相关控制变量。具体来看，收入水平在消费理论中被视为影响消费支出的最重要因素，书中引入城镇居民人均可支配收入（Inc）作为控制变量之一，并通过居民消费价格指数

---

① Duesenberry J S. Income, Saving and the Theory of Consumer Behavior [M]. Cambridge: Harvard University Press, 1949.

② 翟天昶，胡冰川. 消费习惯形成理论研究述评 [J]. 经济评论，2017 (2)：138 – 149.

③ 肖利平，洪艳. 金融集聚、区域异质性与居民消费——基于动态面板模型的实证分析 [J]. 软科学，2017 (10)：29 – 32，37.

（CPI）进行了消除通胀处理。另外，由于住宅资产是居民的主要实物资产，房价的涨跌代表着居民家庭财富的多少，所以房价也被视为影响居民消费的关键因素，因此书中将商品房销售价格（HP）纳入了控制变量。

各指标变量的数据来源主要有 2008—2017 年《中国城市统计年鉴》、各城市以及所在省（自治区）统计年鉴、各城市国民经济和社会发展统计公报（2007—2016 年）以及 Wind 数据库。对于个别城市某年份数据的缺失，书中采用线性插值法予以补齐。变量的描述性统计分析结果如表 5.8 所示。

表 5.8　　　　　　　　　　变量的描述性统计分析结果

变量性质	变量名称	观测数	均值	标准差	最小值	最大值
被解释变量	居民消费支出（Con，取对数）	370	9.49	0.27	8.94	10.36
解释变量	金融集聚度（Fagg，取对数）	370	0.13	0.14	0.00	0.69
控制变量	居民收入水平（Inc，取对数）	370	9.80	0.28	9.24	10.68
	房价（HP，取对数）	370	8.83	0.51	7.79	10.72

数据来源：根据 Stata14.0 软件结果整理。

表 5.8 中的描述性统计结果显示，被解释变量 Con 的标准差明显小于均值，表明居民消费支出变量在样本期间的变化趋势比较平稳。金融集聚度（Fagg）由于采用因子分析法进行测度，其最小值为负数，书中先对其进行了标准化和平移化处理，然后取自然对数，最终使数据的均值和标准差较为接近。控制变量中，居民收入水平（Inc）和房价（HP）的标准差也明显小于其所对应的均值。总体而言，各变量数据的变化较为平稳，不存在明显的异常波动情况。

2. 模型设定。前文已述，居民消费支出既会受到当期因素的影响，还会和自身前期值的变化存在着内在关联，表现出明显的"棘轮效应"（Ratchet Effects）。因此，书中将被解释变量的一阶滞后项引入计量模型，即通过构建动态面板数据模型实证检验传统金融集聚对居民消费支出的影响。动态面板数据模型的形式设定如下：

$$\ln Con_{it} = \beta_0 + \gamma \ln Con_{it-1} + \beta_1 \ln Fagg_{it} + \beta_2 \ln Inc_{it} + \beta_3 \ln HP_{it} + \mu_i + \varepsilon_{it}$$

$$(5.15)$$

其中，下标 t 表示年份，i 表示样本城市。$lnCon_{it-1}$ 是 $lnCon_{it}$ 的一阶滞后项，μ_i 为跨截面变化的个体效应，ε_{it} 为随机误差项，β_0、γ、$\beta_1 \sim \beta_3$ 均为待估参数。在具体的回归分析过程中，书中对各变量数据均进行了取自然对数处理。

（二）实证结果分析

由于（5.15）式引入了被解释变量的滞后一期（$lnCon_{it-1}$），所以动态面板数据模型中组内变化的滞后变量和误差项是渐近相关的，进而会使组内 OLS 估计量是有偏和非一致的（高铁梅，2016）[①]。传统的估计方法不再适用，而系统广义矩估计（SYS‑GMM）具有强工具变量的特性，可以有效地解决动态面板模型中可能存在的内生性和异方差问题（何光辉和杨咸月，2012）[②]。因此，书中将采用 SYS‑GMM 方法进行回归估计，并进行扰动项无自相关检验（AR 检验）和过度识别检验（Sargan 检验）。另外，为了便于比较，书中除了报告 SYS‑GMM 的估计结果，还给出了混合 OLS（Pooled OLS）和固定效应（Fixed‑Effects，FE）的估计结果。具体回归结果如表 5.9 所示。

表5.9　　　　　　　传统金融集聚和居民消费支出的回归结果

	POLS（模型1）	FE（模型2）	SYS‑GMM（模型3）	SYS‑GMM（模型4）
lnCon L1.	0.9400 ***（72.66）	0.0001（0.45）	0.0156 ***（9.39）	0.0179 ***（10.18）
lnFagg	0.0185 **（2.13）	− 0.0002（− 0.98）	0.0885 ***（10.57）	0.1061 ***（7.31）
(lnFagg)²				− 0.0261（− 0.80）

---

① 高铁梅. 计量经济分析方法与建模：EViews 应用及实例（第3版）［M］. 北京：清华大学出版社，2016.

② 何光辉，杨咸月. 融资约束对企业生产率的影响——基于系统 GMM 方法的国企与民企差异检验［J］. 数量经济技术经济研究，2012（5）：19 – 35.

	POLS （模型1）	FE （模型2）	SYS – GMM （模型3）	SYS – GMM （模型4）
lnInc	0. 0590 *** （4. 67）	0. 9998 *** （7386. 02）	0. 9757 *** （434. 97）	0. 9731 *** （423. 51）
lnHP	– 0. 0094 ** （ – 2. 18）	0. 0000 ** （2. 35）	0. 0024 *** （9. 42）	0. 0026 *** （9. 61）
Cons	0. 0972 ** （2. 05）	– 0. 3098 *** （ – 629. 45）	– 0. 2532 *** （ – 24. 30）	– 0. 2498 *** （ – 22. 38）
R^2	0. 9955	0. 9198		
Prob（F – sta.）	0. 0000	0. 0000		
Sargan			0. 4639	0. 4801
AR（1）			0. 1880	0. 1226
AR（2）			0. 4204	0. 4940

注：***、**、*分别表示在1%、5%和10%的显著性水平下显著，括号中的数字为各系数的 t 统计量值或 z 统计量值，AR（1）、AR（2）和 Sargan 分别给出的是其各自检验统计量所对应的概率 p 值，SYS – GMM 表示系统广义矩两步估计法（Two – step）的回归结果。Hausman 检验的概率 p 值为 0. 0000，从而可以选择固定效应模型的估计结果。

对于被解释变量的滞后项系数而言，混合 OLS 估计通常会严重高估其真实值，而固定效应估计一般会明显低估其真实值，这种经验判断得到了学术界众多学者的研究论证。表 5. 9 中混合 OLS（模型1）和固定效应（模型2）的回归结果确实如此，被解释变量一阶滞后项的 POLS 估计系数达到 0. 94，且高度显著，而其固定效应估计系数却仅为 0. 0001，且极为不显著。另外，核心解释变量 Fagg 的 POLS 估计值显著为正值，而其固定效应估计值却负向不显著，而且两个控制变量的估计结果也存在较大的差异。这表明，在动态面板数据模型中，传统估计方法（混合 OLS 和固定效应）所得到的估计值是有偏误和不一致的。

表 5. 9 中的 SYS – GMM（模型3）估计结果显示，AR（2）检验的概率 p 值为 0. 4204，表明扰动项的一阶差分不存在二阶自相关，不能拒绝扰动项无自相关的零假设，书中设定的动态面板数据模型是合理的。Sargan 检验的概率

P 值达到 0.4639，无法拒绝工具变量联合有效的零假设。因此，模型 3 的 SYS – GMM 估计结果是稳健可靠的。从具体的回归系数来看，Con 的一阶滞后项系数显著为正值，而且其 SYS – GMM 估计值（0.0156）介于混合 OLS 和固定效应的估计值之间，这意味着居民消费支出的确具有明显的动态惯性特征。金融集聚度的估计系数显著为正，正如前文的理论分析所言，金融集聚的确能够通过降低金融服务成本、降低流动性约束、降低未来不确定性等理论机制来对居民消费支出产生正向的促进效应。而且，当模型 4 中引入核心解释变量的二次项后，金融集聚度的估计系数并未发生根本改变，而其二次项的系数却并不显著，这充分表明金融集聚与居民消费支出之间存在明显的正向线性关系。从控制变量来看，居民收入水平的确是居民消费支出的最重要决定因素，其回归系数最大（0.9757），而且高度显著，这与消费理论相符合。另外，房价也能够对居民消费支出产生正向的促进影响，这可以解释为房价的上涨给居民家庭带来了财富的增加，有利于降低家庭的储蓄动机，促进居民的消费需求。

（三）研究结论

本小节基于 2007—2016 年我国 37 个金融中心城市的面板数据，通过构建动态面板数据模型和采用 SYS – GMM 方法，实证检验了传统金融集聚对居民消费支出的影响关系。结论发现：（1）居民消费支出存在明显的动态惯性特征，前期的居民消费水平会对本期的消费支出产生显著的正向影响。（2）金融集聚的确能够通过降低金融服务成本、降低流动性约束和降低未来不确定性等众多理论机制来显著地提升居民消费需求，金融集聚与居民消费支出之间存在明显的正向线性关系。（3）正如消费理论所言，居民收入水平的确是影响消费支出的最重要因素，二者之间的回归系数最大，且高度显著。另外，房价也能够在一定程度上对居民消费支出产生正向促进影响。

二、 传统金融集聚影响固定资产投资的实证检验

企业的固定资产投资行为通常具有一定的滞后效应，时间跨度较长，所以在具体的实证检验中可以通过引入投资的滞后期变量，采用动态面板 GMM 的估计方法进行回归分析（马红和侯贵生，2018）①。因此，本节将通过构建动态面板数据模型实证检验传统金融集聚对固定资产投资的影响关系。

（一）变量、模型和数据来源

1. 变量选取和数据说明。被解释变量。本书选取人均固定资产投资来衡量各样本城市的投资水平。由于样本数据的时间跨度是 2007—2016 年，为了消除通货膨胀因素的影响，书中采用各样本城市所在省份的固定资产投资价格指数将不同年份的名义投资额均折算成以 2007 年为基期的实际值。

核心解释变量。金融集聚度（Fagg）已在第四章通过构建指标体系进行了测算。由于因子分析法所得到的金融集聚度综合因子得分值存在负数，借鉴朱江丽和李子联（2015），书中对综合因子得分值进行了标准化和平移化处理。

控制变量。由于固定资产投资会受到众多因素的综合影响，为了减少核心解释变量的遗漏变量偏误，书中还考虑了会对固定资产投资水平产生影响的相关控制变量。具体来看，房地产开发投资是固定资产投资的重要组成部分，房地产市场的景气程度将对房地产开发投资产生重要影响，房价（HP）被视为影响固定资产投资的关键因素，因此书中将商品房销售价格纳入了控制变量。另外，基建投资也是我国固定资产投资的重要组成部分，从基建投资的资金来源来看，预算内资金（财政收入）占比处于相对较高的水平，因此书中还将人均公共财政收入纳入了控制变量。

各指标变量的数据来源主要有 2008—2017 年《中国城市统计年鉴》、各城市以及所在省（自治区）统计年鉴、各城市国民经济和社会发展统计公报（2007—2016 年）以及 Wind 数据库。对于个别城市某年份数据的缺失，书中

---

① 马红，侯贵生. 金融集聚能促进企业的实业投资吗？——基于金融生态环境和要素拥挤理论的双重视角［J］. 现代财经（天津财经大学学报），2018（8）：3-15.

采用线性插值法予以补齐。变量的描述性统计分析结果如表 5.10 所示。

表 5.10　　　　　　　　　　　变量的描述性统计分析结果

变量性质	变量名称	观测数	均值	标准差	最小值	最大值
被解释变量	固定资产投资（Inv，取对数）	370	9.78	0.35	9.02	10.58
解释变量	金融集聚度（Fagg，取对数）	370	0.13	0.14	0.00	0.69
控制变量	公共财政收入（FR，取对数）	370	8.60	0.67	6.75	10.18
	房价（HP，取对数）	370	8.83	0.51	7.79	10.72

数据来源：根据 Stata14.0 软件结果整理。

表 5.10 中的描述性统计结果显示，Inv 的标准差明显小于均值，表明固定资产投资变量在样本期间的变化趋势相对平稳。金融集聚度（Fagg）由于采用因子分析法进行测度，其最小值为负数，书中先对其进行了标准化和平移化处理，然后取自然对数，最终使数据的均值和标准差较为接近。控制变量中，公共财政收入（FR）和房价（HP）的标准差也明显小于其所对应的均值。总体而言，各变量数据的变化较为平稳，不存在明显的异常波动情况。

2. 模型设定。前文已述，企业的固定资产投资行为具有较长的时间跨度，滞后效应较为明显，因此书中将被解释变量的两阶滞后项引入计量模型，通过构建动态面板数据模型实证检验传统金融集聚对固定资产投资的影响。不过，如前文理论分析所言，金融集聚对固定资产投资的影响是集聚效应和拥挤效应共同作用的结果，二者之间可能表现出较为明显的二次非线性关系。因此，书中还将金融集聚度（Fagg）变量的二次项引入计量模型中。另外，金融集聚度具有随着时间推移而增长的趋势，固定资产投资本身可能也具有较为明显的时间趋势，因此为了消除二者之间可能存在的谬误回归问题（Spurious Regression Problem）[①]，书中在回归方程中还引入了时间趋势项。从而，回归模型的最终

---

① 伍德里奇. 计量经济学导论（第四版）［M］. 费剑平，译. 北京：中国人民大学出版社，2010.

形式设定如下：

$$\ln Inv_{it} = \beta_0 + \gamma_1 \ln Inv_{it-1} + \gamma_2 \ln Inv_{it-2} + \beta_1 \ln Fagg_{it} +$$
$$\beta_2 (\ln Fagg_{it})^2 + \beta_3 \ln HP_{it} + \beta_4 \ln FR_{it} + rt + \mu_i + \varepsilon_{it} \qquad (5.16)$$

其中，下标 t 表示年份，i 表示样本城市。$\ln Inv_{it-1}$、$\ln Inv_{it-2}$ 分别是 $\ln Inv_{it}$ 的一阶和二阶滞后项，rt 为时间趋势项，μ_i 为跨截面变化的个体效应，ε_{it} 为随机误差项，γ_1、γ_2、$\beta_0 \sim \beta_4$ 均为待估参数。在具体的回归分析过程中，书中对各变量数据均进行了取自然对数处理。

（二）实证结果分析

同样地，书中将主要采用系统广义矩估计（SYS – GMM）方法进行回归分析。另外，为了便于比较，书中还分别报告了混合 OLS 和固定效应（FE）的回归估计结果。具体回归结果如表 5.11 所示。

表 5.11　　　　　　传统金融集聚和固定资产投资的回归结果

	POLS（模型 1）	FE（模型 2）	SYS – GMM（模型 3）
lnInv L1.	0.8624 *** (16.39)	0.4363 *** (8.72)	0.5026 *** (26.57)
lnInv L2.	0.1157 ** (2.21)	0.0447 (1.02)	0.0856 *** (18.53)
lnFagg	0.0317 (0.45)	0.3171 (1.02)	1.2411 *** (8.68)
$(\ln Fagg)^2$	−0.0791 (−0.86)	−0.9815 * (−1.68)	−3.0610 *** (−8.95)
lnHP	−0.0042 (−0.47)	−0.0181 (−0.88)	−0.0439 *** (−5.63)
lnFR	0.0030 (0.31)	0.1255 *** (7.32)	0.2318 *** (33.22)
t	−0.0004 (−0.23)	−0.0179 *** (−7.59)	−0.0300 *** (−31.78)

续表

	POLS （模型1）	FE （模型2）	SYS – GMM （模型3）
Cons	0.2150 ** （2.16）	4.2444 *** （9.52）	2.5336 *** （11.86）
R²	0.9844	0.9267	
Prob（F – sta.）	0.0000	0.0000	
Sargan			0.6800
AR（1）			0.0080
AR（2）			0.4187

注：***、**、*分别表示在1%、5%和10%的显著性水平下显著，括号中的数字为各系数的t统计量值或z统计量值，AR（1）、AR（2）和Sargan分别给出的是其各自检验统计量所对应的概率p值，SYS – GMM表示系统广义矩两步估计法（Two – step）的回归结果。Hausman检验的概率p值为0.0000，从而可以选择固定效应模型的估计结果。

从表5.11中混合OLS（模型1）和固定效应（模型2）的估计结果来看，被解释变量一阶和二阶滞后项的POLS估计系数均明显高于其FE估计系数，这印证了混合OLS通常会高估被解释变量滞后项系数的真实值，而固定效应会明显低估被解释变量滞后项系数真实值的经验判断。另外，无论是从核心解释变量Fagg而言，还是从控制变量HP和FR来看，POLS和固定效应估计系数的大小以及显著性均存在一定的差异。这表明，在动态面板数据模型中，传统估计方法（混合OLS和固定效应）所得到的估计值是有偏误且不一致的。

表5.11中的SYS – GMM（模型3）估计结果显示，AR（2）检验的概率p值为0.4187，表明扰动项的一阶差分不存在二阶自相关，不能拒绝扰动项无自相关的零假设，书中设定的动态面板数据模型是合理的。Sargan检验的概率p值达到0.6800，无法拒绝工具变量联合有效的零假设。因此，模型3的SYS – GMM估计结果是稳健可靠的。从具体的回归系数来看，Inv的一阶和二阶滞后项系数均显著为正值，而且其SYS – GMM估计值（0.5026和0.0856）均介于混合OLS和固定效应的估计值之间，这意味着固定资产投资的确具有明显的动态惯性特征。金融集聚度的估计系数显著为正，而金融集聚度平方项

的估计系数显著为负，这表明金融集聚和固定资产投资之间表现出明显的倒 U 形非线性关系，而且拥挤效应比较明显。从控制变量来看，房价与固定资产投资之间表现出明显的负向影响关系，这可以解释为过高的房价将不利于房地产市场的平稳健康发展，可能会抑制房地产开发商的开发投资行为。另外，城市的公共财政收入是基建投资的主要资金来源之一，其能够对样本城市的固定资产投资行为带来明显的正向促进影响。

（三）研究结论

本小节基于 2007—2016 年我国 37 个金融中心城市的面板数据，通过构建动态面板数据模型和采用 SYS – GMM 方法，实证检验了传统金融集聚对固定资产投资的影响关系。结论发现：（1）固定资产投资行为存在明显的动态惯性特征，前期的投资水平会对本期的投资行为产生显著的正向影响。（2）金融集聚对固定资产投资的影响的确是集聚效应和拥挤效应共同作用的结果。当金融集聚过度时，拥挤效应将会占据主导，使二者之间表现出明显的倒 U 形非线性关系。（3）公共财政收入会对样本城市的固定资产投资行为产生显著的正向促进影响，而房价则会对固定资产投资产生不利影响。

三、本节小结

在第三章理论分析的基础上，本节通过构建动态面板数据模型，并且运用 SYS – GMM 估计方法分别实证检验了传统金融集聚对居民消费支出和固定资产投资的影响关系。结论表明，金融集聚会显著地促进居民消费支出，二者之间表现出明显的正向线性关系。不过，金融集聚与固定资产投资之间存在的是显著的倒 U 形非线性关系。消费（主要指居民消费）和投资（主要指固定资产投资）是目前我国经济增长中的重要组成部分，金融集聚对于居民消费支出和固定资产投资所产生的不同影响效应将最终能够传导至区域经济增长层面，并且对区域经济增长带来重要的影响。

第四节　本章小结

本章在前文理论分析和研究假说的基础上，采用第四章中对于金融中心城市 2007—2016 年金融集聚度的测算数据，依次实证检验了传统金融集聚对区域经济增长的动态效应影响和空间溢出效应，并进一步实证探讨了传统金融集聚对消费（主要指居民消费）和投资（主要指固定资产投资）的影响关系。

首先，本章通过构建动态面板数据模型和采用 SYS – GMM 估计方法，实证检验了传统金融集聚对区域经济增长的动态效应影响。结论发现，样本城市的区域经济增长会受到自身前期值的显著影响，表现出明显的动态惯性特征。全样本来看，金融集聚会对区域经济增长带来明显的负向影响。而分组子样本的回归结果表明，当金融集聚度相对较低时，金融集聚能够对当地的经济增长带来明显的正向促进作用，而当金融集聚度较高时却会对当地的经济增长带来一定程度上的负面影响。低水平集聚样本组的金融集聚与区域经济增长之间表现出显著的倒 U 形非线性关系。

其次，本章通过构建空间杜宾模型（SDM）实证检验了样本城市的传统金融集聚对区域经济增长的空间溢出效应，并设定了两种空间权重矩阵进行稳健性检验。结论发现，金融中心城市的经济增长水平存在显著的正向空间自相关特征。全样本来看，金融集聚依然会对区域经济增长带来负向影响，不过不显著；邻近城市的经济增长水平表现出明显的正向空间溢出效应，而金融集聚度虽然具有正向空间溢出效应，不过不显著。子样本分组回归结果表明，当金融集聚度相对较低时，有利于促进区域经济增长，二者之间表现出显著的倒 U 形非线性关系；而较高的金融集聚度却并未对区域经济增长带来明显的促进作用。低水平集聚样本组的金融集聚度空间滞后项系数虽然不显著，但为与全样本检验结果明显不同的负数，这表明低水平集聚样本组的金融集聚对于区域经济增长存在一定程度上的负向空间溢出效应，可以解释为各区域性金融中心城市在建设发展过程中，会在"利己主义"的前提下对有限的金融资源形成恶性竞争，难免会存在"以邻为壑"的区域负外部性。

最后，鉴于消费和投资是当前我国经济增长的重要组成部分，书中尝试从消费和投资的研究视角出发，在前文理论分析和研究假说的基础上，通过构建动态面板数据模型和采用 SYS – GMM 估计方法，分别实证检验传统金融集聚对居民消费支出和固定资产投资的影响关系。结论发现，金融集聚会显著地促进居民消费支出，二者之间表现出正向线性关系，而金融集聚与固定资产投资之间存在的是显著的倒 U 形非线性关系。可见，金融中心城市的金融集聚现象对居民消费和固定资产投资的影响关系明显不同，这种不同影响关系将最终会传导至经济增长层面，从而可能使金融集聚对区域经济增长带来重要影响。

第六章
互联网金融集聚对
区域经济增长的影响效应检验

第三章已经详细论述了互联网金融集聚的内涵和相关理论基础，以及互联网金融集聚影响区域经济增长的理论机制，并提出了相应的研究假说。鉴于我国互联网金融的发展年限相对较短，各类新兴业态正处于快速发展阶段，尚未形成比较成熟的业务和监管模式，相关指标数据有限，且获取难度相对较大。本章写作的逻辑思路则是主要探讨互联网金融在地理空间层面上的集聚特征，并通过构建空间计量模型实证检验互联网金融集聚对区域经济增长的空间溢出效应影响，从而验证前文所提出的研究假说。

第一节　互联网金融集聚对区域经济
增长的空间溢出效应

新经济地理学派以及众多金融地理学家将地理区位因素引入经济学和金融学的分析框架中以来，金融业的地理空间特征逐渐引起学术界的研究关注。不过，已有研究成果主要集中探讨传统金融业态的空间集聚特征，而从地理空间视角来探讨互联网金融集聚和空间特征的研究成果极少。主要原因一方面是受限于数据的可获得性，互联网金融集聚问题的研究难度相对较大；另一方面互联网金融的发展年限相对较短，且正处于迅速发展的态势之中，互联网金融业态可能呈现的日益明显的集聚化态势还未引起学术界的研究重视。因此，本节将主要以前文提及的 37 个金融中心城市作为研究样本，以北京大学互联网金融发展指数作为数据支撑，分析当前我国的互联网金融业态在地理空间层面的集聚特征。然后，在前文理论分析的基础上，通过构建空间计量模型实证检验互联网金融集聚对区域经济增长的空间溢出效应影响。

一、 变量选取和数据来源

（一）变量选取

核心解释变量。本章主要以北京大学互联网金融研究中心编制的北京大学互联网金融发展指数[①]（Internet Finance Development Index，IFDI）作为数据支撑，分析我国互联网金融的空间集聚问题，并实证检验其对区域经济增长产生的空间溢出效应影响。该指数以 2014 年 1 月为基期（基期值 = 100），按月进行公布，由互联网支付发展指数、互联网货币基金发展指数、互联网投资理财发展指数和互联网保险发展指数等业务子指数通过加权汇总计算而来。不过，由于该指数目前仅公开发布三期，其数据期间仅为 2014 年 1 月至 2016 年 3 月，而且该指数月度数据的"季节性"效应比较明显，例如"双十一"购物节期间的指数增速较大，而春节期间的增长速度却比较低。因此，根据研究目的需要，并结合数据本身的编制特点，本书借鉴高铁梅（2016）[②] 的数据频率转换方法，将该指数的月度数据通过取对应季度 3 个月的平均值转换为季度数据，并通过取对应年份 12 个月的平均值转换为年度数据。最终，该指数的季度数据期间为 2014 年第一季度（2014Q1）至 2016 年第一季度（2016Q1），该

[①] 关于该指数的具体编制方法，可以参阅北京大学互联网金融研究中心课题组（2016）。

[②] 高铁梅. 计量经济分析方法与建模：EViews 应用及实例（第 3 版）[M]. 北京：清华大学出版社，2016.

指数的年度数据期间为 2014—2015 年①。不过，考虑到该指数的数据期间有限，而且其月度和季度数据的"季节性"效应极为明显，因此书中拟采用其 2014—2015 年的年度数据来进行实证模型的回归分析。

被解释变量。与第五章的实证研究相同，本章也选取人均地区生产总值（RGDP）来衡量各样本城市的经济增长水平，并以此作为被解释变量。另外，为了消除价格因素的变动影响，书中通过生产总值指数把各样本城市 2015 年的名义 GDP 均折算为按 2014 年不变价衡量的实际 GDP。

控制变量。与前文传统金融集聚对区域经济增长的影响效应研究相同，本章也选取了物质资本投入（K）、劳动力投入（Labor）、人力资本（Hum）、对外开放（Open）、政府干预（Gov）、研发能力（R&D）和产业协同集聚（Co-agg）作为控制变量。其中，各控制变量的具体含义均参见第五章内容。另外，目前我国互联网金融的飞速发展，对于传统金融业态而言到底是冲击替代还是相互补充，一直是学术界争论的焦点。因此，借鉴郭峰等（2017）②，书中还引入了金融机构存贷款余额与 GDP 之比（Loan_GDP）作为传统金融发展水平的度量，并将其也纳入控制变量，从而控制其对于区域经济增长产生的影响。

（二）数据来源和变量描述性统计

鉴于数据的可获得性和完整性，本章以我国 37 个金融中心城市作为研究样本，时间跨度为 2014—2015 年。北京大学互联网金融发展指数（IFDI）的数据来自北京大学互联网金融研究中心课题组（2016）。其他各项指标变量的数据主要来源于 2015—2016 年《中国城市统计年鉴》、各城市以及所在省（自治区）统计年鉴、各城市国民经济和社会发展统计公报（2014—2015 年）

---

① 北京大学互联网金融发展指数转化而来的年度和季度数据参见附录 5。

② 郭峰，孔涛，王靖一. 互联网金融空间集聚效应分析——来自互联网金融发展指数的证据 [J]. 国际金融研究，2017（8）：75 – 85.

以及 Wind 数据库。

变量的描述性统计分析结果如表6.1所示。

表6.1　　　　　　　　　变量的描述性统计分析结果

变量性质	变量名称（单位）	观测数	均值	标准差	最小值	最大值
被解释变量	区域经济增长（RGDP，取对数）	74	11.29	0.34	10.73	11.97
解释变量	互联网金融发展指数（IFDI，取对数）	74	5.62	0.50	4.62	6.73
控制变量	物质资本投入（K，取对数）	74	12.35	0.30	11.70	12.93
	劳动力投入（Labor）	74	0.43	0.14	0.15	0.83
	人力资本（Hum，取对数）	74	7.45	0.30	6.97	8.28
	对外开放（Open）	74	0.43	0.42	0.04	1.87
	政府干预（Gov）	74	0.12	0.03	0.07	0.21
	研发能力（R&D）	74	0.03	0.01	0.01	0.08
	产业协同集聚（Coagg）	74	0.72	0.19	0.27	1.00
	传统金融发展水平（Loan_GDP）	74	4.25	1.29	2.43	7.57

数据来源：根据 Stata14.0 软件结果整理。

表6.1中的描述性统计结果显示，被解释变量（RGDP）和核心解释变量（IFDI）的标准差均明显小于其所对应的均值，这说明区域经济增长和互联网金融发展指数在样本期间的变化趋势都比较平稳。另外，各控制变量的标准差也都小于其所对应的均值。总体而言，各变量数据在样本期间的变化较为平稳，不存在明显的异常波动情况。

二、　空间计量模型和空间权重矩阵

（一）空间计量模型的构建

正如前文所言，空间计量模型主要包括空间滞后模型（Spatial Lag Model，SLM）和空间误差模型（Spatial Errors Model，SEM）两种基本类型，它们分别考察的是被解释变量空间滞后项和误差项空间滞后项对于被解释变量所产生的影响。另外，空间杜宾模型（Spatial Durbin Model，SDM）也是较为常用的空间计量模型形式，其不仅在模型中考虑被解释变量的空间滞后项，还引入了解释变量空间滞后项，可以同时考察空间邻近地区的解释变量和被解释变量对于本地区被解释变量所产生的影响关系，分析其所产生的空间溢出效应。因此，与 SLM、SEM 相比较而言，SDM 更加具有普遍适用性，广泛应用于空间溢出效应的问题研究中。根据研究目的的需要，本章主要通过构建空间杜宾模型进行后续的实证回归分析，其基本表达式如下：

$$Y = \rho Wy + X\beta + WX\delta + \varepsilon, \varepsilon \sim N(0, \sigma^2 I_n) \tag{6.1}$$

其中，ρ、δ 分别为被解释变量空间滞后项（Wy）和解释变量空间滞后项（WX）的系数。W 为 $n \times n$ 阶的空间权重矩阵，Y 为被解释变量（n 维列向量），X 为 $n \times k$ 阶的解释变量矩阵，β 为参数向量，ε 为服从正态分布的误差项向量。

根据第三章的理论分析，互联网金融业态的蓬勃发展和日益显现的空间集聚态势能够通过产业结构升级效应、规模经济效应、技术创新效应和累积循环效应等机制对区域经济增长带来显著的影响。考虑到互联网金融发展及其集聚化态势可能存在的空间溢出效应，本书构建如下形式的空间杜宾模型实证检验互联网金融集聚对于区域经济增长所产生的空间溢出效应影响。SDM 的具体形式设定如下：

$$\ln RGDP_{it} = \alpha + \rho \sum_{j=1}^{N} W_{ij} \ln RGDP_{it} + \delta \sum_{j=1}^{N} W_{ij} \ln IFDI_{it} + \theta \ln IFDI_{it} + \beta_1 \ln K_{it} +$$

$$\beta_2 Labor_{it} + \beta_3 Loan\_GDP_{it} + \beta_4 \ln Hum_{it} + \beta_5 Open_{it} + \beta_6 Gov_{it} +$$

$$\beta_7 (R\&D)_{it} + \beta_8 Coagg_{it} + \mu_i + \varepsilon_{it}, \varepsilon_{it} \sim N(0, \sigma_{it}^2) \tag{6.2}$$

（6.2）式中的空间杜宾模型能够通过空间滞后系数 ρ 的估计值来反映邻近地区的经济增长水平对本地区经济增长所产生的影响关系，通过解释变量空间滞后项系数（δ）的估计值来反映邻近地区的互联网金融发展对本地区经济增长所带来的影响关系。其中，μ_i 为跨截面变化的个体效应，ε_{it} 为随机误差项，θ、$\beta_1 \sim \beta_8$ 均为待估参数，W_{ij} 为 37×37 阶形式的空间权重矩阵。为了减弱样本数据可能存在的异方差影响，书中在具体的回归分析过程中，对非比率类的指标变量均进行了取自然对数处理。

（二）空间权重矩阵的设定

考虑到本章的研究样本也是前文提及的 37 个金融中心城市，样本城市的类型包括直辖市、省会（或首府）城市、计划单列市以及苏州、温州两个地级市，从而彼此之间基本不相邻。因此，与第五章中的空间权重矩阵相同，本章也设定基于地理距离的 0 - 1 空间权重矩阵和地理距离倒数形式的空间权重矩阵。这两种空间权重矩阵的设定方法和具体形式均参见第五章内容。另外，在后续的空间计量模型回归估计中，为了简化模型和使估计结果易于理解，本章也对所设定的空间权重矩阵均进行了"行标准化"处理，使行标准化后空间权重矩阵的每行元素之和均为 1，主对角线元素均为 0。

三、 空间相关性分析

为了使用空间计量模型进行后续的实证分析，书中首先通过全局莫兰指数（Global Moran's I）对 IFDI 进行全局空间自相关检验，然后借助莫兰散点图（Moran Scatterplot）进行局部空间相关性分析，共同验证样本城市的 IFDI 变量在地理空间维度上所存在的自相关特性。

（一）全局空间自相关检验

书中依据地理距离空间权重矩阵，采用全局莫兰指数检验各样本城市 IFDI 的空间自相关性。检验结果（见表 6.2）显示，2014Q1 至 2016Q1 各季度数据的 Moran's I 均能够在 1% 的显著性水平下高度显著，2014 年和 2015 年数据的 Moran's I 也能够在 1% 的显著性水平下高度显著。这表明，各金融中心城市的互联网金融发展在空间维度上并不是随机分布的，而是整体上表现出显著的正向空间自相关特性，呈现"高高"（HH）关联和"低低"（LL）关联，即互联网金融发展水平较高的地区在地理位置上趋向于集中，互联网金融发展水平相对较低的地区之间则是相互邻近。综上而言，各金融中心城市的互联网金融发展存在显著的空间集聚现象，而且这种集聚现象在样本期内始终较为明显。

表 6.2　　　　　　　　　金融中心城市 IFDI 的 Moran's I 检验结果

年份（季度）	Moran's I	Z 值	年份（季度）	Moran's I	Z 值
2016Q1	0.0993 ***	3.3654	2014Q3	0.1007 ***	3.4613
2015Q4	0.0932 ***	3.1972	2014Q2	0.0948 ***	3.3160
2015Q3	0.0928 ***	3.1924	2014Q1	0.0944 ***	3.2899
2015Q2	0.1043 ***	3.5510	2015	0.0988 ***	3.3784
2015Q1	0.1026 ***	3.4942	2014	0.0978 ***	3.3868
2014Q4	0.0994 ***	3.4306			

数据来源：根据 GeoDa1.12 软件的检验结果整理。

注：＊＊＊、＊＊、＊分别表示在 1%、5% 和 10% 的显著性水平下显著，随机检验采用 999permutations。

（二）局部空间相关性分析

鉴于全局莫兰指数只能够从整体层面上反映经济变量的空间自相关特性，为了进一步探讨金融中心城市互联网金融发展指数的局部空间特征，书中还进行了局部空间相关性分析。受篇幅所限，书中以 2014 年和 2015 年 IFDI 的 Moran's I 散点图（见图 6.1）为例，来分析说明样本城市的局部空间自相关特征。

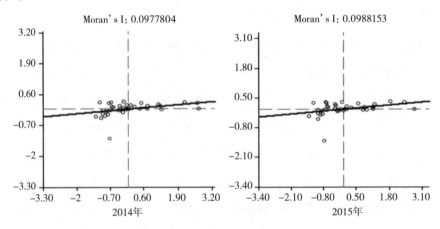

图 6.1　金融中心城市 IFDI 的 Moran's I 散点图（2014 年和 2015 年）

（资料来源：GeoDa1.12 软件绘制）

由 2014 年和 2015 年的 Moran's I 散点图来看，大多数金融中心城市分布在第一象限（HH）和第三象限（LL），即多数样本城市的互联网金融发展水平呈现"高－高"型或者"低－低"型的集聚特征，样本城市之间的正向空间自相关特征表现得较为明显。其中，位于第一象限的大多数是东部沿海城市（如上海、苏州、杭州等），其自身的互联网金融发展水平比较高，周边城市的互联网金融发展水平也相对较高；而位于第三象限的大多数是西部城市（如兰州、银川、乌鲁木齐等），其自身以及周边城市的互联网金融发展均处于相对较低的水平。位于第二象限（LH）和第四象限（HL）的样本城市则相对较少。以 2015 年的莫兰散点图为例，仅有贵阳、昆明、南宁、海口等少数城市位于第二象限，表现出"低－高"型的离散特征，这说明其自身的互联网金融发展水平较低，而周边城市的互联网金融发展却处于相对较高的水平。另外，仅有武汉、南京等个别城市位于第四象限，表现出"高－低"型的离散特征，这说明其自身的互联网金融发展水平较高，而周边城市的互联网金融发展则处于相对较低的水平。

综上所述，全局空间相关性检验结果表明，各金融中心城市的互联网金融发展水平整体上呈现显著的正向空间自相关特征，空间集聚现象比较明显。不过，Moran's I 散点图的局部空间相关性分析表明，除了大多数城市的互联网金融业态表现出显著的空间集聚特征之外，个别城市的互联网金融发展却呈现"低－高"型或者"高－低"型的离散特征，空间集聚现象并不完全绝对，少数城市的互联网金融发展表现出一定程度上的空间离散特征。

四、　实证结果分析

（一）空间杜宾模型回归结果

本章以地理距离倒数形式的空间权重矩阵为例，进行实证结果分析，将基于地理距离 0－1 权重矩阵形式下的回归结果作为稳健性检验。由于空间面板模型包括个体固定效应和个体随机效应，书中通过 Hausman 检验进行选择。

另外，为了验证 IFDI 对区域经济增长（RGDP）影响关系的稳定性，书中在估计过程中采用逐步引入控制变量的方式进行回归分析，观察随着控制变量的逐渐引入，核心解释变量的系数估计值和显著性变化情况。

空间杜宾模型的具体回归结果如表6.3所示。

表6.3　　　　　　互联网金融集聚和区域经济增长的 SDM 回归结果

	空间杜宾模型（SDM）——地理距离倒数空间权重矩阵							
	模型1	模型2	模型3	模型4	模型5	模型6	模型7	模型8
lnIFDI	0.1583 **	0.1412 *	0.1379 *	0.1331 *	0.1316 *	0.1390 *	0.1370 *	0.1260 *
	(1.99)	(1.88)	(1.80)	(1.72)	(1.76)	(1.80)	(1.80)	(1.81)
lnK	0.4298 ***	0.4256 ***	0.4230 ***	0.4126 ***	0.4413 ***	0.4353 ***	0.4355 ***	0.4056 ***
	(4.34)	(4.45)	(4.42)	(4.27)	(4.62)	(4.50)	(4.53)	(4.14)
Labor		0.1316 **	0.1326 **	0.1160 *	0.1091 *	0.1016	0.1120	0.1019
		(2.10)	(2.11)	(1.76)	(1.73)	(1.56)	(1.62)	(1.57)
Loan _ GDP			−0.0043	−0.0046	−0.0039	−0.0067	−0.0068	−0.0114
			(−0.40)	(−0.43)	(−0.38)	(−0.55)	(−0.57)	(−0.95)
lnHum				0.0317	0.0450	0.0501	0.0476	0.0522
				(0.83)	(1.19)	(1.26)	(1.20)	(1.40)
Open					−0.0429	−0.0403	−0.0418	−0.0641 *
					(−1.50)	(−1.38)	(−1.42)	(−1.95)
Gov						0.1392	0.1105	0.1829
						(0.44)	(0.34)	(0.59)
R&D							0.4377	0.3300
							(0.44)	(0.35)
Coagg								−0.0870
								(−1.23)
W − lnIFDI	−0.2111 **	−0.1955 **	−0.1893 **	−0.1880 **	−0.1969 **	−0.2045 **	−0.2025 **	−0.1862 **
	(−2.49)	(−2.45)	(−2.30)	(−2.25)	(−2.44)	(−2.45)	(−2.46)	(−2.49)
Cons	−1.8735	−1.7943	−1.7480	−1.8142	−2.1881	−2.1690	−2.2262	−1.9543
	(−0.81)	(−0.77)	(−0.75)	(−0.77)	(−0.93)	(−0.93)	(−0.96)	(−0.87)
ρ	0.7208 ***	0.7140 ***	0.7129 ***	0.7117 ***	0.7115 ***	0.7129 ***	0.7181 ***	0.7290 ***
	(3.98)	(3.88)	(3.86)	(3.85)	(3.83)	(3.86)	(3.93)	(4.12)
Hausman	−27.73	−24.33	−26.25	−33.19	−8.07	−0.46	−0.07	−9.12
Log − L	91.28	93.52	93.60	93.95	95.01	95.11	95.20	95.88

注：*** 、** 、* 分别表示在1%、5%和10%的显著性水平下显著，括号中的数字为各系数的 z 统计量值。Hausman 检验结果表明，随着控制变量逐渐加入，SDM 均应当选择随机效应模型形式。

表 6.3 中的回归结果显示，随着控制变量逐渐加入空间杜宾模型中，核心解释变量的系数估计值大小和显著性并未发生比较明显的变化，IFDI 对区域经济增长始终带来显著的正向促进影响。而且，空间滞后系数 (ρ) 的估计值始终显著为正值，其估计值大小以及显著性情况也未发生明显的改变，这表明邻近城市的经济增长水平确实能够对本地区的经济增长带来正向促进作用，经济增长变量本身在地理空间层面上存在着相互影响关系。

另外，随着控制变量逐渐加入空间杜宾模型中，互联网金融发展指数空间滞后项（W − lnIFDI）的系数估计值始终显著为负值。这表明，互联网金融在地理空间层面上的集聚化态势存在着显著的负向空间溢出效应，当邻近城市的互联网金融发展水平较高时，反而会不利于本地区经济增长水平的提升，较高的互联网金融发展水平以及比较明显的集聚化态势并没有对周边地区的经济增长发挥出显著的辐射带动作用。本书认为，这可以解释为当前我国各地区的区域性金融中心建设存在一定程度的"过热"现象，这可能会对有限的互联网金融资源形成恶性竞争，难免会出现"以邻为壑"的区域负外部性，本地区的区域性金融中心建设在促进自身经济增长的同时，反而会对邻近地区的经济增长带来一定程度上的不利影响。而且，我国的互联网金融目前还正处于快速发展中，以 P2P 网贷平台、股权众筹和移动支付等为主的各类互联网金融业态尚未形成较为成熟的业务和监管模式，互联网金融风险伴随其发展而同时存在。与传统金融业态集聚不同的是，当前我国的互联网金融业态集聚在地理空间层面上表现出明显的区域负外部性，负向空间溢出效应比较显著。

从控制变量来看，物质资本投入和劳动力投入对区域经济增长具有正向促进作用，传统金融发展水平对区域经济增长会带来一定程度上的不利影响，不过不是十分显著，其他各控制变量的系数估计值也相对不显著。

（二）稳健性检验

为进一步验证互联网金融集聚对区域经济增长空间溢出效应的稳健性，书中还构建了基于地理距离的 0 − 1 空间权重矩阵，并进行空间杜宾模型的回归估计分析。稳健性检验的具体回归结果如表6.4所示。

表6.4 稳健性检验回归结果

	空间杜宾模型（SDM）——基于地理距离的0-1空间权重矩阵							
	模型1	模型2	模型3	模型4	模型5	模型6	模型7	模型8
lnIFDI	0.1679 **	0.1484 **	0.1439 **	0.1405 *	0.1354 *	0.1465 **	0.1450 **	0.1358 **
	(2.23)	(2.08)	(1.97)	(1.91)	(1.93)	(2.00)	(2.00)	(2.06)
lnK	0.4184 ***	0.4146 ***	0.4117 ***	0.4007 ***	0.4320 ***	0.4233 ***	0.4239 ***	0.3963 ***
	(4.19)	(4.29)	(4.25)	(4.11)	(4.47)	(4.34)	(4.36)	(4.03)
Labor		0.1313 **	0.1323 **	0.1145 *	0.1064 *	0.0958	0.1063	0.0973
		(2.08)	(2.09)	(1.73)	(1.69)	(1.46)	(1.53)	(1.49)
Loan_GDP			-0.0044	-0.0046	-0.0040	-0.0077	-0.0077	-0.0129
			(-0.40)	(-0.43)	(-0.39)	(-0.63)	(-0.64)	(-1.06)
lnHum				0.0343	0.0480	0.0552	0.0527	0.0573
				(0.88)	(1.26)	(1.38)	(1.31)	(1.51)
Open					-0.0453	-0.0418	-0.0434	-0.0669 **
					(-1.57)	(-1.42)	(-1.47)	(-2.02)
Gov						0.1900	0.1608	0.2342
						(0.59)	(0.49)	(0.74)
R&D							0.4417	0.3420
							(0.44)	(0.36)
Coagg								-0.0911
								(-1.30)
W-lnIFDI	-0.2054 **	-0.1872 **	-0.1798 **	-0.1805 **	-0.1871 **	-0.1989 **	-0.1976 **	-0.1848 **
	(-2.50)	(-2.39)	(-2.23)	(-2.20)	(-2.40)	(-2.44)	(-2.46)	(-2.53)
Cons	-0.1441	-0.0350	0.0095	-0.0806	-0.5756	-0.6112	-0.6924	-0.6224
	(-0.05)	(-0.01)	(0.00)	(-0.03)	(-0.22)	(-0.23)	(-0.26)	(-0.24)
ρ	0.5733 ***	0.5635 ***	0.5629 ***	0.5630 ***	0.5712 ***	0.5791 ***	0.5861 ***	0.6137 ***
	(2.61)	(2.56)	(2.57)	(2.57)	(2.62)	(2.69)	(2.74)	(2.94)
Hausman	-17.73	-16.33	-16.26	-18.37	-26.34	-4.14	-4.53	-8.24
Log-L	90.10	92.28	92.36	92.76	93.92	94.09	94.19	94.94

注：***、**、*分别表示在1%、5%和10%的显著性水平下显著，括号中的数字为各系数的z统计量值。Hausman检验结果表明，随着控制变量逐渐加入，SDM均应当选择随机效应模型形式。

表 6.4 中的稳健性检验结果显示，无论是基于地理距离倒数形式的空间权重矩阵，还是基于地理距离的 0 - 1 空间权重矩阵，空间杜宾模型的回归结果并未出现十分明显的改变。从表 6.4 中的回归结果来看，IFDI 依然会对区域经济增长带来显著的正向促进作用，而且随着控制变量的逐渐引入，其系数估计值的大小和显著性没有发生根本的改变。空间滞后系数 (ρ) 的估计值也始终显著为正值，其估计值大小和显著性并未发生明显变化，这表明金融中心城市的经济增长变量本身在地理空间层面确实存在相互影响关系，邻近城市的经济增长水平能够对本地区的经济增长带来显著的正向促进作用。另外，IFDI 的空间滞后项（W - lnIFDI）的系数估计值也始终为负值，而且随着控制变量的逐渐引入，其估计值大小和显著性也未发生明显变化。这表明，互联网金融在地理空间层面上的集聚化态势着实存在着显著的负向空间溢出效应，当邻近城市的互联网金融发展水平较高时，反而会不利于本地区经济增长水平的提升，金融中心城市的互联网金融发展及其比较明显的集聚化态势并没有对周边地区的经济增长发挥出显著的辐射带动作用。总体来看，两种空间权重矩阵下的实证检验结果高度一致，这表明本章的研究结论是稳健、可靠的。

第二节　本章小结

本章以我国 37 个金融中心城市作为研究样本，以北京大学互联网金融发展指数作为数据支撑，设定了基于地理距离的 0 - 1 空间权重矩阵和地理距离倒数形式的空间权重矩阵，通过构建空间杜宾模型实证检验了互联网金融集聚对区域经济增长的空间溢出效应影响。结论发现：（1）金融中心城市的互联网金融发展水平表现出显著的正向空间自相关特性，集聚现象比较明显。（2）互联网金融发展指数和邻近地区的经济增长水平均能够对本地区的经济增长带来显著的正向促进影响。然而，互联网金融集聚却在地理空间层面表现出明显的负向溢出效应，即金融中心城市的互联网金融发展及其比较明显的集聚化态势并没有对周边地区的经济增长形成辐射带动作用，反而存在区域负外部性。（3）控制变量中，物质资本和劳动力投入能够促进区域经济增长，其他控制变量的系数估计值相对不显著。（4）稳健性检验结果表明，两种空间权重矩阵下的实证检验结果高度一致，本章的研究结论较为稳健、可靠。

第七章
金融集聚对全要素生产率的
影响效应检验

　　目前学术界在关于金融集聚的空间外溢效应研究中，大多数学者均是探讨金融集聚对区域经济增长的空间溢出效应，较少有学者关注金融集聚对经济效率的空间溢出效应影响（余泳泽等，2013）[①]。不过，内生增长理论将驱动经济增长的技术进步因素内生化，并将全要素生产率（TFP）视为长期经济增长的主要源泉。如果金融集聚能够对全要素生产率产生显著影响，那么其对经济增长的影响将是极为深远的。因此，在前文实证检验了金融集聚对区域经济增长的影响效应之后，本章将进一步实证探讨金融集聚对全要素生产率的影响效应。第三章构建了金融集聚影响 TFP 的理论模型，并提出了相应的研究假说。本章写作的逻辑思路则是在前文理论模型的基础上，分别构建动态面板数据模型和空间计量模型，并基于第四章中对于我国 37 个金融中心城市 2007—2016年的金融集聚度和全要素生产率测算数据，实证检验传统金融集聚对 TFP 的动态效应影响和空间溢出效应。另外，基于北京大学互联网金融发展指数数据，本章还实证检验了互联网金融集聚对 TFP 的空间溢出效应影响。

---

　　① 余泳泽，宣烨，沈扬扬. 金融集聚对工业效率提升的空间外溢效应 ［J］. 世界经济，2013（2）：93－116.

第一节　传统金融集聚对全要素生产率的动态效应影响

考虑到全要素生产率是个较为复杂的动态变化过程，即其不仅会受到当期经济因素的影响，可能还会和自身前期值的变化存在着内在联系，从而会表现出一定的动态惯性特征。因此，本节也将基于我国 37 个金融中心城市 2007—2016 年的面板数据，通过构建动态面板数据模型并运用系统广义矩估计（SYS‒GMM）方法来实证检验传统金融集聚对全要素生产率的动态效应影响。

一、变量选取和数据来源

（一）变量选取

被解释变量。书中用全要素生产率表示经济效率，并且作为被解释变量。第四章已经通过 DEA‒Malmquist 指数法测算了各金融中心城市 2007—2016 年的全要素生产率变化（TFPCH）情况，并将其分解为技术进步变化（TECHCH）、纯技术效率变化（PECH）和规模效率变化（SECH）。不过，由于 DEA‒Malmquist 指数法的测算结果表示的是全要素生产率及其各分解项的变动率，书中将对测算的变动率数据进行转化[①]。

核心解释变量。本节计量模型中的核心解释变量也是金融集聚度（Fagg）。第四章中已经通过构建综合评价指标体系，并运用因子分析法对各样本城市 2007—2016 年的传统金融集聚度进行了定量测算[②]。

[①]　全要素生产率的测算结果参见附录 4。

[②]　金融集聚度的测算结果参见附录 2。

控制变量。与前文传统金融集聚对区域经济增长影响效应的问题研究相同，本章在实证检验传统金融集聚对全要素生产率影响效应的问题研究中，也分别选取人力资本（Hum）、对外开放（Open）、政府干预（Gov）、研发能力（R&D）和产业协同集聚（Coagg）作为控制变量，减少核心解释变量可能存在的遗漏变量偏误。其中，各控制变量的具体含义均参见第五章内容。另外，刘生龙和胡鞍钢（2010）[①] 在研究基础设施的外部性问题中指出，基础设施（包括交通、信息基础设施）能够通过影响产出效率而间接地影响经济增长，即基础设施的外部性。这表明，信息化水平（Inf）和交通基础设施（Bas）也能够成为经济效率的重要影响因素。因此，书中采用人均邮电业务收入（元/人）反映样本城市的信息化水平，采用城市道路人均占有面积（平方米/人）反映样本城市的交通基础设施，并将二者也引入控制变量中。

（二）数据来源和变量描述性统计

鉴于数据的可获得性和完整性，本章以我国 37 个金融中心城市作为研究样本，时间跨度为 2007—2016 年。各指标变量的数据来源已在前文中提及，本章不再赘述。变量的描述性统计分析结果如表 7.1 所示。

表 7.1　　　　　　　　　变量的描述性统计分析结果

变量性质	变量名称（单位）	观测数	均值	标准差	最小值	最大值
被解释变量	全要素生产率变化（TFPCH）	370	1.01	0.09	0.72	1.57
	技术进步变化（TECHCH）	370	1.00	0.05	0.88	1.18
	纯技术效率变化（PECH）	370	1.01	0.10	0.48	1.68
	规模效率变化（SECH）	370	1.00	0.07	0.79	1.64
解释变量	金融集聚度（Fagg）	370	0.00	0.80	−0.63	3.49

---

① 刘生龙，胡鞍钢. 基础设施的外部性在中国的检验：1988—2007 [J]. 经济研究，2010（3）：4 – 15.

变量性质	变量名称（单位）	观测数	均值	标准差	最小值	最大值
	人力资本（Hum，元/人）	370	1323.69	685.96	296.89	4083.83
	对外开放（Open，%）	370	49.01	54.73	2.74	321.46
	政府干预（Gov，%）	370	10.81	3.31	5.16	22.37
控制变量	研发能力（R&D，%）	370	3.16	1.47	0.43	8.71
	产业协同集聚（Coagg，%）	370	74.75	18.49	26.43	99.90
	信息化水平（Inf，元/人）	370	1810.75	1193.69	227.89	7869.75
	交通基础设施（Bas，平方米/人）	370	6.49	2.62	2.01	17.71

数据来源：Stata14.0 软件结果整理。

表7.1 中的描述性统计结果显示，TFPCH 及其分解项的均值均在 1.00 附近，标准差均接近于零，这表明全要素生产率及其分解项在样本期间的变化趋势较为平稳。金融集聚度由于采用因子分析法进行测算，其最小值为负数，最小值（-0.63）与最大值（3.49）之间的差距较大，这表明样本城市之间的金融集聚度差异明显。另外，各控制变量的标准差均明显小于其所对应的均值（对外开放除外）。总体而言，各变量数据的变化平稳，不存在明显的异常波动情况。

二、 动态面板模型设定

前文已述，全要素生产率变化可能是个具有动态惯性特征的过程。因此，本节在前文理论模型的基础上引入被解释变量（TFP）的一阶滞后项，即通过构建动态面板数据模型实证检验传统金融集聚对全要素生产率的动态效应影响。另外，正如研究假说 7 所言，金融集聚对全要素生产率的影响可能是集聚效应和拥挤效应共同作用的结果，二者之间并非是简单的线性关系，而可能会呈现显著的倒 U 形非线性关系。因此，书中还将金融集聚度（Fagg）变量的二次项引入计量模型。动态面板数据模型的最终形式设定如下：

$$\ln TFP_{it} = \alpha + \phi_1 \ln Fagg_{it} + \phi_2 (\ln Fagg_{it})^2 + \beta_0 \ln TFP_{it-1} +$$
$$\beta_1 \ln Hum_{it} + \beta_2 Open_{it} + \beta_3 Gov_{it} + \beta_4 (R\&D)_{it} + \beta_5 Coagg_{it} +$$
$$\beta_6 \ln Inf_{it} + \beta_7 \ln Bas_{it} + rt + \mu_i + \varepsilon_{it} \qquad (7.1)$$

其中，μ_i 为跨截面变化的个体效应，rt 为时间趋势项，ε_{it} 为随机误差项，r、ϕ_1、ϕ_2、β_0 以及 $\beta_1 \sim \beta_7$ 均为待估参数。为了减弱样本数据可能存在的异方差影响，书中对非比率类的指标变量均进行了取自然对数处理。

由于因子分析法所得到的金融集聚度综合因子得分会存在负值，在计量模型回归分析中对该变量取对数时，书中借鉴朱江丽和李子联（2015）[①] 的处理方法，对综合因子得分值进行了标准化和平移化处理[②]。由于投入产出法下的 DEA – Malmqiust 指数测算结果表示的是全要素生产率的变化率（TFPCH），借鉴张公嵬和梁琦（2010）[③]、伍先福（2018）[④] 等学者的做法，书中采用该指数相对于基期（此处基期为 2006 年）的累乘积形式作为被解释变量[⑤]。另外，为了进一步识别传统金融集聚对样本城市 TFP 的影响途径，本书还考察了金融集聚对 TFP 分解项的影响关系，即分别用技术进步变化（TECHCH）、纯技术效率变化（PECH）和规模效率变化（SECH）来替代（7.1）式中的 TFP 进行回归估计。同样地，TECHCH、PECH 和 SECH 也采用其各自的累乘积形式。

三、 实证结果分析

与第五章中动态面板数据模型的估计方法相同，本节也主要采用 SYS – GMM 方法来进行回归估计。另外，书中还报告了混合 OLS 和固定效应（FE）的估计结果，可以进行对比分析。样本城市的具体回归结果如表 7.2 所示。

---

① 朱江丽，李子联. 长三角城市群产业—人口—空间耦合协调发展研究［J］. 中国人口·资源与环境，2015（2）：75 – 82.

② 某样本城市的金融集聚度为负值，表明其金融集聚度在所有样本城市中位于平均水平以下。标准化和平移化处理的具体方法如下：首先进行 Min – Max 标准化，然后将所有数据加 1，使处理后的数据位于［1，2］区间。此种处理方法不会改变原始数据中的相对序列关系。

③ 张公嵬，梁琦. 出口、集聚与全要素生产率增长——基于制造业行业面板数据的实证研究［J］. 国际贸易问题，2010（12）：12 – 19.

④ 伍先福. 生产性服务业与制造业协同集聚提升全要素生产率吗？［J］. 财经论丛，2018（12）：13 – 20.

⑤ 书中测算 TFP 指数数据的时间跨度是 2006—2016 年，从而得到 2007—2016 年的 TFP 变化率。

表 7.2　　　　　　　　TFP 及分解项的动态面板模型回归结果

	lnTFP			lnTECHCH	lnPECH	lnSECH
	POLS（模型 1）	FE（模型 2）	SYS – GMM（模型 3）	SYS – GMM（模型 4）	SYS – GMM（模型 5）	SYS – GMM（模型 6）
因变量滞后项	0.9773 *** (36.89)	0.5953 *** (13.58)	0.7885 *** (33.43)	0.6638 *** (25.17)	0.3820 *** (22.32)	0.2717 *** (33.92)
lnFagg	−0.0588 (−0.47)	0.1300 (0.23)	0.8314 ** (2.44)	0.4452 (1.14)	1.3269 *** (2.84)	−1.2950 *** (−10.57)
(lnFagg)²	0.0658 (0.33)	−1.3661 (−1.32)	−3.2206 ** (−2.21)	−3.0318 *** (−2.63)	−1.0735 (−1.31)	2.1769 *** (13.75)
lnHum	0.0092 (0.39)	−0.0378 (−1.23)	−0.3127 ** (−2.22)	−0.5151 *** (−9.17)	0.3499 *** (2.68)	0.4875 *** (7.45)
Open	−0.0137 (−0.81)	0.0764 ** (2.26)	0.0669 *** (3.77)	−0.1748 *** (−7.39)	−0.0484 * (−1.93)	0.0096 (1.14)
Gov	−0.0830 (−0.50)	−0.4746 (−1.29)	−0.4491 (−1.45)	−0.2789 *** (−3.09)	−1.8443 *** (−4.83)	0.9226 *** (12.82)
R&D	0.6305 (1.34)	4.3148 *** (4.44)	4.8367 *** (9.72)	1.7004 *** (4.61)	2.8426 *** (5.58)	−0.1294 (−0.75)
Coagg	0.0243 (0.85)	0.0907 * (1.89)	0.1671 *** (4.75)	−0.0882 *** (−2.71)	0.2351 *** (11.93)	−0.0471 *** (−3.60)
lnInf	−0.0081 (−0.67)	−0.0148 (−1.09)	−0.0910 *** (−4.83)	0.0525 *** (4.24)	−0.0781 *** (−5.40)	−0.1619 *** (−12.86)
lnBas	−0.0113 (−0.84)	0.0416 (1.25)	−0.6346 *** (−5.72)	0.7725 *** (4.27)	−0.4280 *** (−3.53)	−0.6912 *** (−11.11)
t	−0.0053 (−1.39)	0.0006 (0.12)	0.0116 *** (2.99)	−0.0057 ** (−2.25)	0.0125 *** (3.34)	−0.0084 *** (−4.57)
Cons	0.0315 (0.20)	0.1740 (0.75)	1.7969 *** (5.87)	−0.5075 (−1.30)	0.0876 (0.33)	0.8806 *** (5.05)
R²	0.8497	0.5022				
Prob（F – sta.）	0.0000	0.0000				
Sargan			0.9953	0.7949	0.9197	0.9150
AR（1）			0.0056	0.0000	0.0001	0.0332
AR（2）			0.7975	0.0044	0.2880	0.1049

　　注：＊＊＊、＊＊、＊分别表示在 1%、5% 和 10% 的显著性水平下显著，括号中的数字为各系数的 t 统计量值或 z 统计量值，AR（1）、AR（2）和 Sargan 分别给出的是其各自检验统计量所对应的概率 p 值，SYS – GMM 表示系统广义矩两步估计法（Two – step）的回归结果。Hausman 检验结果的概率 p 值为 0.0000，从而可以选择固定效应模型的估计结果。

表 7.2 中混合 OLS (模型 1) 和固定效应 (模型 2) 的估计结果显示, TFP 滞后项的 POLS 估计系数达到 0.9773, 且高度显著, 而固定效应估计系数却仅为 0.5953。这可以印证混合 OLS 通常会显著高估被解释变量滞后项系数的真实值, 而固定效应会明显低估被解释变量滞后项系数真实值的经验判断。另外, 无论是从核心解释变量 Fagg 而言, 还是从各控制变量来看, POLS 和固定效应的估计系数均存在明显差异。这表明, 在动态面板数据模型中, 传统估计方法 (混合 OLS 和固定效应) 的估计值是有偏误且不一致的。SYS – GMM (模型 3) 的估计结果显示, AR (1) 和 AR (2) 检验的概率 p 值分别为 0.0056 和 0.7975, 这表明扰动项的一阶差分存在一阶自相关, 而不存在二阶自相关, 不能拒绝扰动项无自相关的零假设, 书中设定的动态面板数据模型是合理的。另外, Sargan 检验的概率 p 值达到 0.9953, 无法拒绝工具变量联合有效的零假设。因此, 模型 3 的 SYS – GMM 估计结果是稳健可靠的。从具体的回归系数来看, TFP 的滞后项系数显著为正, 这表明 TFP 变化的确具有明显的动态惯性特征。样本城市的金融集聚度对 TFP 具有显著的正向促进作用, 而金融集聚度平方项的系数显著为负, 这表明金融中心城市的金融集聚对 TFP 的影响呈现明显的倒 U 形非线性关系。在控制变量中, 对外开放、研发能力和产业协同集聚均对 TFP 具有显著的正向影响, 其他控制变量的影响效应为负或者影响效应不显著。

从 TFP 的三个分解项来看, 金融集聚对技术进步变化 (TECHCH)、纯技术效率变化 (PECH) 和规模效率变化 (SECH) 的影响作用存在明显差异。模型 4 的回归结果显示, 金融集聚度对技术进步变化会产生正向影响, 但没有通过显著性检验, 不过金融集聚度平方项的系数显著为负, 表明二者之间可能存在倒 U 形非线性关系。模型 5 的回归结果显示, 金融集聚度对纯技术效率变化会产生较为显著的正向促进作用, 不过金融集聚度平方项的负系数值未能通过显著性检验。模型 6 的回归结果显示, 金融集聚度会明显不利于规模效率的变化, 而且金融集聚度平方项的系数显著为正, 这表明金融集聚与规模效率变化之间表现出明显的 U 形非线性关系。综上而言，金融中心城市的金融集聚主要是通过促进技术进步和提高纯技术效率的途径发挥对 TFP 的正向促进作用，而金融集聚和规模效率变化之间却呈现明显的负向影响关系。从过度识别检验来看，模型 4、模型 5 和模型 6 的 Sargan 检验概率 p 值分别达到 0.7949、0.9197 和 0.9150，这表明三个模型均通过了工具变量联合有效的检验。从扰动项无自相关检验来看，模型 5 和模型 6 的 AR（2）检验概率 p 值分别为 0.2880 和 0.1049，表明这两个模型的扰动项不存在自相关，不过模型 4 的扰动项无自相关检验未能通过。总体而言，三个模型的回归结果具有一定的合理性。

四、 本节小结

本节基于 2007—2016 年我国 37 个金融中心城市的面板数据，通过构建动态面板数据模型和采用 SYS – GMM 方法实证检验了传统金融集聚对全要素生产率的动态效应影响。结论发现：（1）TFP 的一阶滞后项系数显著为正，这表明全要素生产率会受到自身前期值的显著影响，表现出明显的动态惯性特征。（2）不同程度的金融集聚会对 TFP 带来差异性影响，当金融集聚度相对较低时，有利于 TFP 提升的实现，而较高的金融集聚度却会对 TFP 带来不利影响，二者之间表现出明显的倒 U 形非线性关系。（3）金融集聚度主要是通过促进技术进步和提高纯技术效率的途径对 TFP 产生正向促进作用，不过金融集聚度和规模效率变化之间呈现明显的负向影响关系。

第二节 传统金融集聚对全要素
生产率的空间溢出效应

在通过构建动态面板数据模型实证检验了传统金融集聚对全要素生产率的

动态效应影响之后，本节将地理空间因素考虑进来，即基于 37 个金融中心城市 2007—2016 年的面板数据，通过构建空间计量模型实证检验传统金融集聚对全要素生产率的空间溢出效应影响。

一、 空间计量模型和空间权重矩阵

（一） 空间计量模型的构建

前文已述，空间计量模型主要包括空间滞后模型（SLM）、空间误差模型（SEM）和空间杜宾模型（SDM）。同样地，根据研究目的需要，本节在前文理论模型的基础上主要设定空间杜宾模型来进行实证检验。正如研究假说 7 所言，金融集聚对全要素生产率的影响可能是集聚效应和拥挤效应共同作用的结果，二者之间并非是简单的线性关系，而可能会表现出明显的倒 U 形非线性关系。因此，书中还将金融集聚度（Fagg）变量的二次项引入空间杜宾模型，SDM 的具体形式设定如下：

$$
\begin{aligned}
\ln TFP_{it} = & \alpha + \rho \sum_{j=1}^{N} W_{ij} \ln TFP_{it} + \delta \sum_{j=1}^{N} W_{ij} \ln Fagg_{it} + \beta_1 \ln Fagg_{it} + \\
& \beta_2 (\ln Fagg_{it})^2 + \theta_1 \ln Hum_{it} + \theta_2 Open_{it} + \theta_3 Gov_{it} + \\
& \theta_4 (R\&D)_{it} + \theta_5 Coagg_{it} + \theta_6 \ln Inf_{it} + \theta_7 \ln Bas_{it} + \\
& rt + \mu_i + \varepsilon_{it}, \varepsilon_{it} \sim N(0, \sigma_{it}^2)
\end{aligned}
\tag{7.2}
$$

其中，ρ 为空间滞后系数，反映邻近地区的 TFP 对本地区 TFP 产生的影响；δ 为金融集聚度空间滞后项的系数，反映邻近地区的金融集聚对本地区 TFP 的影响关系。μ_i 为跨截面变化的个体效应，rt 为时间趋势项，ε_{it} 为随机误差项，β_1、β_2、$\theta_1 \sim \theta_7$ 和 r 均为待估参数，W_{ij} 为 37×37 阶形式的空间权重矩阵。为了减弱样本数据可能存在的异方差影响，书中在具体的回归分析过程中，对非比率类的指标变量均进行了取自然对数处理。

（二） 空间权重矩阵的设定

考虑到本章的研究样本也是前文提及的 37 个金融中心城市，样本城市的类型包括直辖市、省会（或首府）城市、计划单列市以及苏州、温州两个地级市，彼此之间基本不相邻。因此，与第五章中的空间权重矩阵相同，本章也设定了基于地理距离的 0－1 空间权重矩阵和地理距离倒数形式的空间权重矩阵。这两种空间权重矩阵的设定方法和具体形式均参见第五章内容。另外，在后续的空间计量模型回归估计中，为了简化模型和使估计结果易于理解，本章也对所设定的空间权重矩阵均进行了"行标准化"处理，使行标准化后空间权重矩阵的每行元素之和均为 1，主对角线元素均为 0。

二、 空间相关性分析

全要素生产率作为经济运行效率的体现，其空间分布规律较为复杂。为了进行后续空间计量模型的实证回归分析，书中首先通过全局莫兰指数（Global Moran's I）对全要素生产率变量进行了全局空间自相关检验，然后借助莫兰散点图（Moran Scatterplot）对其进行了局部空间相关性分析。全局莫兰指数和莫兰散点图可以共同验证样本城市的全要素生产率在地理空间层面上所存在的自相关特性。

（一）全局空间自相关检验

书中依据地理距离空间权重矩阵，采用全局莫兰指数检验各样本城市全要素生产率（TFP）的空间自相关性。检验结果（见表 7.3）显示，除了 2007 年的 Moran's I 未能通过显著性检验以及 2009 年的 Moran's I 在 5% 的显著性水平下显著外，其他各年份的 Moran's I 均在 1% 的显著性水平下高度显著。这表明，金融中心城市的全要素生产率在空间维度上并不是随机分布，而在整体上表现出正向的空间依赖性，即全要素生产率较高的地区在地理位置上趋于集中，全要素生产率相对较低的地区之间则彼此邻近。

表 7.3　　　　　　　　金融中心城市 TFP 的 Moran's I 检验

年份	Moran's I	Z 值	年份	Moran's I	Z 值
2016	0.1740 ***	5.2035	2011	0.2408 ***	6.6563
2015	0.1664 ***	4.9604	2010	0.2038 ***	5.9509
2014	0.1791 ***	5.2149	2009	0.0788 **	2.7932
2013	0.2313 ***	6.4506	2008	0.1107 ***	3.5366
2012	0.2322 ***	6.7194	2007	−0.0010	0.6472

数据来源：根据 GeoDa1.12 软件的检验结果整理。

注：***、**、* 分别表示在 1%、5% 和 10% 的显著性水平下显著，随机检验采用 999permutations。

（二）局部空间相关性分析

鉴于全局莫兰指数只能够从整体层面上反映经济变量的空间自相关特性，为了进一步考察各金融中心城市全要素生产率的局部空间特征，书中还进行了局部空间相关性分析。受篇幅所限，书中仅以 2011 年和 2016 年 TFP 的 Moran's I 散点图（见图 7.1）为例，分析说明样本城市的空间相关特征。

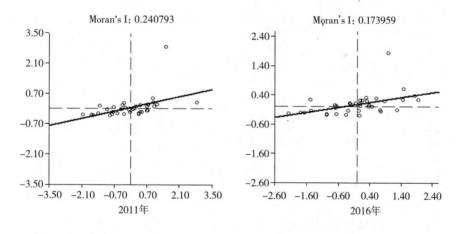

图 7.1　金融中心城市 TFP 的 Moran's I 散点图（2011 年和 2016 年）

（资料来源：GeoDa1.12 软件绘制）

由 2011 年和 2016 年 TFP 的 Moran's I 散点图来看，大多数金融中心城市分布在第一象限（HH）和第三象限（LL），即多数城市的全要素生产率呈现"高—高"型或者"低—低"型的集聚特征，正向空间自相关性表现得较为明显。位于第二象限（LH）和第四象限（HL）的样本城市相对较少。以 2016 年散点图为例，只有杭州、宁波等 6 个城市位于 LH 象限，呈现"低—高"型离散特征，表明其自身的全要素生产率不高，而周边城市的 TFP 却相对较高；另外，只有武汉、西安等 5 个城市位于 HL 象限，呈现"高—低"型离散特征，表明其自身的全要素生产率较高，而周边城市的 TFP 却相对较低。

表 7.4　　　　金融中心城市 TFP 的 Moran's I 散点图象限分布情况

年份	空间集聚		空间离散		跨象限
	第一象限（HH）	第三象限（LL）	第二象限（LH）	第四象限（HL）	
2016	北京、天津、石家庄、长春、大连、哈尔滨、乌鲁木齐、呼和浩特、上海、济南、青岛、福州、西宁、银川	重庆、成都、昆明、广州、深圳、南宁、合肥、厦门、温州、海口	杭州、宁波、南京、苏州、太原、兰州	武汉、郑州、西安、南昌、贵阳	沈阳（第一、第四象限）长沙（第一、第四象限）
2011	北京、天津、石家庄、长春、大连、哈尔滨、乌鲁木齐、银川、西宁、青岛、太原	重庆、昆明、贵阳、广州、深圳、南宁、海口、合肥、温州、郑州、杭州、苏州、厦门	南京、宁波、济南、呼和浩特、兰州	上海、福州、沈阳、南昌、武汉、成都、西安	长沙（第一、第四象限）

资料来源：根据 Moran's I 散点图的检验结果整理。

三、 实证结果分析

（一）空间杜宾模型回归结果

同样地，书中以地理距离倒数形式的空间权重矩阵为例，进行实证结果分析，将基于地理距离的 0 – 1 空间权重矩阵形式下的回归结果作为稳健性检验。由于空间面板模型包括个体固定效应和个体随机效应，书中采用 Hausman 检验进行选择。另外，为了验证金融集聚度（Fagg）对全要素生产率影响关系的稳定性，书中采用逐步引入控制变量的方式进行回归分析，观察随着控制变量的逐渐引入，核心解释变量的系数和显著性变化情况。

空间杜宾模型的具体回归结果如表7.5所示。

表7.5　　　　　传统金融集聚和TFP的空间计量模型回归结果

	空间杜宾模型（SDM）——地理距离倒数空间权重矩阵						
	模型1	模型2	模型3	模型4	模型5	模型6	模型7
lnFagg	−1.1354 **	−1.2802 **	−1.2653 **	−1.0254 **	−1.0155 **	−0.9491 *	−0.9428 *
	（−2.30）	（−2.48）	（−2.45）	（−2.02）	（−2.01）	（−1.89）	（−1.86）
$(lnFagg)^2$	1.3218 *	1.1144	1.0406	0.3058	0.3060	0.3106	0.3070
	（173）	（1.39）	（1.29）	（0.38）	（0.38）	（0.39）	（0.38）
lnHum	0.0701 *	0.0492	0.0490	0.0640 *	0.0630 *	0.0636 *	0.0535
	（1.87）	（1.32）	（1.32）	（1.75）	（1.72）	（1.75）	（1.45）
Open		0.1303 ***	0.1277 ***	0.1416 ***	0.1418 ***	0.1532 ***	0.1489 ***
		（3.39）	（3.32）	（3.76）	（3.77）	（4.09）	（3.98）
Gov			0.5938	0.6327	0.6180	0.6460	0.7492 *
			（1.41）	（1.53）	（1.49）	（1.57）	（1.80）
R&D				4.1609 ***	4.2641 ***	4.4994 ***	4.4047 ***
				（3.72）	（3.77）	（4.00）	（3.91）
Coagg					0.0349	0.0402	0.0438
					（0.60）	（0.70）	（0.76）
lnInf						−0.0441 **	−0.0465 ***
						（−2.56）	（−2.70）
lnBas							0.0580
							（1.52）
W−lnFagg	−0.5714	−2.2859 *	−2.1723 *	−1.5966	−1.5005	−1.5793	−1.6476
	（−0.51）	（−1.77）	（−1.67）	（−1.24）	（−1.16）	（−1.22）	（−1.26）
t	−0.0118 **	−0.0070	−0.0096	−0.0126 **	−0.0122 **	−0.0098	−0.0114 *
	（−2.05）	（−1.21）	（−1.59）	（−2.10）	（−2.01）	（−1.61）	（−1.85）
Cons	−0.2120	0.1155	0.0536	−0.2647	−0.3025	−0.0131	−0.0185
	（−0.80）	（0.41）	（0.19）	（−0.89）	（−1.00）	（−0.04）	（−0.06）
ρ	0.4897 ***	0.4755 ***	0.4638 ***	0.4805 ***	0.4764 ***	0.4574 ***	0.4622 ***
	（4.30）	（4.16）	（4.00）	（4.24）	（4.18）	（3.95）	（4.02）
Hausman	3.57	−30.03	−29.92	−0.48	−1.21	−8.34	−54.32
	（0.4672）						
Log−L	260.60	266.33	267.32	274.09	274.27	277.52	278.68

注：***、**、*分别表示在1%、5%和10%的显著性水平下显著，括号中的数字为各系数的z统计量值。Hausman检验括号中的数字为卡方统计量对应的概率p值，结果表明SDM均应当选择随机效应模型形式。

表 7.5 中模型 1 至模型 7 的估计结果显示，随着控制变量逐渐加入 SDM 之中，核心解释变量的系数和显著性并未发生根本改变，金融集聚度对全要素生产率始终带来显著的负向影响，金融集聚度平方项的系数值正向不显著。这表明，金融中心城市的金融集聚现象会明显不利于 TFP 提升，二者之间的非线性关系不明显。另外，空间滞后系数（ρ）始终显著为正，这表明邻近城市的 TFP 能够对本地区 TFP 带来正向促进影响。然而，金融集聚度空间滞后项（W – lnFagg）的系数估计值负向不显著，这可以解释为金融中心城市的金融集聚具有一定程度的区域负外部性，当邻近城市的金融集聚程度较高时，会由于城市之间对于有限金融资源的恶性竞争，而造成金融资源配置效率和利用效率的低下，对本地区的 TFP 带来一定程度上的不利影响。综上而言，当考虑地理空间因素时，金融中心城市的金融集聚现象不仅会对本地区的 TFP 带来显著的不利影响，还存在着一定程度上的负向空间溢出效应。从控制变量来看，城市的对外开放、政府干预和研发能力均会对 TFP 带来显著的正向促进作用，产业协同集聚和信息化水平等其他控制变量的影响不显著或者影响效应为负。

另外，从 TFP 的三个分解项来看，金融集聚度对技术进步变化（TECHCH）、纯技术效率变化（PECH）和规模效率变化（SECH）的影响依然存在明显差异。表 7.6 中模型 2 至模型 4 的估计结果显示，在考虑了地理空间因素后，金融中心城市的金融集聚对 TFP 的影响途径主要来自对技术效率（尤其是规模效率）的抑制作用，金融集聚对技术进步的促进作用相对较弱。

（二）稳健性检验

为了进一步验证金融集聚度（Fagg）对全要素生产率（TFP）空间溢出效应的稳健性，本书除了基于地理距离倒数形式的空间权重矩阵进行回归分析之外，还构建了基于地理距离的 0 – 1 空间权重矩阵，并且进行 SDM 的回归估计。

稳健性检验的回归估计结果如表 7.6 所示。

表 7.6　　　　　　　　稳健性检验和 TFP 分解项的回归结果

	基于地理距离 0 - 1 权重矩阵	lnTECHCH	lnPECH	lnSECH
	模型 1	模型 2	模型 3	模型 4
lnFagg	- 0.7939 * (- 1.67)	0.3425 (0.84)	- 0.3218 (- 0.76)	- 0.7373 *** (- 3.22)
(lnFagg)²	0.2639 (0.35)	- 1.1380 * (- 1.66)	0.1185 (0.18)	0.9623 *** (2.69)
lnHum	0.0495 (1.39)	- 0.0383 (- 1.32)	0.0696 ** (2.10)	0.0464 *** (2.62)
Open	0.1292 *** (3.77)	0.0950 *** (3.08)	0.0531 * (1.72)	- 0.0015 (- 0.09)
Gov	0.4527 (1.12)	0.5802 * (1.77)	- 0.3655 (- 1.02)	0.5354 *** (2.73)
R&D	4.4591 *** (4.11)	1.0895 (1.24)	2.5545 *** (2.64)	0.8847 * (1.68)
Coagg	0.0823 (1.50)	0.0179 (0.40)	0.0039 (0.08)	0.0317 (1.16)
lnInf	- 0.0437 *** (- 2.62)	- 0.0099 (- 0.74)	- 0.0319 ** (- 2.09)	- 0.0050 (- 0.61)
lnBas	0.0728 * (1.95)	0.1011 *** (3.28)	- 0.0421 (- 1.33)	- 0.0031 (- 0.18)
W - lnFagg	- 0.8491 (- 0.85)	- 2.3439 ** (- 1.97)	1.0891 (1.07)	- 0.6477 (- 1.15)
t	- 0.0108 * (- 1.84)	- 0.0027 (- 0.56)	- 0.0001 (- 0.03)	- 0.0104 *** (- 3.52)
Cons	- 0.1828 (- 0.62)	0.3485 (1.33)	- 0.3643 (- 1.33)	- 0.1466 (- 1.00)
ρ	0.5638 *** (6.58)	0.7382 *** (10.85)	0.3471 *** (2.79)	0.4029 *** (3.51)
Hausman	- 104.91	- 12.46	- 18.00	- 21.73
Log - L	289.72	364.52	329.46	558.73

注：***、**、* 分别表示在 1%、5% 和 10% 的显著性水平下显著，括号中的数字为各系数的 z 统计量值。Hausman 检验结果表明，SDM 均应当选择随机效应模型形式。

表 7.6 中的稳健性检验结果表明，无论是基于地理距离倒数形式的空间权重矩阵，还是基于地理距离的 0－1 空间权重矩阵，SDM 的回归结果并未出现比较明显的改变。金融中心城市的金融集聚现象依然会对全要素生产率带来明显的不利影响，金融集聚度平方项的系数正向不显著，这表明二者之间的非线性关系特征不明显。对外开放和研发能力依然会对 TFP 带来显著的正向促进作用，产业协同集聚等其他控制变量的影响效应不显著或者影响为负。另外，显著为正值的空间滞后系数 (ρ) 表明，邻近城市的 TFP 的确会对本地区的 TFP 带来积极的影响。金融集聚度空间滞后项（W－lnFagg）的系数估计值仍然为负向不显著，这表明邻近城市的金融集聚的确会在一定程度上对本地区的 TFP 带来不利影响。总体来看，两种空间权重矩阵下的实证检验结果比较一致，这表明本节的研究结论较为稳健、可靠。

四、 本节小结

本节基于 2007—2016 年我国 37 个金融中心城市的面板数据，通过构建空间杜宾模型实证检验了传统金融集聚对全要素生产率的空间溢出效应。结论发现：（1）金融中心城市样本期间的全要素生产率表现出比较明显的正向空间自相关特性。（2）金融集聚度对 TFP 具有显著的不利影响，金融集聚度平方项的系数正向不显著，二者之间的非线性关系不明显，这与未考虑地理空间因素的动态面板模型检验结果明显不同。（3）邻近城市的 TFP 对本地 TFP 具有显著的正向促进作用，而金融集聚对 TFP 却表现出一定程度上的负向空间溢出效应，即邻近城市的金融集聚会对本地 TFP 带来不利影响。（4）从分解项来看，金融集聚对 TFP 的影响途径主要来自对技术效率（尤其是规模效率）的抑制作用，金融集聚对技术进步的促进作用相对较弱。（5）稳健性检验结果表明，两种空间权重矩阵下的实证检验结果比较一致，本节的研究结论较为稳健、可靠。

第三节 互联网金融集聚对全要素
生产率的空间溢出效应

在前述章节实证检验了传统金融集聚对全要素生产率（TFP）的影响效应之后，本节同样以我国 37 个金融中心城市为研究样本，从互联网金融集聚的研究视角出发，通过构建空间计量模型来实证探讨其对 TFP 的空间溢出效应影响。

一、 变量选取和数据来源

核心解释变量。本节同样以北京大学互联网金融发展指数（IFDI）作为数据支撑，反映各金融中心城市的互联网金融发展和集聚情况。第六章已经对该指数进行了详细介绍，并且通过全局空间自相关检验（全局莫兰指数）和局部空间相关性分析（莫兰散点图）发现，我国金融中心城市的互联网金融发展整体上呈现显著的正向空间自相关特征，空间集聚现象比较明显，可以基于该指数数据进行空间计量模型实证分析。不过，考虑到该指数的数据期间有限，而且其月度和季度数据的"季节性"效应极为明显，因此书中采用其 2014—2015 年的年度数据来进行实证模型的回归分析。

被解释变量。与本章第一节中的介绍相同，第四章已经通过 DEA - Malmquist 指数法对各金融中心城市的全要素生产率变化（TFPCH）进行了测算。不过，由于测算结果表示的是全要素生产率的变动率，书中采用该指数的累乘积形式作为被解释变量，以反映金融中心城市在样本期间的全要素生产率水平。

控制变量。与前文互联网金融集聚对区域经济增长的影响效应研究相同，本节也选取了传统金融发展水平（Loan_GDP）、人力资本（Hum）、对外开放（Open）、政府干预（Gov）、研发能力（R&D）和产业协同集聚（Coagg）作为主要的控制变量，减少核心解释变量可能存在的遗漏变量偏误。另外，本节也将信息化水平（Inf）和交通基础设施（Bas）引入控制变量中。

各指标变量的数据来源和描述性统计分析已在前文述及，本节不再赘述。

二、 空间计量模型和空间权重矩阵

（一）空间计量模型的构建

与第六章相同，本节主要通过构建空间杜宾模型来实证检验互联网金融集聚对全要素生产率的空间溢出效应影响。SDM 的具体形式设定如下：

$$\ln TFP_{it} = \alpha + \rho \sum_{j=1}^{N} W_{ij} \ln TFP_{it} + \delta \sum_{j=1}^{N} W_{ij} \ln IFDI_{it} + \theta \ln IFDI_{it} +$$

$$\beta_1 Loan\_GDP_{it} + \beta_2 \ln Hum_{it} + \beta_3 Open_{it} + \beta_4 Gov_{it} + \beta_5 (R\&D)_{it} +$$

$$\beta_6 Coagg_{it} + \beta_7 \ln Inf_{it} + \beta_8 \ln Bas_{it} + \mu_i + \varepsilon_{it}, \varepsilon_{it} \sim N(0, \sigma_{it}^2)$$

$$(7.3)$$

（7.3）式中的空间杜宾模型通过空间滞后系数 ρ 的估计值来反映邻近地区的全要素生产率对本地区 TFP 所产生的影响关系，通过解释变量空间滞后项系数（δ）的估计值反映邻近地区的互联网金融集聚对本地区 TFP 所产生的影响关系。其中，μ_i 为跨截面变化的个体效应，ε_{it} 为随机误差项，θ、$\beta_1 \sim \beta_8$ 均为待估参数，W_{ij} 为 37×37 阶形式的空间权重矩阵。为了减弱样本数据可能存在的异方差影响，书中在具体的回归分析过程中，对非比率类的指标变量均进行了取自然对数处理。

（二）空间权重矩阵的设定

同样地，本节也将主要设定基于地理距离的 0 - 1 空间权重矩阵和地理距离倒数形式的空间权重矩阵。其中，本节主要以地理距离倒数形式的空间权重矩阵为例，进行实证结果分析，将基于地理距离 0 - 1 空间权重矩阵形式下的回归结果作为稳健性检验。关于这两种空间权重矩阵的设定方法和具体形式，第五章已经进行了详细介绍，本节不再赘述。

三、 实证结果分析

由于空间面板模型包括个体固定效应和个体随机效应，书中将通过 Hausman 检验进行选择。基于两种空间权重矩阵形式下的空间杜宾模型回归结果如表 7.7 所示。

表 7.7　　　　互联网金融集聚和全要素生产率的 SDM 回归结果

	地理距离倒数形式的空间权重矩阵	基于地理距离的 0 - 1 空间权重矩阵
	模型 1	模型 2
lnIFDI	- 0. 2829 **	- 0. 1938 *
	(- 2. 16)	(- 1. 67)
Loan _ GDP	- 0. 0409	- 0. 0378
	(- 1. 38)	(- 1. 33)
lnHum	0. 0160	0. 0115
	(0. 14)	(0. 11)
Open	- 0. 0271	- 0. 0275
	(- 0. 31)	(- 0. 33)
Gov	- 0. 8930	- 0. 8573
	(- 1. 04)	(- 1. 02)
R&D	5. 4711 **	5. 1565 **
	(2. 49)	(2. 46)
Coagg	0. 0599	0. 1143
	(0. 37)	(0. 71)
lnInf	- 0. 0005	- 0. 0051
	(- 0. 01)	(- 0. 14)
lnBas	- 0. 1964 **	- 0. 2049 ***
	(- 2. 38)	(- 2. 61)
W - lnIFDI	0. 3238 **	0. 2264 **
	(2. 46)	(1. 97)
Cons	0. 1259	0. 1910
	(0. 16)	(0. 25)
ρ	0. 0932	0. 5927 ***
	(0. 23)	(2. 88)
Hausman	- 50. 33	- 43. 58
Log - L	51. 32	52. 44

注：***、**、*分别表示在1%、5%和10%的显著性水平下显著，括号中的数字为各系数的 z 统计量值。Hausman 检验结果表明，SDM 均应当选择随机效应模型形式。

表 7.7 中的模型 1、模型 2 估计结果显示，两种空间权重矩阵形式下的实证检验结果基本一致，本节的回归结果较为稳健、可靠。从具体的回归系数来看，无论是基于地理距离倒数形式的空间权重矩阵，还是基于地理距离的 0 - 1 空间权重矩阵，互联网金融发展指数（IFDI）对全要素生产率（TFP）均会带来显著的负向影响，即金融中心城市的互联网金融集聚会对 TFP 带来不利影响。不过，从互联网金融发展指数空间滞后项（W - lnIFDI）的估计系数来看，该系数估计值显著为正，表明互联网金融在地理空间层面上的集聚化态势具有明显的正向空间溢出效应，即邻近城市的互联网金融发展水平较高时，对本地区的 TFP 带来正向促进作用。空间滞后系数（ρ）的估计值始终为正值，而且其在基于地理距离 0 - 1 空间权重矩阵形式下高度显著，这说明金融中心城市的 TFP 变量本身在地理空间层面上存在着相互影响关系，即邻近城市的 TFP 能够对本地区 TFP 带来正向促进作用。控制变量中，研发能力对 TFP 产生显著的正向影响，交通基础设施会对 TFP 带来不利影响，其他变量的估计系数不显著。总体而言，金融中心城市的互联网金融发展及其日益显现的集聚化态势会对本地区的全要素生产率产生不利影响，不过其在地理空间层面上能够对全要素生产率带来显著的正向空间溢出效应。

第四节　本章小结

本章在前文理论分析和研究假说的基础上，采用第四章中对于我国 37 个金融中心城市 2007—2016 年金融集聚度和全要素生产率的测算数据，实证检验了传统金融集聚对全要素生产率的动态效应影响和空间溢出效应。另外，基于北京大学互联网金融发展指数数据，本章还实证探讨了互联网金融集聚对全要素生产率的空间溢出效应影响。

首先，本章通过构建动态面板数据模型和采用 SYS - GMM 估计方法，实证检验了传统金融集聚对全要素生产率的动态效应影响。结论发现，金融中心城市的全要素生产率会受到自身前期值的显著影响，具有明显的动态惯性特征。传统金融集聚对全要素生产率具有正向促进作用，二者之间表现出明显的倒 U 形非线性关系，这表明不同程度的金融集聚会对 TFP 带来差异性的影响，当金融集聚度相对较低时，有利于 TFP 提升的实现，而较高的金融集聚度却会对 TFP 带来不利影响。从 TFP 的分解项来看，金融集聚主要通过促进技术进步和提高纯技术效率对 TFP 产生正向促进作用，不过金融集聚和规模效率变化之间表现出明显的负向影响关系。

其次，本章通过构建空间杜宾模型实证检验了样本城市的传统金融集聚对全要素生产率的空间溢出效应影响，并设定了两种空间权重矩阵来进行稳健性检验。结论发现，金融中心城市的全要素生产率存在显著的正向空间自相关特征。当考虑地理空间因素时，金融中心城市的金融集聚现象会对全要素生产率带来显著的不利影响，这与未考虑地理空间因素的动态面板模型检验结果明显不同。邻近城市的 TFP 能够对本地区 TFP 带来显著的正向促进作用，从而表现出明显的正向空间溢出效应。然而，金融集聚度空间滞后项的系数却为负向不显著，这表明邻近城市的金融集聚会对本地区 TFP 带来一定程度上的不利影响，从而表现出一定程度的负向空间溢出效应。综上所述，当考虑地理空间因素时，金融中心城市的金融集聚现象不仅会对本地区的 TFP 带来显著的不利影响，还存在一定程度的区域负外部性。

最后，本章还通过构建空间杜宾模型实证探讨了互联网金融集聚对全要素生产率的空间溢出效应影响。结论发现，金融中心城市的互联网金融发展及其日益显现的集聚化态势会对本地区的全要素生产率产生不利影响，不过其在地理空间层面上能够对全要素生产率带来显著的正向空间溢出效应。

第八章
结论、 建议与展望

在目前我国经济"结构性减速"和各地争建区域性金融中心的背景下，本书以理论分析和实证检验相互印证的范式，围绕"金融集聚及其宏观经济效应"主题展开研究。首先，本书对金融集聚相关理论的逻辑演变关系进行了梳理，系统分析了金融集聚影响区域经济增长的理论机制和具体路径，并且构建了金融集聚影响全要素生产率的理论模型。其次，本书分别通过综合指标体系法和 DEA–Malmquist 指数法对 37 个金融中心城市 2007—2016 年的金融集聚度和全要素生产率进行了测算。再次，本书从传统金融和互联网金融的双重视角出发，通过构建动态面板数据模型和空间计量模型，重点实证检验了传统金融集聚以及互联网金融集聚对区域经济增长的影响效应。最后，基于金融集聚度和全要素生产率的测算数据，本书实证检验了传统金融集聚对全要素生产率的影响效应，并且基于北京大学互联网金融发展指数数据，实证探讨了互联网金融集聚对全要素生产率的空间溢出效应影响。

第一节　研究结论

本书得出的主要研究结论如下：

（1）金融集聚评价结果显示，金融集聚度受到规模因子和效率因子的共同影响，二者分别是金融集聚在"量"和"质"层面上的直接体现，规模因子得分较高的城市，其效率因子得分不一定高，规模因子得分较低的城市，其效率因子得分也不一定低。我国金融中心城市之间的金融集聚度差异明显，北京、上海和深圳三大国际性金融中心稳居前三位。在区域性金融中心中，广州以及成都、杭州等新一线城市的金融集聚度绝对领先，中西部以及东北地区的部分省会（或首府）城市则相对较低。另外，书中还对各金融中心城市的金融辐射能力进行了分析，结论发现仅有 14 个金融中心城市具有相对较强的金融辐射能力，众多区域性金融中心城市的金融辐射能力较弱，我国华北、华东、中南以及西南各个区域形成了不同的金融辐射格局。

（2）在传统金融集聚对区域经济增长的动态效应检验中，结论发现区域经济增长具有明显的动态惯性特征，其会受到自身前期值的显著影响。全样本来看，传统金融集聚会对区域经济增长带来显著的负向影响，不过子样本组的回归结果存在明显差异。当金融集聚度相对较低时，金融集聚能够对当地的经济增长带来明显的正向促进作用，低水平集聚样本组的金融集聚与区域经济增长之间表现出明显的倒 U 形非线性关系。当引入地理空间因素，通过构建空间杜宾模型实证检验传统金融集聚对区域经济增长的空间溢出效应时，结论发现金融中心城市的经济增长水平存在显著的正向空间自相关特征。全样本来看，传统金融集聚依然会对区域经济增长带来负向影响，不过不显著；邻近城市的经济增长水平表现出明显的正向空间溢出效应，而金融集聚度的正向空间溢出效应不显著。子样本组的回归结果则存在明显差异，当金融集聚度相对较低时，有利于促进区域经济增长，二者之间表现出显著的倒 U 形非线性关系，而且低水平集聚样本组的金融集聚度空间滞后项系数表现为与全样本结果明显不同的负数，这表明低水平金融集聚对区域经济增长存在一定程度上的负向空间溢出效应。此外，传统金融集聚对居民消费和固定资产投资的实证结果显示，金融集聚会显著地促进居民消费支出，二者之间表现出正向线性关系，而金融集聚与固定资产投资之间存在的则是显著的倒 U 形非线性关系。样本城市的金融集聚现象对居民消费和固定资产投资的不同影响关系，能够传导至经济增长层面，从而可能使金融集聚对区域经济增长带来重要影响。

（3）在互联网金融集聚对区域经济增长的影响效应检验中，本书主要通过构建空间杜宾模型实证检验了互联网金融集聚对区域经济增长的空间溢出效应。结论发现，金融中心城市的互联网金融发展整体表现出比较明显的正向空间自相关特性，集聚现象比较明显。互联网金融集聚和邻近地区的经济增长水平均能够对本地区的经济增长带来显著的正向促进影响。然而，互联网金融发展却在地理空间层面表现出明显的负向溢出效应，即金融中心城市的互联网金融发展及其比较明显的集聚化态势在促进自身经济增长的同时，并没有对周边地区的经济增长形成辐射带动作用，反而存在明显的区域负外部性。

（4）在金融集聚对全要素生产率的影响效应检验中，本书基于测算的金融集聚度和全要素生产率数据，实证检验了传统金融集聚对全要素生产率的影响效应，并且基于北京大学互联网金融发展指数数据，实证探讨了互联网金融集聚对全要素生产率的空间溢出效应影响。首先，动态效应影响的检验结果显示，金融中心城市的全要素生产率具有明显的动态惯性特征，其会受到自身前期值的显著影响。传统金融集聚对全要素生产率具有正向促进作用，二者之间表现出明显的倒 U 形非线性关系。从 TFP 的分解项来看，金融集聚主要通过促进技术进步和提高纯技术效率对 TFP 产生正向促进作用，不过金融集聚和规模效率变化之间表现出明显的负向影响关系。其次，书中引入地理空间因素，通过构建空间杜宾模型实证检验了传统金融集聚对全要素生产率的空间溢出效应，结论发现金融中心城市的全要素生产率存在显著的正向空间自相关特征。当考虑地理空间因素时，金融中心城市的金融集聚现象会对 TFP 带来显著的不利影响，这与未考虑地理空间因素的动态面板模型检验结果明显不同。邻近城市的 TFP 能够对本地区 TFP 带来显著的正向促进作用，从而表现出明显的正向空间溢出效应。然而，金融集聚度空间滞后项的系数估计值却为负向不显著，这表明邻近城市的金融集聚会对本地区 TFP 带来一定程度上的不利影响，从而表现出一定程度的负向空间溢出效应。综上所述，当考虑地理空间因素时，金融中心城市的金融集聚现象不仅会对本地区 TFP 带来显著的不利影响，还存在一定程度上的区域负外部性。最后，互联网金融集聚会对本地区 TFP 产生不利影响，不过其在地理空间层面上能够对 TFP 带来显著的正向空间溢出效应。

第二节　政策建议

根据上述研究结论，并结合我国的金融业集聚现状和经济发展实际，本书提出如下政策建议：

第一，金融中心体系应当层次分明、合理布局。经济增长和效率提升同属于经济发展问题，不过经济效率本质上也是增长的一部分，而且被内生增长理论视为长期经济增长的主要源泉。目前，全要素生产率提升被视为推动我国经济高质量发展的关键之举，而金融集聚能够对经济增长和 TFP 提升产生重要影响，不过这种影响关系具有区域异质性。我国不同地区之间的金融集聚度差异明显，高水平集聚和低水平集聚对区域经济增长以及 TFP 的影响效应截然不同。目前，各地区域性金融中心的建设之争较为激烈，这种全国范围内的金融中心建设大多都是各地方政府旨在通过增强金融产业集聚推动地区经济发展而实施的战略举措，不排除部分地方政府在不顾自身经济基础的条件下，盲目地开展区域性金融中心建设，产生"拔苗助长"式的金融集聚，甚至出现"以邻为壑"的区域负外部性。因此，中央政府应当加强制度建设，从国家全局的层面考虑多层次金融中心布局，引导金融资源在区域间合理配置，防止恶性竞争和重复建设，规避金融资源浪费。

第二，金融中心城市应当优势发展、互补合作。一方面，金融中心建设应当与地区经济发展联动，各金融中心城市应当根据本地区经济发展状况和自身的比较优势，进行合理化的战略定位，避免同质化竞争，如杭州的"互联网金融中心"、温州的"民营经济服务中心"和青岛的"财富管理中心"等；另一方面，区域间应当加强金融合作，在制度层面消除金融要素流动过程中可能存在的体制性障碍，为金融集聚促进区域经济增长和 TFP 提升提供制度便利。与此同时，这也有利于各金融中心城市金融集聚现象在地理空间层面空间溢出效应和金融辐射效应的发挥。

第三，深化金融体制改革，完善金融监管体系。互联网金融（如 P2P 网贷、股权众筹、移动支付等）作为新兴金融业态，其金融的本质属性并未改变，金融风险的隐蔽性、传染性等特点没有改变。与传统金融业态不同的是，我国的互联网金融目前正处于快速发展阶段，各类互联网金融业态尚未形成成熟的业务和监管模式，从而使金融中心城市的互联网金融集聚现象在促使自身经济增长的同时，表现出与传统金融集聚现象明显不同的区域负外部性。因此，应当继续深化金融体制改革，完善金融监管尤其是互联网金融的监管体系，做到鼓励创新和加强监管的相互协调，真正提升互联网金融为实体经济服务的能力。此外，新形势下应当加强运用监管科技（RegTech），以提升金融监管体系的技术水平和监管效率（杨咸月和朱辉，2017）①。

第四，加强信息化建设，提升金融集聚和辐射效率。由于非标准化信息（如个人的技能与经验、公司的治理能力等）是不能被如实传播的"软"资料，这些信息在传播过程中很可能会由于地域差异而造成信息衰减和错误解读，影响整体的金融服务水平。因此，应当加强金融信息化建设，一方面可以降低非标准化信息在传播过程中的衰减程度，提升金融服务水平；另一方面也可以提升金融集聚和辐射效率，增强金融中心城市的金融辐射能力。

第五，加强产业协同集聚，增强金融服务实体能力。金融集聚对区域经济增长和 TFP 产生影响的同时，金融业等生产性服务业和制造业之间的协同集

---

① 杨咸月，朱辉. 中国 P2P 网贷市场亟待长效机制建设——来自英、美、德、法四国经验 [J]. 上海经济，2017（6）：106–119.

聚对于地区经济发展的影响作用也是毋庸置疑的。然而，本书实证结果并没有得到产业协同集聚能够显著促进区域经济增长和 TFP 提升的研究结论。因此，我国金融中心城市的金融服务业发展应当与制造业等实体经济部门协同，在深化金融供给侧结构性改革的同时，进一步增强金融服务实体经济的能力。

第三节　研究展望

本书重点研究了传统金融集聚对区域经济增长的影响效应，并且进一步研究了传统金融集聚对全要素生产率的影响效应。而且，结合我国互联网金融业态的发展实际，本书还实证探讨了互联网金融集聚对区域经济增长和 TFP 的空间溢出效应影响。总体而言，与以往学者开展金融集聚影响区域经济增长的问题研究不同的是，本书具有研究视角（传统金融集聚和互联网金融集聚双重视角）、研究样本（37 个金融中心城市）以及研究层次（经济增长层次和 TFP 层次）上的创新。但深入思考发现，本书在整个研究工作的开展过程当中仍然存在不足之处，存在需要进一步探索的问题。

具体来看，本书目前存在的不足之处主要包括以下两个方面：

（1）本书在实证检验互联网金融集聚对区域经济增长和 TFP 的空间溢出效应章节，采用的是北京大学互联网金融研究中心编制的北京大学互联网金融发展指数。这一方面是由于互联网金融的发展年限相对较短，城市层面的数据获取难度相对较大；另一方面则是考虑到该指数包含的互联网金融业态相对全面，能够比较客观地刻画互联网金融业态的整体发展实际，而且数据源充分公开，数据获取极为便利。然而，由于该指数截至目前仅公开发布三期，时间跨度为 2014 年 1 月至 2016 年 3 月，整体而言，该指数数据的样本量稍显不足，难免会给实证检验结果的可信度和代表性造成一定程度的不利影响。因此，随着我国互联网金融业态的不断发展，笔者将在未来的研究工作中根据更加权威以及更加充足的互联网金融数据，进一步深入研究互联网金融发展及其集聚化态势对区域经济增长和 TFP 的影响效应，这是笔者较为感兴趣的研究方向。

（2）本书在实证探讨金融集聚和区域经济增长之间的非线性关系特征时，在理论分析的基础上，金融集聚对区域经济增长的影响是拥挤效应和集聚效应共同作用的结果，提出二者之间存在倒 U 形非线性关系的研究假说，从而通过在计量模型中引入核心解释变量（金融集聚度）的二次项进行实证检验。不过，本书认为金融集聚对区域经济增长的影响除了可能表现出倒 U 形非线性关系之外，还可能因为集聚程度本身和城市经济体量的不同而表现出非线性的门槛特征。因此，笔者将在未来的研究工作中探讨二者之间可能存在的门槛效应，希望本书的研究工作能够得到进一步的丰富完善。

附录

37 个金融中心城市的基本情况

区域	城市	目标定位	政策文件
华北 （5 市）	北京	具有国际影响力的金融中心城市	《北京市"十三五"时期金融业发展规划》
	天津	北方现代金融聚集区，北方区域金融中心	《天津市金融业发展"十三五"规划》
	石家庄	京津冀金融副中心	《河北省金融产业"十三五"发展规划》
	太原	覆盖全省、带动周边、承东启西的区域金融中心	《山西省"十三五"金融发展规划》
	呼和浩特	呼包银榆区域性金融中心	《呼和浩特市 2014—2020 年金融业发展规划》
东北 （4 市）	沈阳	以产业金融为核心的东北区域金融中心	《沈阳市发展产业金融加快东北区域金融中心建设若干政策措施》
	大连	依托环渤海地区，面向东北亚，以期货市场为重点的东北地区金融中心	《大连区域性金融中心建设规划（2009—2030 年)》《大连区域性金融中心建设促进条例》
	长春	东北亚区域性金融服务中心	《吉林省金融业发展"十三五"规划》
	哈尔滨	立足黑龙江、辐射东北亚、以对俄金融服务为特色的开放型区域金融中心	《建设哈尔滨面向俄罗斯及东北亚区域金融服务中心规划》
华东 （12 市）	上海	2020 年基本建成国际金融中心	《"十三五"时期上海国际金融中心建设规划》《上海市推进国际金融中心建设条例》
	南京	承接上海、覆盖江苏、辐射皖赣、延伸全国的泛长三角区域金融中心	《南京区域金融中心建设规划（2011—2020)》《南京市"十三五"金融业发展规划》

续表

区域	城市	目标定位	政策文件
华东 (12市)	苏州	接轨上海、服务苏州区域经济、辐射延伸金融功能的区域性金融中心	《苏州市"十三五"金融业发展规划》
	杭州	以互联网金融创新和财富管理为特色的新金融中心	《杭州市金融业发展"十三五"规划》
	宁波	国际化程度高、创新能力强、辐射范围广的区域金融中心	《宁波市"十三五"金融业发展规划》
	温州	服务民营经济的区域性金融中心	《温州市金融业发展"十三五"规划》
	合肥	服务合肥经济圈、引领全省、对接长三角、辐射中部、影响全国的区域性金融中心	《合肥市"十三五"金融业发展规划》
	福州	服务全省、辐射海西的区域性金融中心	《福州市"十三五"金融业专项规划》
	厦门	两岸区域性金融服务中心	《厦门市金融业"十三五"发展专项规划》
	南昌	中部区域性金融中心	《江西省"十三五"建设绿色金融体系规划》
	济南	具有全国重要影响力的产业金融中心	《济南市"十三五"金融业发展规划》《山东省人民政府关于加快推进济南区域性金融中心建设的意见》
	青岛	面向国际的财富管理中心	《青岛市"十三五"金融业发展规划》
中南 (7市)	郑州	全国重要的商品期货交易与定价中心、全国重要的区域性科技金融服务中心	《郑州市"十三五"金融业发展规划》《郑州区域性金融中心建设规划纲要》
	武汉	建成中部区域金融中心、全国性科技金融中心和全国性金融后台服务中心	《武汉区域金融中心建设总体规划（2014—2030年)》《武汉市金融业发展"十三五"规划》
	长沙	到2020年打造成为区域性金融中心	《湖南省"十三五"金融业发展规划》
	广州	与中国（广东）自由贸易试验区建设相统一的区域金融中心	《广州市金融业发展第十三个五年规划》《关于支持广州区域金融中心建设的若干规定》《关于全面建设广州区域金融中心的决定》
	深圳	联通香港、服务全国、辐射亚太、影响全球的人民币投融资集聚地和国际化金融创新中心	《深圳市金融业发展"十三五"规划》

续表

区域	城市	目标定位	政策文件
中南 （7市）	南宁	面向东盟具有区域影响力的国际金融中心	《南宁市区域性金融中心建设规划（2011—2020年）》《南宁市金融业发展"十三五"规划》
	海口	力争到2020年建设成为区域性金融中心	《海口市"十三五"现代金融服务业产业规划》
西南 （4市）	重庆	国内重要功能性金融中心，长江上游金融中心	《重庆市建设国内重要功能性金融中心"十三五"规划》
	成都	2020年末基本建成西部金融中心，着力提升西部金融中心集聚和辐射能力	《成都市金融业发展"十三五"规划》《四川省金融业"十三五"发展规划》
	贵阳	立足贵州、面向西南、服务西部的区域金融中心	《贵州省"十三五"金融业发展专项规划》
	昆明	面向南亚东南亚区域性国际金融服务中心	《昆明市"十三五"金融业发展规划》
西北 （5市）	西安	立足大西安、带动大关中、引领大西北，服务区域合作与发展具有能源、科技、文化特色的金融中心	《西安市"十三五"金融业发展规划》《西安区域性金融中心发展规划（2013—2020年）》
	兰州	加快建设区域性金融中心	《兰州市"十三五"规划纲要》
	西宁	青藏高原区域性金融中心	《青海省"十三五"金融业发展规划》
	银川	建成金融服务体系健全、金融创新活跃、金融生态环境优良的区域性金融中心	《关于"金融强市"战略的实施意见》
	乌鲁木齐	立足新疆、辐射中亚，打造丝绸之路经济带区域金融中心	《丝绸之路经济带核心区区域金融中心建设规划（2016—2030年）》

资料来源：本书作者根据公开资料整理。

附表2　　　　　金融集聚度测算结果（2007—2016年）

年份 城市	2007	2008	2009	2010	2011	2012	2013	2014	2015	2016
北京	3.2185	3.2932	3.3647	3.3351	3.3951	3.4684	3.4894	3.4914	3.4137	3.4898
天津	0.285	0.21	0.1776	0.2095	0.1875	0.2205	0.2432	0.2182	0.2173	0.2389
石家庄	−0.3197	−0.3283	−0.3491	−0.3112	−0.3841	−0.3882	−0.3742	−0.3396	−0.3468	−0.3513
太原	−0.3021	−0.2779	−0.1499	−0.2246	−0.1917	−0.1961	−0.2318	−0.2323	−0.1987	−0.2067

续表

年份 城市	2007	2008	2009	2010	2011	2012	2013	2014	2015	2016
呼和浩特	−0.5365	−0.5549	−0.5711	−0.5697	−0.5777	−0.5271	−0.5337	−0.5248	−0.5114	−0.5236
沈阳	−0.1185	−0.1903	−0.2257	−0.2091	−0.246	−0.2714	−0.2854	−0.1761	−0.2147	−0.1892
大连	−0.0807	−0.0962	−0.1725	−0.1242	−0.1148	−0.1541	−0.1758	−0.197	−0.1883	−0.2341
长春	−0.3861	−0.4339	−0.4412	−0.4359	−0.4804	−0.5244	−0.5043	−0.4838	−0.4672	−0.4728
哈尔滨	−0.3375	−0.3457	−0.3534	−0.3647	−0.4077	−0.3898	−0.4159	−0.312	−0.3551	−0.413
上海	2.753	2.7502	2.6504	2.6367	2.4993	2.3856	2.3276	2.3289	2.3981	2.368
南京	0.0812	0.1016	0.0586	0.0612	0.1037	0.1774	0.1852	0.1782	0.1595	0.1623
苏州	0.0107	0.0091	−0.0217	0.0283	0.0766	0.1147	0.1476	0.1261	0.0958	0.1185
杭州	0.3138	0.3439	0.3659	0.3306	0.4163	0.4173	0.3985	0.3348	0.298	0.2952
宁波	−0.042	−0.0466	−0.0628	−0.0364	−0.0304	−0.0503	−0.047	−0.1398	−0.1771	−0.2496
温州	−0.3245	−0.2736	−0.273	−0.3112	−0.2936	−0.3528	−0.424	−0.4695	−0.4656	−0.486
合肥	−0.4228	−0.395	−0.4301	−0.4329	−0.4745	−0.4514	−0.4499	−0.4507	−0.4343	−0.4093
福州	−0.25	−0.258	−0.2932	−0.2598	−0.2753	−0.2843	−0.2918	−0.4037	−0.2872	−0.2755
厦门	−0.307	−0.3052	−0.3301	−0.3333	−0.3079	−0.3093	−0.3091	−0.2838	−0.2975	−0.3647
南昌	−0.4654	−0.4583	−0.4739	−0.4377	−0.496	−0.5213	−0.5219	−0.4889	−0.4755	−0.5103
济南	−0.2038	−0.1603	−0.1749	−0.1986	−0.2171	−0.2065	−0.222	−0.2314	−0.1808	−0.1503
青岛	−0.2149	−0.2437	−0.2844	−0.2461	−0.255	−0.2692	−0.2878	−0.2857	−0.3046	−0.307
郑州	−0.2069	−0.2256	−0.2178	−0.218	−0.2214	−0.1952	−0.1286	−0.0583	−0.0784	−0.0193
武汉	−0.0487	−0.0586	−0.0678	−0.0847	−0.1059	−0.1044	−0.111	−0.073	−0.0727	−0.0681
长沙	−0.3192	−0.3442	−0.2926	−0.291	−0.3123	−0.3326	−0.3412	−0.3326	−0.322	−0.3006
广州	0.7212	0.765	0.6639	0.6661	0.6951	0.6796	0.686	0.7236	0.6743	0.7747
深圳	0.9547	0.9934	0.9983	1.0698	1.1274	1.1006	1.0682	1.0651	1.0273	1.0603
南宁	−0.4844	−0.518	−0.4551	−0.4423	−0.4286	−0.4186	−0.4194	−0.434	−0.4272	−0.4669
海口	−0.3819	−0.4656	−0.4503	−0.4497	−0.402	−0.4233	−0.4248	−0.4659	−0.439	−0.46
重庆	0.1385	0.1442	0.1883	0.2286	0.1907	0.3045	0.3279	0.3308	0.3197	0.2748
成都	0.0796	0.1283	0.2075	0.2295	0.3462	0.3791	0.4275	0.4114	0.4213	0.4848
贵阳	−0.5016	−0.4211	−0.4304	−0.4493	−0.4621	−0.4805	−0.4568	−0.4558	−0.4495	−0.4774
昆明	−0.2758	−0.2641	−0.2827	−0.3162	−0.296	−0.3133	−0.29	−0.3194	−0.3027	−0.3498
西安	−0.1681	−0.1486	0.0464	−0.1235	−0.0867	−0.0985	−0.0267	−0.0424	−0.0367	−0.0262
兰州	−0.4654	−0.4718	−0.4713	−0.4667	−0.5073	−0.5112	−0.5215	−0.4779	−0.4782	−0.5143
西宁	−0.6113	−0.628	−0.5902	−0.5971	−0.6153	−0.6207	−0.6297	−0.6212	−0.5962	−0.6278
银川	−0.4843	−0.5222	−0.5067	−0.492	−0.4893	−0.4955	−0.5123	−0.5181	−0.5093	−0.3936
乌鲁木齐	−0.2971	−0.303	−0.3497	−0.3693	−0.3589	−0.3578	−0.3642	−0.3911	−0.4085	−0.4201

附表3　　　　　　　物质资本存量测算结果（2007—2016年）　　　　单位：亿元

年份 城市	2007	2008	2009	2010	2011	2012	2013	2014	2015	2016
北京	24527.28	26736.12	29342.71	32528.3	35880.03	40029.52	44587.87	49419.09	54315.23	59980.04
天津	13143.91	15761.48	19617.51	24475.55	30231.15	36988.46	44664.3	52959.94	60499.58	67455.19
石家庄	5126.88	6144.09	7382.52	8694.2	10310.09	12123.18	14131.18	16314.48	18469.11	20659.27
太原	2771.24	3247.16	3843.44	4532.14	5267.61	6189.39	7148.37	8039.38	9565.09	10857.02
呼和浩特	2663.16	3231.48	4176.97	5170.09	6247.24	7665.93	9500.31	11018.84	12673.37	14074.58
沈阳	7677.47	9513.16	11429.52	13667.2	16301.32	19203.54	22381.46	25599.42	27601.13	28016.61
大连	7480.83	9285.44	11243.92	13574.89	16364.23	19337.26	22587.04	25779.72	28010.58	32144.71
长春	5188.83	6884.37	8877.86	11287.1	13533.22	16074.12	18723.32	21602.51	24758.77	27774.26
哈尔滨	5153.13	6081.44	7285.24	8689.73	10230.53	12073.35	14424.19	16842.63	19396.5	21756.03
上海	30944.03	34170.84	38199.98	41976.77	45869.31	49826.11	54233.41	58934.15	64529.23	71025.59
南京	7444.4	8553.64	9954.02	11702.67	13714.4	16009.11	18448.98	20956.95	23535.59	26132.45
苏州	13038.89	15128.72	17605.57	20734.98	24299.4	27958.91	31813.61	35547.55	39264.04	43394.51
杭州	9234.22	10497.85	12132.47	13912.9	15929.99	18033.53	20206.61	22606.01	25649.54	29131.43
宁波	7699.15	8695.21	9934.04	11489.34	13180.96	14717.84	16508.11	18357.5	20413.21	22676.13
温州	4862.2	5403.05	6159.22	7006.32	7979.1	8841.31	9874.6	10945.04	12204.5	13722
合肥	3092.56	3761.82	4604.21	5615.75	6742.5	8029.48	9438.18	10953.99	12670.91	14533.21
福州	4115.81	4979.54	6051.11	7228.19	8649.46	10257.79	12113.55	14153.99	16432.66	18881.68
厦门	2892.83	3441.07	3996.54	4811.58	5864.68	6955.19	8058.77	9339.25	10605.35	12118.51
南昌	3135.35	3740	4363.52	5142.02	6012.64	6975.52	8002.08	8955.13	10158.49	11591.96
济南	5457.51	6504.88	7748.52	9207.05	10725.57	12389.84	14238.15	16207.81	18346.01	20428.89
青岛	7985.98	9537.12	11362.51	13531.29	15919.78	18574.76	21423.63	24216.76	27411.55	30551.76
郑州	5603.99	6867.91	8622.45	10634.83	13093.57	16029.07	19266.95	22721.38	26698.32	30645.51
武汉	7298.84	8589.5	10081.81	11862.69	13984.92	16550.07	19431.1	22690.32	26264.72	30098.92
长沙	4245.64	5207.35	6397.98	7884.73	9657.41	11711.3	14082.16	16662.89	19016.54	21881.97
广州	8722.36	10203.97	12277.81	14636.88	17423.64	20875.36	25136.8	29346.51	33656.12	38620.4
深圳	8308.55	9686.18	11550.39	13639.59	16054.12	19135.34	22814.46	26686	30735.88	35531.35
南宁	2396.21	2951.5	3796.05	4948.63	6358.03	7944.36	9323.52	10778.18	12289.85	13944.62
海口	1075.33	1220.41	1386.39	1651.23	1941.05	2340.1	2804.95	3365.32	3811.04	4311.03
重庆	13026.83	15239.93	17976.11	21184.18	24997.57	29047.78	33278.77	37977.71	43121.42	48877.79
成都	7795.45	9129.35	10694.73	12564.76	14726.79	17199.49	19674.07	22483.3	25241.78	28176.16

续表

年份 城市	2007	2008	2009	2010	2011	2012	2013	2014	2015	2016
贵阳	1918.44	2204.52	2565.07	3016.27	3582.55	4348.12	5404.17	6633.61	8056.57	9705.13
昆明	3711.87	4187.79	5000.3	6287.69	7808.55	9735.94	11952.1	14502.37	17213.85	20297.27
西安	4665.55	5716.85	7064.05	8707.43	10527.18	12514.98	14782.43	17188.52	19511.27	22111.28
兰州	1646.4	1919.04	2230.89	2637.03	3136.01	3618.47	4329.47	5115.41	6005.48	6987.62
西宁	1300.52	1491.16	1779.75	2164.6	2607.57	3260.77	4127.32	5232.79	6480.73	7794.45
银川	1703.1	2028.86	2487.39	3069.39	3612.61	4282.03	5031.87	6138.26	7436.69	8802.36
乌鲁木齐	2849.8	3317.76	3775.82	4386.47	5152.47	6346.89	7852.66	9426.24	11235.8	12858.71

注：以 2007 年不变价进行折算。

附表4　　　　全要素生产率测算结果（2007—2016 年）

年份 城市	2007	2008	2009	2010	2011	2012	2013	2014	2015	2016
北京	1.098	1.017	1.021	1.035	1.013	1.007	0.975	0.968	0.973	0.967
天津	1.138	0.923	1.147	1.102	0.96	1.027	1.059	1.06	1.03	1.042
石家庄	1.078	1.047	1.086	1.073	1.056	1.011	1.03	0.942	0.995	0.985
太原	1.129	1.024	0.932	1.018	1.049	0.93	1.027	0.908	0.955	1.022
呼和浩特	1.036	1.028	1.057	0.986	0.938	1.006	0.925	1.087	1.012	1.025
沈阳	1.099	1.15	1.057	1.015	0.935	1.07	0.875	1.002	1.003	0.963
大连	1.081	1.09	1.048	1.014	1.01	0.999	0.963	0.959	1.467	1.062
长春	1.109	1.06	1.101	1.03	1.009	1.014	0.849	1.036	0.869	1.082
哈尔滨	1.059	1.088	1.084	1.119	0.955	0.953	1.024	1.149	1.023	1.037
上海	1.062	1.044	1.011	1.07	0.94	0.984	0.982	0.976	0.998	1.004
南京	1.044	0.969	0.999	1.036	1.009	1.003	0.879	0.976	0.973	0.973
苏州	0.942	1.068	1.007	0.989	1.016	1.006	0.814	0.998	1.013	1.01
杭州	0.968	0.99	0.982	0.985	0.971	1.026	0.997	0.974	0.993	1.101
宁波	1.033	0.945	0.748	1.329	0.982	0.959	1.032	1.012	1.051	1.022
温州	0.987	1.055	0.957	0.995	0.957	0.963	1.033	0.967	0.971	0.964
合肥	0.753	1.117	1.031	1.147	0.843	1.008	0.932	0.948	0.955	0.957
福州	1.086	1.048	1.076	1.024	0.953	0.97	1.028	1.005	0.985	0.982
厦门	0.985	0.961	0.936	0.956	0.944	0.948	0.98	0.942	0.944	0.944

续表

年份 城市	2007	2008	2009	2010	2011	2012	2013	2014	2015	2016
南昌	1.043	1.15	1.191	0.93	0.915	1.034	0.974	1.019	1.02	1.005
济南	1.035	0.851	0.948	1.061	1.162	1.002	0.96	1.065	1.044	0.964
青岛	1.127	1.075	1.042	1.014	1.058	0.984	0.885	0.944	1.023	0.997
郑州	1.207	0.954	1.096	0.988	0.88	0.977	0.965	1.046	1.005	0.967
武汉	1.209	1.038	1.04	1.025	0.954	1.058	1.011	1.044	1	1.046
长沙	1.064	1.017	1.017	1.021	1.012	1.009	1.009	1.03	0.995	1.003
广州	1.01	1.005	0.986	0.99	0.932	0.893	1.047	0.96	0.971	0.982
深圳	0.994	0.962	0.928	0.95	0.935	0.923	0.927	0.93	0.945	0.943
南宁	1.061	0.916	0.906	0.893	0.934	1.367	0.911	0.969	0.948	0.94
海口	1.048	0.97	0.978	0.992	0.954	0.907	0.917	0.91	0.949	0.952
重庆	0.998	1.019	1.038	1.078	0.914	0.992	0.978	0.972	0.978	0.977
成都	0.958	0.988	1.001	1.047	1.192	0.925	0.865	0.98	0.961	0.965
贵阳	1.014	1.01	1.007	0.972	0.986	1.058	0.951	0.949	1.039	1.081
昆明	0.949	0.993	1.057	1.058	1.032	0.91	0.869	1.117	1.195	0.835
西安	1.029	1.052	1.011	1.05	1.027	0.997	1.003	1.037	1.022	1.029
兰州	0.983	0.982	0.953	0.954	0.966	1.052	0.943	0.934	0.929	0.931
西宁	1.091	1.307	0.918	1.572	0.944	0.886	1.013	1.048	1.024	0.941
银川	0.777	1.491	0.963	1.075	1.074	0.949	1.009	0.717	1.032	1.353
乌鲁木齐	1.065	1.139	1.165	1.059	1.001	1.058	0.985	0.864	1.023	1.001

注：以 2007 年不变价进行折算。

附表 5　　　　　　　北京大学互联网金融发展指数
(2014Q1—2016Q1，2014—2015 年)

时间 城市	2014 Q1	2014 Q2	2014 Q3	2014 Q4	2014	2015 Q1	2015 Q2	2015 Q3	2015 Q4	2015	2016 Q1
北京	265.58	293.68	313.37	377.25	312.47	434.30	551.04	627.37	753.10	591.45	768.50
天津	126.17	141.97	149.19	180.40	149.43	211.80	278.89	317.40	389.83	299.48	411.75
石家庄	108.29	123.85	137.53	172.44	135.53	198.27	258.22	300.09	366.68	280.82	388.63
太原	140.79	159.97	177.34	221.82	174.98	261.72	351.64	410.48	500.54	381.10	527.41
呼和浩特	104.76	118.66	126.44	155.92	126.45	176.46	239.93	283.96	358.95	264.83	364.38
沈阳	124.17	139.62	151.28	184.88	149.99	213.16	283.40	327.46	404.49	307.13	417.08

续表

时间 城市	2014 Q1	2014 Q2	2014 Q3	2014 Q4	2014	2015 Q1	2015 Q2	2015 Q3	2015 Q4	2015	2016 Q1
大连	133.34	150.20	159.60	196.56	159.92	226.78	298.49	340.25	411.63	319.29	431.83
长春	101.93	114.16	124.28	156.42	124.20	181.08	242.69	282.45	351.78	264.50	364.21
哈尔滨	96.48	109.96	120.15	149.99	119.15	173.47	234.73	285.09	353.07	261.59	364.51
上海	261.82	288.12	312.39	373.88	309.05	431.74	548.81	635.28	755.42	592.82	780.91
南京	221.64	247.52	273.34	329.69	268.05	385.24	505.50	586.59	750.86	557.05	783.47
苏州	220.92	248.43	271.56	329.87	267.70	376.48	499.16	580.43	704.63	540.18	744.98
杭州	361.07	401.08	432.71	525.19	430.01	595.54	789.87	904.69	1067.45	839.39	1146.03
宁波	204.07	231.33	256.08	306.76	249.56	353.01	470.06	537.68	650.06	502.70	675.65
温州	185.24	213.92	227.66	274.02	225.21	316.20	431.12	498.20	604.90	462.60	651.67
合肥	151.97	176.69	193.57	237.01	189.81	273.74	366.70	428.07	530.65	399.79	570.31
福州	170.65	190.67	212.45	259.70	208.37	302.00	401.17	459.12	568.81	432.78	612.42
厦门	250.12	283.74	305.27	373.46	303.15	432.68	569.78	639.87	765.87	602.05	818.71
南昌	142.89	165.77	182.88	227.07	179.65	259.15	351.37	409.25	540.22	390.00	543.70
济南	155.44	175.26	190.75	233.61	188.77	264.57	348.08	401.62	504.27	379.64	519.50
青岛	147.24	167.97	183.58	222.69	180.37	258.98	339.08	388.36	470.91	364.33	492.42
郑州	162.56	186.21	206.35	253.96	202.27	291.48	397.00	464.16	582.29	433.73	617.56
武汉	192.65	226.01	246.13	307.37	243.04	356.19	483.75	563.96	715.41	529.83	739.56
长沙	160.29	184.83	203.53	250.02	199.67	284.15	382.75	438.89	555.39	415.30	573.19
广州	317.04	371.03	391.71	467.08	386.72	493.15	650.24	736.69	891.35	692.86	910.59
深圳	350.09	409.01	433.15	510.68	425.73	564.70	734.76	832.38	979.99	777.96	1026.84
南宁	173.58	198.46	216.28	269.11	214.36	312.08	411.10	324.66	410.05	364.47	446.12
海口	149.26	168.06	181.45	218.56	179.33	248.99	337.46	400.78	494.26	370.37	530.45
重庆	93.76	106.12	115.50	140.74	114.03	163.24	218.63	251.57	315.02	237.12	342.69
成都	166.14	186.72	204.14	247.57	201.14	282.15	382.82	454.79	560.71	420.12	599.19
贵阳	112.17	129.98	146.76	182.18	142.77	210.22	282.27	330.59	431.01	313.52	506.06
昆明	125.24	140.82	157.51	191.67	153.81	222.07	294.86	345.64	433.64	324.05	454.58
西安	154.99	177.29	192.57	238.60	190.86	277.15	373.12	433.49	542.52	406.57	560.83
兰州	107.53	123.18	131.57	160.27	130.64	182.85	252.35	298.83	377.73	277.94	390.31
西宁	80.29	97.95	102.22	123.91	101.09	139.58	190.05	222.00	275.08	206.68	293.79
银川	110.79	132.55	144.85	179.65	141.96	196.17	272.83	311.83	386.46	291.82	407.29
乌鲁木齐	121.22	136.57	145.22	183.00	146.50	206.39	274.80	317.88	397.46	299.13	418.75

参考文献

1. 连续出版物

［1］北京大学互联网金融研究中心课题组．互联网金融发展指数的编制与分析［J］．新金融评论，2016（1）：101-129.

［2］蔡昉．中国经济增长如何转向全要素生产率驱动型［J］．中国社会科学，2013（1）：56-71，206.

［3］车欣薇，部慧，梁小珍，等．一个金融集聚动因的理论模型［J］．管理科学学报，2012（3）：16-29.

［4］陈国亮，陈建军．产业关联、空间地理与二三产业共同集聚［J］．管理世界，2012（4）：82-100.

［5］陈浩，姚星垣．长三角城市金融辐射力的实证研究［J］．上海金融，2005（9）：8-11.

［6］陈莹，李心丹．区域金融中心辐射力研究——以南京为例的实证分析［J］．南京社会科学，2013（3）：141-147.

［7］程翔，王曼怡，华郡珂．基于空间视角的中国 P2P 网贷行业发展研究［J］．经济与管理研究，2018（11）：118-130.

［8］崔海燕．互联网金融对中国居民消费的影响研究［J］．经济问题探索，2016（1）：162-166.

［9］单豪杰．中国资本存量 K 的再估算：1952—2006 年［J］．数量经济

技术经济研究，2008（10）：17 – 31.

［10］邓向荣，刘文强. 金融集聚对产业结构升级作用的实证分析［J］. 南京社会科学，2013（10）：5 – 12，20.

［11］丁艺，李靖霞，李林. 金融集聚与区域经济增长——基于省际数据的实证分析［J］. 保险研究，2010（2）：20 – 30.

［12］丁艺，李树丞，李林. 中国金融集聚程度评价分析［J］. 软科学，2009（6）：9 – 13.

［13］豆建民，刘叶. 生产性服务业与制造业协同集聚是否能促进经济增长［J］. 现代财经（天津财经大学学报），2016（4）：92 – 102.

［14］范剑勇，冯猛，李方文. 产业集聚与企业全要素生产率［J］. 世界经济，2014（5）：51 – 73.

［15］郭峰，孔涛，王靖一. 互联网金融空间集聚效应分析——来自互联网金融发展指数的证据［J］. 国际金融研究，2017（8）：75 – 85.

［16］郭庆旺，贾俊雪. 中国全要素生产率的估算：1979—2004［J］. 经济研究，2005（6）：51 – 60.

［17］郭庆旺，赵志耘，贾俊雪. 中国省份经济的全要素生产率分析［J］. 世界经济，2005（5）：46 – 53，80.

［18］何光辉，杨咸月. 融资约束对企业生产率的影响——基于系统 GMM 方法的国企与民企差异检验［J］. 数量经济技术经济研究，2012（5）：19 – 35.

［19］何宜庆，陈林心，焦剑雄，王芸. 金融集聚的时空差异与省域生态效率关系研究［J］. 数理统计与管理，2017（1）：162 – 174.

［20］贺晓宇，沈坤荣. 现代化经济体系、全要素生产率与高质量发展［J］. 上海经济研究，2018（6）：25 – 34.

［21］洪功翔，张兰婷，李伟军. 金融集聚对全要素生产率影响的区域异质性——基于动态面板模型的实证分析［J］. 经济经纬，2014（4）：7 – 12.

［22］胡国晖，郑萌. 金融集聚向扩散转化的机理及模型化分析［J］. 软科学，2014（2）：118－135.

［23］黄德春，徐慎晖. 新常态下长江经济带的金融集聚对经济增长的影响研究——基于市级面板数据的空间计量分析［J］. 经济问题探索，2016（10）：160－167.

［24］黄解宇. 金融集聚的内在动因分析［J］. 区域金融研究，2011（3）：26－30.

［25］黄永兴，徐鹏，孙彦骊. 金融集聚影响因素及其溢出效应——基于长三角的实证分析［J］. 投资研究，2011（8）：111－119.

［26］纪玉俊，李超. 我国金融产业集聚与地区经济增长——基于225个城市面板数据的空间计量检验［J］. 产业经济评论，2015（6）：35－46.

［27］纪玉俊，周素娟. 我国金融产业集聚的区域经济增长效应——基于门槛回归模型的实证研究［J］. 产业经济评论，2015（2）：43－51.

［28］季民河，武占云，姜磊. 空间面板数据模型设定问题分析［J］. 统计与信息论坛，2011（6）：3－9.

［29］金相郁. 中国城市全要素生产率研究：1990—2003［J］. 上海经济研究，2006（7）：14－23.

［30］靖学青. 中国省际物质资本存量估计：1952—2010［J］. 广东社会科学，2013（2）：46－55.

［31］黎杰生，胡颖. 金融集聚对技术创新的影响——来自中国省级层面的证据［J］. 金融论坛，2017（7）：39－52.

［32］黎平海，王雪. 珠三角城市金融辐射力实证研究［J］. 国际经贸探索，2009（11）：49－53.

［33］李标，宋长旭，吴贾. 创新驱动下金融集聚与区域经济增长［J］. 财经科学，2016（1）：88－99.

［34］李红，王彦晓. 金融集聚、空间溢出与城市经济增长——基于中国

286 个城市空间面板杜宾模型的经验研究 [J]. 国际金融研究，2014（2）：89－96.

[35] 李健旋，赵林度. 金融集聚、生产率增长与城乡收入差距的实证分析——基于动态空间面板模型 [J]. 中国管理科学，2018（12）：34－43.

[36] 李林，丁艺，刘志华. 金融集聚对区域经济增长溢出作用的空间计量分析 [J]. 金融研究，2011（5）：113－123.

[37] 李羚，成春林. 金融集聚影响因素的空间计量分析——引入互联网因素 [J]. 企业经济，2016（7）：179－184.

[38] 李胜旗，邓细林. 金融集聚促进了技术创新吗？[J]. 南京审计大学学报，2017（5）：102－111.

[39] 李小建. 金融地理学理论视角及中国金融地理研究 [J]. 经济地理，2006（5）：721－725，730.

[40] 李正辉，蒋赞. 基于省域面板数据模型的金融集聚影响因素研究 [J]. 财经理论与实践，2012（4）：12－16.

[41] 李子叶，韩先锋，冯根福. 我国生产性服务业集聚对经济增长方式转变的影响——异质门槛效应视角 [J]. 经济管理，2015（12）：21－30.

[42] 连建辉，孙焕民，钟惠波. 金融企业集群：经济性质、效率边界与竞争优势 [J]. 金融研究，2005（6）：72－82.

[43] 梁小珍，杨丰梅，部慧，等. 基于城市金融竞争力评价的我国多层次金融中心体系 [J]. 系统工程理论与实践，2011（10）：1847－1857.

[44] 梁颖，罗霄. 金融产业集聚的形成模式研究：全球视角与中国的选择 [J]. 南京财经大学学报，2006（5）：16－20.

[45] 梁颖. 金融产业集聚的宏观动因 [J]. 南京社会科学，2006（11）：56－62.

[46] 林江鹏，黄永明. 金融产业集聚与区域经济发展——兼论金融中心假设 [J]. 金融理论与实践，2008（6）：49－54.

［47］刘秉廉，武鹏，刘玉海．交通基础设施与中国全要素生产率增长——基于省域数据的空间面板计量分析［J］．中国工业经济，2010（3）：54－64.

［48］刘秉镰，李清彬．中国城市全要素生产率的动态实证分析：1990—2006——基于 DEA 模型的 Malmquist 指数方法［J］．南开经济研究，2009（3）：139－152.

［49］刘光岭，卢宁．全要素生产率的测算与分解：研究述评［J］．经济学动态，2008（10）：79－82.

［50］刘红．金融集聚对区域经济的增长效应和辐射效应研究［J］．上海金融，2008（6）：14－19.

［51］刘军，黄解宇，曹利军．金融集聚影响实体经济机制研究［J］．管理世界，2007（4）：152－153.

［52］刘生龙，胡鞍钢．基础设施的外部性在中国的检验：1988—2007［J］．经济研究，2010（3）：4－15.

［53］刘修岩．产业集聚与经济增长：一个文献综述［J］．产业经济研究，2009（3）：70－78.

［54］鲁晓东，连玉君．中国工业企业全要素生产率估计：1999—2007［J］．经济学（季刊），2012（2）：541－558.

［55］鹿坪．产业集聚能提高地区全要素生产率吗？——基于空间计量的实证分析［J］．上海经济研究，2017（7）：60－68.

［56］马红，侯贵生．金融集聚能促进企业的实业投资吗？——基于金融生态环境和要素拥挤理论的双重视角［J］．现代财经（天津财经大学学报），2018（8）：3－15.

［57］潘英丽．论金融中心形成的微观基础——金融机构的空间集聚［J］．上海财经大学学报，2003（1）：50－57.

［58］钱明辉，胡日东．中国区域性金融中心的空间辐射能力［J］．地理

研究，2014（6）：1140－1150.

[59] 饶华春. 中国金融发展和企业融资约束的缓解——基于系统广义矩估计的动态面板数据分析 [J]. 金融研究，2009（9）：156－164.

[60] 任英华，李彬. 金融集聚竞争力评价模型及其应用——基于珠三角经济圈的实证研究 [J]. 湖南大学学报（自然科学版），2013（8）：119－124.

[61] 任英华，徐玲，游万海. 金融集聚影响因素空间计量模型及其应用 [J]. 数量经济技术经济研究，2010（5）：104－115.

[62] 茹乐峰，苗长虹，王海江. 我国中心城市金融集聚水平与空间格局研究 [J]. 经济地理，2014（2）：58－66.

[63] 石沛，蒲勇健. 金融集聚与产业结构的空间关联机制研究 [J]. 技术经济，2011（1）：39－44.

[64] 苏建军，黄解宇，徐璋勇，等. 金融集聚、国内市场一体化与经济增长 [J]. 工业技术经济，2015（1）：108－115.

[65] 孙国茂，范跃进. 金融中心的本质、功能与路径选择 [J]. 管理世界，2013（11）：1－13.

[66] 孙晶，李涵硕. 金融集聚与产业结构升级——来自2003—2007年省际经济数据的实证分析 [J]. 经济学家，2012（3）：80－86.

[67] 孙浦阳，武力超，张伯伟. 空间集聚是否总能促进经济增长：不同假定条件下的思考 [J]. 世界经济，2011（10）：3－20.

[68] 孙维峰，黄解宇. 金融集聚、资源转移与区域经济增长 [J]. 投资研究，2012（10）：140－147.

[69] 孙维峰，黄解宇. 金融集聚对企业 R&D 投资的影响 [J]. 技术经济，2015（2）：61－67，76.

[70] 唐吉平，陈浩，姚星垣. 长三角城市金融辐射力研究 [J]. 浙江大学学报（人文社会科学版），2005（6）：62－70.

[71] 陶锋，胡军，李诗田，等．金融地理结构如何影响企业生产率？——兼论金融供给侧结构性改革［J］．经济研究，2017（9）：55－70.

[72] 滕春强．金融企业集群：一种新的集聚现象的兴起［J］．上海金融，2006（5）：14－17.

[73] 涂正革，肖耿．中国的工业生产力革命——用随机前沿生产模型对中国大中型工业企业全要素生产率增长的分解及分析［J］．经济研究，2005（3）：4－15.

[74] 王丹，叶蜀君．金融集聚的动因研究［J］．山西财经大学学报，2012（4）：22.

[75] 王丹，叶蜀君．金融集聚对经济增长的知识溢出机制研究［J］．北京交通大学学报（社会科学版），2015（3）：38－44.

[76] 王德祥，薛桂芝．中国城市全要素生产率的测算与分解（1998—2013）——基于参数型生产前沿法［J］．财经科学，2016（9）：42－52.

[77] 王仁祥，白旻．金融集聚能够提升科技创新效率么？——来自中国的经验证据［J］．经济问题探索，2017（1）：139－148.

[78] 王如玉，王志高，梁琦，陈建隆．金融集聚与城市层级［J］．经济研究，2019（11）：165－179.

[79] 王修华，黄明．金融资源空间分布规律：一个金融地理学的分析框架［J］．经济地理，2009（11）：1808－1811.

[80] 王艺明，陈晨，高思航．中国城市全要素生产率估算与分析：2000—2013［J］．经济问题，2016（8）：1－8.

[81] 王宇，郭新强，干春晖．关于金融集聚与国际金融中心建设的理论研究——基于动态随机一般均衡系统和消息冲击的视角［J］．经济学（季刊），2015（1）：331－350.

[82] 吴晓求．互联网金融：成长的逻辑［J］．财贸经济，2015（2）：5－15.

［83］伍先福.生产性服务业与制造业协同集聚提升全要素生产率吗？
［J］.财经论丛，2018（12）：13－20.

［84］肖利平，洪艳.金融集聚、区域异质性与居民消费——基于动态面板模型的实证分析［J］.软科学，2017（10）：29－32，37.

［85］谢平，邹传伟，刘海二.互联网金融的基础理论［J］.金融研究，2015（8）：1－12.

［86］谢平，邹传伟.互联网金融模式研究［J］.金融研究，2012（12）：11－22.

［87］徐家杰.中国全要素生产率估计：1978—2006年［J］.亚太经济，2007（6）：65－68.

［88］徐晔，宋晓薇.金融集聚、空间外溢与全要素生产率——基于GWR模型和门槛模型的实证研究［J］.当代财经，2016（10）：45－59.

［89］徐晔，宋晓薇.金融资源错置会带来全要素生产率减损吗？［J］.产业经济研究，2016（2）：51－61.

［90］徐盈之，彭欢欢，刘修岩.威廉姆森假说：空间集聚与区域经济增长——基于中国省域数据门槛回归的实证研究［J］.经济理论与经济管理，2011（4）：95－102.

［91］宣烨，余泳泽.生产性服务业集聚对制造业企业全要素生产率提升研究——来自230个城市微观企业的证据［J］.数量经济技术经济研究，2017（2）：89－104.

［92］闫彦明.金融资源集聚与扩散的机理与模式分析——上海建设国际金融中心的路径选择［J］.上海经济研究，2006（9）：38－46.

［93］闫彦明.区域经济一体化背景下长三角城市的金融辐射效应研究［J］.上海经济研究，2010（12）：27－36.

［94］杨格.报酬递增与经济进步［J］.贾根良，译.经济社会体制比较，1996（2）：52－57.

［95］杨仁发. 产业集聚与地区工资差距——基于我国 269 个城市的实证研究［J］. 管理世界, 2013（8）：41 – 52.

［96］杨咸月, 朱辉. 中国 P2P 网贷市场亟待长效机制建设——来自英、美、德、法四国经验［J］. 上海经济, 2017（6）：106 – 119.

［97］杨义武, 方大春. 金融集聚与产业结构变迁——来自长三角 16 个城市的经验研究［J］. 金融经济学研究, 2013（6）：55 – 65.

［98］叶裕民. 全国及各省区市全要素生产率的计算和分析［J］. 经济学家, 2002（3）：115 – 121.

［99］于斌斌. 金融集聚促进了产业结构升级吗：空间溢出的视角——基于中国城市动态空间面板模型的分析［J］. 国际金融研究, 2017（2）：12 – 23.

［100］余淼杰. 中国的贸易自由化与制造业企业生产率［J］. 经济研究, 2010（12）：97 – 110.

［101］余泳泽, 宣烨, 沈扬扬. 金融集聚对工业效率提升的空间外溢效应［J］. 世界经济, 2013（2）：93 – 116.

［102］翟天昶, 胡冰川. 消费习惯形成理论研究述评［J］. 经济评论, 2017（2）：138 – 149.

［103］翟艳, 苏建军. 金融集聚对研发投入的影响及空间差异［J］. 技术经济, 2011（9）：26 – 31.

［104］张成思, 张步昙. 中国实业投资率下降之谜：经济金融化视角［J］. 经济研究, 2016（12）：32 – 46.

［105］张公嵬, 梁琦. 出口、集聚与全要素生产率增长——基于制造业行业面板数据的实证研究［J］. 国际贸易问题, 2010（12）：12 – 19.

［106］张浩然, 魏琳. 金融集聚与城市经济绩效：基于城市异质性视角的分析［J］. 当代财经, 2015（10）：61 – 69.

［107］张浩然. 空间溢出视角下的金融集聚与城市经济绩效［J］. 财贸

经济, 2014（9）：51 - 61.

[108] 张健华, 王鹏. 中国全要素生产率: 基于分省份资本折旧率的再估计 [J]. 管理世界, 2012（10）：18 - 30, 187.

[109] 张杰, 李勇, 刘志彪. 出口促进中国企业生产率提高吗? ——来自中国本土制造业企业的经验证据: 1999—2003 [J]. 管理世界, 2009（12）：11 - 26.

[110] 张军, 陈诗一, 谢千里. 结构改革与中国工业增长 [J]. 经济研究, 2009（7）：4 - 20.

[111] 张军, 施少华. 中国经济全要素生产率变动: 1952—1998 [J]. 世界经济文汇, 2003（2）：17 - 24.

[112] 张军, 吴桂英, 张吉鹏. 中国省际物质资本存量估算: 1952—2000 [J]. 经济研究, 2004（10）：35 - 44.

[113] 张李义, 涂奔. 互联网金融对中国城乡居民消费的差异化影响——从消费金融的功能性视角出发 [J]. 财贸研究, 2017（8）：70 - 83.

[114] 张倩, 周荣荣, 冯小舟. 互联网金融产业集群与区域经济增长的互动机制 [J]. 改革与战略, 2016（2）：54 - 56, 63.

[115] 张同功, 孙一君. 金融集聚与区域经济增长: 基于副省级城市的比较研究 [J]. 宏观经济研究, 2018（1）：82 - 93.

[116] 张文魁. 高质量发展与生产率重振 [J]. 新经济导刊, 2018（8）：75 - 81.

[117] 张晓燕. 金融中心及其辐射域研究——以环渤海经济圈为例 [J]. 经济问题, 2014（10）：43 - 46, 52.

[118] 张艳, 刘亮. 经济集聚与经济增长——基于中国城市数据的实证分析 [J]. 世界经济文汇, 2007（1）：48 - 56.

[119] 张志元, 季伟杰. 中国省域金融产业集聚影响因素的空间计量分析 [J]. 广东金融学院学报, 2009（1）：107 - 117.

［120］章韬，王桂新．集聚密度与城市全要素生产率差异——来自中国地级城市面板数据的证据［J］．国际商务研究，2012（6）：45 – 54．

［121］章祥荪，贵斌威．中国全要素生产率分析：Malmquist 指数法评述与应用［J］．数量经济技术经济研究，2008（6）：111 – 122．

［122］章元，刘修岩．聚集经济与经济增长：来自中国的经验证据［J］．世界经济，2008（3）：60 – 70．

［123］赵楠．中国各地区金融发展的统计学描述［J］．统计研究，2007（7）：34 – 40．

［124］赵晓斌，王坦，张晋熹．信息流和"不对称信息"是金融与服务中心发展的决定因素：中国案例［J］．经济地理，2002（4）：408 – 414．

［125］赵晓斌，王坦．跨国公司总部与中国金融中心发展——金融地理学的视角与应用［J］．城市规划，2006（30）：23 – 28．

［126］赵晓斌．全球金融中心的百年竞争：决定金融中心成败的因素及中国金融中心的崛起［J］．世界地理研究，2010（2）：1 – 11．

［127］赵志耘，杨朝峰．中国全要素生产率的测算与解释：1979—2009年［J］．财经问题研究，2011（9）：3 – 12．

［128］郑玉歆．全要素生产率的测度及经济增长方式的"阶段性"规律——由东亚经济增长方式的争论谈起［J］．经济研究，1999（5）：55 – 60．

［129］郑玉歆．全要素生产率的测算及其增长的规律——由东亚增长模式的争论谈起［J］．数量经济技术经济研究，1998（10）：28 – 34．

［130］周斌，朱桂宾，毛德勇，等．互联网金融真的能够影响经济增长吗？［J］．经济与管理研究，2017（9）：45 – 53．

［131］周凯，刘帅．金融资源空间集聚对经济增长的空间效应分析——基于中国省域空间面板数据的实证分析［J］．投资研究，2013（1）：75 – 88．

［132］周天芸，岳科研，张幸．区域金融中心与区域经济增长的实证研究［J］．经济地理，2014（1）：114 – 120．

［133］朱江丽，李子联．长三角城市群产业—人口—空间耦合协调发展研究［J］．中国人口·资源与环境，2015（2）：75－82.

2. 专著

［134］阿吉翁，霍伊特．内生增长理论［M］．陶然等，译．北京：北京大学出版社，2004.

［135］波特．国家竞争优势［M］．李明轩等，译．北京：华夏出版社，2002.

［136］陈强．高级计量经济学及Stata应用（第二版）［M］．北京：高等教育出版社，2014.

［137］高铁梅．计量经济分析方法与建模：EViews应用及实例［M］．第3版．北京：清华大学出版社，2016.

［138］黄解宇，杨再斌．金融聚集论：金融中心形成的理论与实践解析［M］．北京：中国社会科学出版社，2006.

［139］黄解宇，张秀娟，孙维峰．金融集聚影响区域经济发展的机制研究［M］．北京：中国社会科学出版社，2015.

［140］经济合作与发展组织．OECD生产率测算手册［M］．北京：科学技术文献出版社，2008.

［141］劳拉詹南．金融地理学——金融家的视角［M］．孟晓晨等，译．北京：商务印书馆，2001.

［142］李超．宏观经济、利率趋势与资产配置［M］．北京：中国金融出版社，2018.

［143］梁琦．产业集聚论［M］．北京：商务印书馆，2004.

［144］藤田昌久，克鲁格曼，维纳布尔斯．空间经济学：城市、区域与国际贸易［M］．梁琦，译．北京：中国人民大学出版社，2011.

［145］藤田昌久，雅克—弗朗斯瓦蒂斯．集聚经济学：城市、产业区位

与全球化［M］．石敏俊等，译．第 2 版．上海：格致出版社，2016．

［146］王铮，邓悦．理论经济地理学［M］．北京：科学出版社，2002．

［147］韦伯．工业区位论［M］．李刚剑等，译．北京：商务印书馆，1997．

［148］伍德里奇．计量经济学导论（第四版）［M］．费剑平，译．北京：中国人民大学出版社，2010．

3. 学位论文

［149］丁艺．金融集聚与区域经济增长的理论及实证研究［D］．长沙：湖南大学，2010．

［150］刘红．金融集聚影响区域经济增长的机制研究［D］．上海：同济大学，2008．

［151］任淑霞．金融集聚与城市经济增长研究［D］．北京：北京邮电大学，2011．

［152］吴亚菲．产业集群与城市群发展的协同效应研究——基于长三角26 个地级市面板数据的实证分析［D］．上海：上海社会科学院，2017．

4. 报纸文章

［153］许传华，周文．量力而行建设区域金融中心［N］．中国社会科学报，2014 - 01 - 15（A06）．

5. 英文文献

［154］Agnes P. The "End of Geography" in Financial Services? Local Embeddedness and Territorialization in the Interest Rate Swaps Industry［J］. *Economic Geography*, 2000, 76 (4): 347 - 366.

［155］Aigner D, Lovell C A K, Schmidt P. Formulation and Estimation of

Stochastic Frontier Production Function Models [J]. *Journal of Econometrics*, 1977, 6 (1): 21 – 37.

[156] Anselin L, Florax R, Rey S. Advanced in Spatial Econometrics: Methodology, Tools and Applications [M]. Berlin, Springer – Verlag, 2004.

[157] Anselin L. Spatial Econometrics: Methods and Models [M]. Dordrecht: Kluwer Academic Publishers, 1988.

[158] Arellano M, Bond S. Some Tests of Specification for Panel Data: Monte Carlo Evidence and an Application to Employment Equations [J]. *Review of Economic Studies*, 1991, 58 (2): 277 – 298.

[159] Arellano M, Bover O. Another Look at the Instrumental Variable Estimation of Error Components Models [J]. *Journal of Econometrics*, 1995, 68 (1): 29 – 51.

[160] Arrow K. The Economics Implications of Learning by Doing [J]. *Review of Economics Studies*, 1962, 29 (3): 157 – 173.

[161] Audretsch D B, Feldman M P. R&D Spillovers and the Geography of Innovation and Production [J]. *The American Economic Review*, 1996, 86 (3): 630 – 640.

[162] Authur W B. Increasing Returns and Path Dependence in the Economy [M]. Michigan: University of Michigan Press, 1994.

[163] Baldwin R E, Forslid R. The Core – Periphery Model and Endogenous Growth: Stabilizing and Destabilizing Integration [J]. *Economica*, 2000, 67 (267): 307 – 324.

[164] Baldwin R E, Martin P, Ottaviano G. Global Income Divergence, Trade, and Industrialization: The Geography of Growth Take – Offs [J]. *Journal of Economic Growth*, 2001, 6 (1): 5 – 37.

[165] Banker R D, Charnes A, Cooper W W. Some Models for Estimating

Technical and Scale Inefficiencies in Data Envelopment Analysis [J]. *Management Science*, 1984, 30 (9): 1078 – 1092.

[166] Beck T, Levine R, Loayza N. Finance and the Sources of Growth [J]. *Journal of Financial Economics*, 2000, 58 (1): 261 – 300.

[167] Bernard A, Jones C. Productivity and Convergence across U. S. States and Industries [J]. *Empirical Economics*, 1996, 21 (1): 113 – 135.

[168] Blundell R, Bond S. Initial Conditions and Moment Restrictions in Dynamic Panel Data Models [J]. *Journal of Econometrics*, 1998, 87 (1): 115 – 143.

[169] Brown J R, Petersen B C. Why Has the Investment – Cash Flow Sensitivity Declined So Sharply? Rising R&D and Equity Market Development [J]. *Journal of Banking and Finance*, 2009, 33 (5): 971 – 984.

[170] Brulhart M, Sbergami F. Agglomeration and Growth: Cross – country Evidence [J]. *Journal of Urban Economics*, 2009, 65 (1): 48 – 63.

[171] Caves D W, Christensen L R, Diewert W E. Multilateral Comparisons of Output, Input, and Productivity Using Superlative Index Numbers [J]. *The Economic Journal*, 1982, 92 (365): 73 – 86.

[172] Charnes A, Cooper W W, Rhodes E. Evaluating Program and Managerial Efficiency: An Application of Data Envelopment Analysis to Program Follow Through [J]. *Management Science*, 1981, 27 (6): 668 – 697.

[173] Charnes A, Cooper W W, Rhodes E. Measuring the Efficiency of Decision Making Units [J]. *European Journal of Operational Research*, 1978, 2 (6): 429 – 444.

[174] Christensen L R, Jorgenson D W, Lau L J. Transcendental Logarithmic Production Frontiers [J]. *The Review of Economics and Statistics*, 1973, 55 (1): 28 – 45.

[175] Coelli T J. A Guide to DEAP Version2. 1: A Data Envelopment Analysis (Computer) Program [J]. *CEPA Working Papers*, 1996, 8.

[176] Denison E F. The Sources of Economic Growth in The United States and the Alternatives Before Us [J]. *Journal of Political Economy*, 1962.

[177] Dixit A K, Stiglitz J E. Monopolistic Competition and Optimum Product Diversity [J]. *The American Economic Review*, 1977, 67 (3): 297 – 308.

[178] Duesenberry J S. Income, Saving and the Theory of Consumer Behavior [M]. Cambridge: Harvard University Press, 1949.

[179] Fare R, Grosskopf S, Norris M, et al. Productivity Growth, Technical Progress, and Efficiency Change in Industrialized Countries [J]. *American Economic Review*, 1994, 84 (1): 66 – 83.

[180] Farrell M J. The Measurement of Productive Efficiency [J]. *Journal of the Royal Statistical Society*, 1957, 120 (3): 253 – 290.

[181] Fujita M, Krugman P, Venables A J. The Spatial Economy: Cities, Regions and International Trade [M]. Cambridge, Massachusetts: the MIT Press, 1999.

[182] Fujita M, Thisse J – F. Does Geographical Agglomeration Foster Economic Growth? And Who Gains and Loses from It? [J]. The *Japanese Economic Review*, 2003, 54 (2): 121 – 145.

[183] Fujita M, Thisse J – F. Economics of Agglomeration: Cities, Industrial Location, and Regional Growth [M]. Cambridge University Press, 2002.

[184] Gehrig T. Cities and the Geography of Financial Centers [J]. *the Economics of Cities*, Cambridge: Cambridge University press, 1998.

[185] Gehrig T. Cities and the Geography of Financial Centers [M]. Cambridge University Press, 2000.

[186] Goldsmith R W. A Perpetual Inventory of National Wealth [M]. NBER

Studies in Income and Wealth, New York: National Bureau of Economic Research, 1951.

[187] Goldsmith R W. Financial Structure and Development [M]. New Haven: Yale University Press, 1969.

[188] Greenwood J, Sanchez J M, Wang C. Quantifying the Impact of Financial Development on Economic Development [J]. *Review of Economic Dynamics*, 2013, 16 (1): 194 –215.

[189] Jacobs J. The Economy of Cities [M]. New York: Vintage, 1969.

[190] Jorgenson D W, Griliches Z. The Explanation of Productivity Change [J]. *Review of Economic Studies*, 1967, 34 (3): 249 –283.

[191] Kindleberger C P. The Formation of Financial Centers: A Study in Comparative Economic History [M]. Princeton: Princeton University Press, 1974.

[192] King R G, Levine R. Finance and Growth: Schumpeter Might Be Right [J]. *Quarterly Journal of Economics*, 1993 (8): 717 –737.

[193] Krugman P, Venables A J. Globalization and the Inequality of Nations [J]. *Quarterly Journal of Economics*, 1995, 110 (4): 857 –880.

[194] Krugman P. Development, Geography, and Economic theory [M]. Cambridge, Massachusetts: the MIT Press, 1995.

[195] Krugman P. Increasing Returns and Economic Geography [J]. *Journal of Political Economy*, 1991, 99 (3): 483 –499.

[196] Krugman P. The Myth of Asia's Miracle [J]. *Foreign Affairs*, 1994, 73 (6): 62 –78.

[197] Kumbhakar S C, Lovell C. Stochastic Frontier Analysis [M]. New York: Cambridge University Press, 2000.

[198] Levine R, Zervos S. Stock Markets, Banks and Economic Growth [J]. *The American Economic Review*, 1998, 88 (3): 537 –558.

［199］ Levine R. Financial Development and Economic Growth: Views and Agenda ［J］. *Journal of Economic Literature*, 1997, 35 (2): 688 – 726.

［200］ Levinsohn J, Petrin A. Estimating Production Functions Using Inputs to Control for Unobservables ［J］. *Review of Economic Studies*, 2003, 70 (2): 317 – 341.

［201］ Leyshon A, Thrift N. Spatial Financial Flows and the Growth of the Modern City ［J］. *International Social Science Journal*, 1997, 49 (151): 41 – 53.

［202］ Leyshon A. Geographies of Money and Finance I ［J］. *Progress in Human Geography*, 1995, 19 (4): 531 – 543.

［203］ Malmquist S. Index Numbers and Indifference Surfaces ［J］. *Trabajos De Estadistica*, 1953, 4 (2): 209 – 242.

［204］ Yeandle M, Wardle M. The Global Financial Centers Index 26 ［R］. Z/Yen Group, September, 2019.

［205］ Marshall A. Principles of Economics ［M］. London: MacMillan, 1890.

［206］ Martin P, Ottaviano G I P. Growth and Agglomeration ［J］. *International Economic Review*, 2001, 42 (4): 947 – 968.

［207］ Mas – Colell A, Whinston M D, Green J R. Microeconomic Theory ［M］. New York: Oxford University press, 1995.

［208］ McFadden D. Cost, Revenue and Profit Functions ［M］. In M. Fuss and D. McFadden eds, 1978.

［209］ McKinnon R I. Money and Capital in Economic Development ［M］. Washington DC: The Brookings Institution, 1973.

［210］ Meeusen W, Broeck J V D. Efficiency Estimation from Cobb – Douglas Production Functions with Composed Error ［J］. *International Economic Review*,

1977, 18 (2): 435 – 444.

[211] Mishkin F S. The Economics of Money, Banking, and Financial Markets [M]. Harper Collins College Publishers, 1995.

[212] N. S. B. Gras. An Introduction to Economic History [M]. New York and London, Harper and Brothers, 1922.

[213] Obrien R. Global Financial Integration: The End of Geography [M]. London: The Royal Institute of International Affairs, 1992.

[214] Olley G S, Pakes A. The Dynamics of Productivity in the Telecommunications Equipment Industry [J]. *Economrtrica*, 1996, 64 (6): 1263 – 1297.

[215] Palmberg J. Spatial Concentration in the Financial Industry [J]. *Ratio Working Paper*, 2012, 188.

[216] Pandit N R, Cook G A S, Swann P G M. The Dynamics of Industrial Clustering in British Financial Services [J]. *The Service Industries Journal*, 2001, 21 (4): 33 – 61.

[217] Pandit N R , Cook G. The Benefits of Industrial Clustering: Insights From the British Financial Services Industry at Three Locations [J]. *Journal of Financial Services Marketing*, 2003, 7 (3): 230 – 245.

[218] Park Y S, Essayyad M. International Banking and Financial Centers [M]. Boston: Kluwer Academic Publishers, 1989.

[219] Patrick H T. Financial Development and Economic Growth in Underdeveloped Countries [J]. *Economic Growth and Cultural Change*, 1966 (14): 174 – 189.

[220] Porteous D J. The Geography of Finance: Spatial Dimensions of Intermediary Behavior [M]. Aldershot: Avebury, 1995.

[221] Porteous D J. The Development of Financial Centers: Location, Information Externalities and Path Dependence [J]. *Money and the Space Economy*,

1999 （1）：95 – 114.

［222］ Porter M E. The Competitive Advantage of Nations ［M］. New York：Free Press， 1990.

［223］ Romer P M. Endogenous Technological Change ［J］. *Journal of Political Economy*, 1990, 98 （5）：71 – 102.

［224］ Romer P M. Increasing Returns and Long – Run Growth ［J］. *Journal of Political Economy*, 1986, 94 （5）：1002 – 1037.

［225］ Shaw E S. Financial Deepening in Economic Development ［M］. New York：Oxford University Press， 1973.

［226］ Solow R M. Technical Change and the Aggregate Production Function ［J］. *The Review of Economics and Statistics*, 1957, 39 （3）：312 – 320.

［227］ Thrift N. On the Social and Cultural Determinants of International Financial Centres：the Case of the City of London ［M］. In S. Corbridge, N. J. Thrift, &R. L. Martin （Eds. ）, Money, Power and Space. Oxford：Blackwell, 1994.

［228］ Williamson G J. Regional Inequality and the Process of National Development：A Description of the Patterns ［J］. *Economic Development and Cultural Change*, 1965, 13 （4）：1 – 84.

［229］ Wilson A G. A Statistical Theory of Spatial Distribution Models ［J］. *Transportion Research*, 1967, 1 （3）：253 – 269.

［230］ Zhao X B, Cai J, Zhang L. Asymmetric Information As a Key Determinant for Locational Choice of MNC Headquarters and the Development of Financial Centers：A Case for China ［J］. *China Economic Review*, 2005, 16 （3）：308 – 331.

［231］ Zhao X B, Zhang L, Wang T. Determining Factors of the Development of a National Financial Center：the Case of China ［J］. *Geoforum*, 2004, 35 （5）：577 – 592.

[232] Zhao X B. Spatial Restructuring of Financial Centers in Mainland China and Hong Kong: A Geography of Finance Perspective [J]. *Urban Affairs Review*, 2003, 38 (4): 535 −571.

后记

　　本书是在本人博士论文的基础上修改完善而成，并由本人在博士后工作期间将其付梓。

　　博士毕业后，我即进入到上海黄金交易所（以下简称上金所）博士后科研工作站从事博士后研究工作（与复旦大学管理学院联合培养），研究方向是普惠金融、集聚经济和经济增长。入站入职以来，我在研究工作上得到了焦瑾璞理事长等上金所领导以及复旦大学管理学院骆品亮教授的悉心指导与大力支持。鉴于中国人民银行金融消费权益保护局（以下简称金融消保局）长期以来在推动普惠金融发展方面作出了大量的开创性、前瞻性工作，在中国普惠金融发展中具有特殊性地位和重要性职能，从而为了更好地开展普惠金融研究，经过焦瑾璞理事长和余文建局长两位领导的共同酌定，我有幸在博士后期间借调至金融消保局普惠金融处工作学习。

　　在站期间，适逢《上海黄金交易所博士后工作站文库》丛书项目推动实施。在诸位领导的鼓励与支持下，我遂在工作之余将自己的博士论文研究成果继续更新完善，从而形成书稿并将其付梓。

　　能够完成此书，内心五味杂陈、感慨万千。其中最重要的是，我要表达感恩与感谢之情。

　　我要诚挚感恩我的父母——朱宗玉先生和陈凤平女士，是你们赐予我生命，并陪伴养育我若干春秋；是你们默默无闻的鼓励与支持，使我在求学之路上一步一个脚印。没有你们不求回报的亲情奉献，就不会有我的今天。我唯有在以后的工作学习中努力拼搏、艰苦奋斗，从而来报答父母亲多年以来的养育之恩。

我要真诚感谢我的博士生导师杨咸月研究员。博士论文后记中的那段言辞在此处仍然值得重述："杨老师从研究选题、逻辑构思以及框架结构等方面都给予了我诸多的指导和帮助，倾注了大量的心血。导师极其严谨的治学态度和高屋建瓴的学术视野深刻地感染并且熏陶着我，让我获益匪浅。"此外，我还要感谢当时论文答辩组干春晖研究员、李湛研究员、李伟研究员、靖学青研究员以及王如忠研究员等诸位老师的悉心指导，他们针对我的论文均提出了极其宝贵并且富有建设性的修改意见，使文章得以不断地优化完善。

我要真诚感谢我的博士后合作导师焦瑾璞研究员和骆品亮教授，他们对我博士后期间的研究工作提供了极大的指导与帮助，使我的研究视野不断提升，研究能力不断提高。此外，我还要感谢上金所王振营总经理等其他诸位领导的帮助，感谢金融消保局余文建局长、马绍刚副局长、尹优平副局长以及白当伟处长在我借调工作期间给予的关怀厚爱。

我要真诚感谢博士后工作站的同事们。感谢戴新竹博士、卢静博士、李文伟博士、路冠平博士、郑乐凯博士、赵庆功博士、刘婷博士、李江平博士、朱琳博士、刘景卿博士、杨佩博士和陈晨博士，你们皆是我需要不断学习的榜样。

我还要特别感谢本书的责任编辑黄海清主任，您的认真负责态度和悉心编辑指导，使本书更加严谨规范。

提笔至此，我感恩了父母，感谢了老师们、领导们和同事们。纵使我穷尽所有的言辞，也难以倾尽内心深处的感激之情。作为一名中共党员，一名博士后研究人员，我会在以后的工作过程中始终"不忘初心、牢记使命"，在研究道路上不断深耕积累、自我磨炼与提升，不负家人与亲朋的期盼。

由于作者学术水平有限，书中难免存在不足之处，敬请广大读者批评指正。

朱　辉
2020 年 5 月于上海黄浦